KB261976

Xamarin.iOS 프로그래밍

C#과 .NET을 이용한 iOS 앱 개발 가이드

C#과 .NET을 이용한 iOS 앱 개발 가이드

Learning Xamarin.iOS 프로그래밍

초판 1쇄 인쇄 | 2014년 2월 19일
초판 1쇄 발행 | 2014년 2월 26일

지 은 이 | 마이클 블루스타인
옮 긴 이 | 김도균
발 행 인 | 이상만
발 행 처 | 정보문화사
편 집 팀 장 | 이미향
책 임 편 집 | 정수진
표지디자인 | 서정희
내지디자인 | 성은경
주   소 | 서울 종로구 동숭동 1–81
전   화 | (02)3673–0037~9(편집부) (02)3673–0114(대)
팩   스 | (02)3673–0260
등   록 | 제1–1013호
I S B N | 978–89–5674–609–8

도서 문의 및 A/S 지원
정보문화사 홈페이지 | http://www.infopub.co.kr

※ 정보문화사는 독자 여러분의 의견에 항상 귀를 기울이고 있습니다.
※ 잘못된 책은 구입처에서 교환해드립니다.
※ 가격은 뒤표지에 있습니다.

마이클 블루스타인 지음
김도균 옮김

LEARNING
Xamarin.iOS 프로그래밍

C#과 .NET을 이용한 iOS 앱 개발 가이드

정보문화사
Information Publishing Group

역자의 글

세상에는 자바 외에도 수많은 개발 언어가 있습니다. 최근 프로젝트에서 파이썬이나 루비, PHP, 자바스크립트, C# 등의 언어가 활용되고 있고 특히 자바스크립트의 경우는 클라이언트 단 뿐만 아니라 서버 단에서도 자바스크립트 프레임워크로 웹 서비스를 가볍게 제공하는 등 다양한 오픈소스 사용 사례가 점차 늘고 있지만 여전히 대부분의 프로젝트에는 자바가 이용되고 있습니다. 특히 안드로이드가 모바일 시장의 90%를 점유한 한국 시장은 IT 생태계에 다양성이 사라지면서 우세한 종만 남은 듯 보입니다. 생태계를 억지로 조정하려는 그간의 시도가 현재의 폐쇄적인 IT 산업 구조를 만든 것은 아닐까요? 이러한 다양성을 회복시키기 위해서라도 최근 모바일 앱 개발 환경에서 대두되고 있는 새로운 종인 모노(mono)와 모노터치(MonoTouch)에 주목해보는 것은 어떨까요?

오래전 넷웨어란 소프트웨어가 전 세계 디렉터리 시장을 장악했던 그 시절의 기업 '노벨'을 기억하는 이도 있을 것입니다. 어느 순간 혁신을 잃으면서 노벨이란 이름이 우리의 뇌리에서 지워졌지만, 혁신과 기술의 역사는 모기업이 쇠퇴해도 이를 이어받은 뛰어난 스타트업을 만들어냈습니다. 노벨은 여전히 Novell Filr와 Novell ZENworks, GroupWise, Novell Open Enterprise Server 등의 솔루션을 통해 엔터프라이즈 시장과 오픈소스 진영에 가장 영향력 있는 기술 중심의 회사로 남아 있습니다.

모노는 C# 컴파일러와 공통 언어 런타임으로 Ecma 표준 및 .net 프레임워크 호환 도구를 개발하기 위한 오픈소스로, 노벨의 지원에 의해 개발이 본격화됐습니다. 모노 프로젝트는 미겔 데 이카자에 의해 시작됐고 2004년 6월 30일 마침내 1.0 정식 버전이 공개됐습니다. 이후 노벨의 적극적인 지원에 힘입어 리눅스와 BSD, 맥OS X, 오픈 솔라리스 등의 다양한 유닉스 계열의 OS를 비롯해 윈도우까지 지원하는 크로스 플랫폼으로 성장했습니다.

아이폰이나 아이패드 앱 개발에 Xcode와 오브젝트-C가 필요하다는 것은 이제 상식입니다. 만약 iOS 앱 개발을 위해 익숙하지 않은 도구와 새로운 언어를 배워야 한다면 어떨까요? 일부 개발자는 새로운 배움에 희열을 느끼겠지만, 그렇지 않은 이들도 있을 것입니다. C#이 주 언어인 .net 개발자라면 iOS용 네이티브 앱도 C#으로 개발하길 원할 것입니다. 이 책에서 소개하는 모노터치가 바로 그러한 바람을 이뤄줄 도구입니다. 모노터치는 코코아 터치 프레임워크와 오브젝트-C 언어 개념을 C#과 .net으로 멋지게 혼합해낸 결과로, 모노터치로 개발한 앱도 앱스토어나 엔터프라이즈에서 배포가 가능합니다.

어떤 일이든 또 다른 길이 있을 수 있고 이러한 길이 더 나을 수도 있습니다. 오랫동안 다양성을 공격해온 지금의 국내 IT 환경에서 개발 환경의 다양성이 사라지면 그로 인한 피해는 대중에게 돌아가며, 이러한 사회에서 기술 혁신을 기대하기는 힘들 것입니다. 이제 기존의 관성을 깨고 iOS용 애플리케이션 개발에 다른 길을 걸어보면 어떨까요? 어찌 알겠습니까, 새로운 길에서 새로운 인연을 만나게 될 지…….

이 책을 번역하는 동안 앞길을 인도해주신 하나님께 먼저 감사드립니다. 이 책이 나오기까지 긴 시간을 인내해준 아내와 아이들에게 뜨거운 사랑과 감사를 전합니다. 노심초사 아들을 위해 기도하고 염려해 주시는 부모님의 사랑을 어찌 말로 다 할 수 있을까요? 처음 우연히 시작된 정보문화사와의 인연이 벌써 10년이라는 세월을 보냈습니다. 그 동안 줄곧 역자를 믿어주고 지원해준 정보문화사 모든 분에게 깊이 감사드립니다. 특히 늘 변함없이 역자를 지원해주시는 김우진 팀장님과 정수진 편집자님, 그리고 이미향 팀장님에게 감사드립니다.

2014년 새로운 인생 2년차

김 도 균(kimdokyun@outlook.com)

저자의 글

2008년 Microsoft의 개발자 컨퍼런스에서 미겔 데 이카자(Miguel de Icaza)의 모노 프레젠테이션에 참석하면서 모노 팀이 수행한 아이폰 관련 작업에 대해 처음 배웠다. 미겔은 .NET과 C# 개발을 Uniity 3D 게임 플랫폼의 일부로 아이폰에 제공하는 방법에 관해 얘기했다. 나는 그렇게만 된다면 정말 멋질 것 같았다. 이미 다른 많은 사람들처럼 Xcode와 Objective-C로 아이폰 개발을 하고 있었기 때문에 놀랄만한 플랫폼인 것 같았다. .NET과 C#으로 수년 동안 작업을 해왔기 때문에 이러한 아이폰의 기술을 사용할 수 있다는 아이디어는 구미가 당겼다. 이 플랫폼은 내가 좋아하는 아이폰과 .NET이라는 두 가지 기술의 조합이었다. 하지만 초점은 결코 게임 개발이 아니었으므로 그 당시에는 계속 파고들지 않았다.

다음 해, 조셉 힐(Joseph Hill)이 지역 .NET 코드 캠프에 와서 모노에 대해 전반적인 프레젠테이션을 했다. 바로 이 시점에 모노 팀은 이미 모노터치가 될 제품의 개발을 시작했다. 조셉은 곧 내부 베타 버전이 나올 것이고 흥미가 있다면 자신에게 연락하라고 언급했다. 나는 .NET에서 Objective-C에서 할 수 있는 것을 극히 일부분이라도 제공할 수 있다면, 가비지 수집과 코드의 재사용성과 같은 아이폰 개발의 문제를 해결하는 추가적인 선택지를 제공할 수 있기 때문에 멋질 것 같았다.

나는 아이폰에서 Objective-C로 할 수 있었던 모든 것과 .NET의 대부분의 기능역시 제공할 것이라고는 생각하지 못했다. 또한 모노팀과 커뮤니티는 그들이 하는 일에 관해 정말로 열정적이고 뛰어난 능력과 지식을 가지고 있음도 알게 되었다. 모노터치에 관한 스토리는 iOS에서 문제를 해결하는 도구 모음을 늘려주면서 사용자 경험이나 플랫폼 기능을 희생하지 않아도 되기 때문에 강력한 매력이 있다. 나는 모노터치와 작업했던 모든 순간을 즐겼고 여러분 역시도 그러하리라 생각한다.

이 책의 독자

이 책은 주로 .NET/C#에는 수년간의 개발 경험이 있지만 아이폰이나 맥 개발 경험은 거의 없는 개발자를 대상으로 한다. 따라서 C#/.NET에 중급 수준의 지식이 있다고 가정한다. 하지만 Objective-C 개발자라도 언어에 상관없는 핵심 iOS 개념을 많이 다루고 있으므로 역시 도움이 된다. 이 책은 C#/.NET 개발자에게 iOS 애플리케이션을 만들 때 모노터치를 사용해 기존의 스킬을 다루는 방법을 가르쳐준다.

예제 코드에 관해

모든 예제 코드는 필자의 Github 계정과 정보문화사 자료실에서 다운로드할 수 있다.

- https://github.com/mikebluestein
- http://www.infopub.co.kr

감사의 글

무엇보다 이 책을 쓰기 위해 많은 시간을 떨어져 지냈던 아내와 아이들에게 감사를 전하고 싶다. 가족의 격려가 없었다면 이 책을 끝낼 수 없었을 것이다. 짐작하겠지만, 수많은 사람이 이 책의 탄생에 관여했다. 뒤에서 묵묵히 도움을 줬던 많은 분들 뿐만 아니라 Chuck Toporek와 Sheri Cain, Olivia Basegio, Bart Reed, Anne Goebel를 포함해 지원을 아끼지 않았던 피어슨의 팀에 감사를 전한다. 이런 놀라운 플랫폼을 만든 모노와 모노터치 팀, 특히 모노터치 커뮤니티에 들어간 순간부터 지속적으로 지원과 격려를 해준 조셉 힐과 어느 곳에서나 개발자를 위한 놀라운 일을 하고 있는 미겔 데 아카자에게 감사드린다. 모노터치의 탄생을 이끌었고 모든 이에게 비교할 수 없는 지원과 가이드를 제공해준 제프 노턴(Geoff Norton)에게 특별히 감사를 전한다. 자주 밤늦게까지 매달려 있을 때 제프는 어떤 식으로든 나를 지원해주기 위해 함께 있었다. 또한 이 책을 기술적으로 검토해준 제프와 크리스 하디(Chris Hardy), 로버트 코작(Robert Kozak)에게 고마움을 감출 수 없다. 모노터치에 관한 책을 쓰는 일은 내게 기쁨이었다. 이 책을 쓸 때의 그 마음처럼 독자 여러분도 이 책을 즐길 수 있기를 바란다.

마이클 블루스타인(Michael Bluestein)은 첫 번째 내부 베타 릴리즈 이후로 모노터치를 사용해왔으며 모노터치 커뮤니티의 열정적인 멤버다. 그의 애플리케이션은 모노터치를 사용해 제작해서 애플 앱 스토어에 처음 올라간 앱 중 하나다. 이전 다쏘 시스템 솔리드웍스(Dassault Systèmes Solidworks Corporation)에서 수석 소프트웨어 엔지니어로 일했으며, 1990년 초반 이후로 전문적으로 소프트웨어를 개발하고 있다. 마이클은 자신의 블로그에서 모노터치를 포함해 다양한 개발 주제를 다루고 있다.

시작하며

　모노터치를 배우고자 이 책을 선택한 것을 환영한다. iOS 디바이스용 네이티브 애플리케이션을 만드는 데 흥미를 가진 .NET 개발자라면 모노터치는 멋진 선택이다. 모노터치는 코코아 터치 프레임워크와 Objective-C 언어 개념을 C#과 .NET에 멋지게 결합해 아주 잘 설계된 기술로 여러분의 작업에 기쁨을 줄 것이다. 모노터치를 사용해 앱 스토어 배포와 기업 배포도 가능하다(물론 적절한 라이선스가 있다면). 시뮬레이터 전용이나 무료 버전도 있으므로 추가 비용 없이 배우고 시도해볼 수 있다. 학생이라면 저렴한 학생용 에디션도 준비되어 있다. 현재는 노벨에서 분사한 Xamarin이라는 회사에서 기존의 모노터치를 플랫폼에 따라 Xamarin.IOS라는 제품으로 소개하고 있다.

　모노터치를 사용하면 Objective-C의 동일한 API를 사용해 애플리케이션을 만들 수 있고 동시에 모노와 C#, .NET의 많은 언어와 API를 사용할 수 있다. 게다가 멋지게 추상화한 Objective-C 메모리 관리 외에 가비지 수집과 비 UI 코드의 재사용, SQLite의 ADO.NET 래퍼, 웹 서비스, Linq, 제네릭 등을 제공한다.

　모노터치가 좋은 이유는 애플리케이션 개발에 도움을 주는 많은 기능을 더하면서 애플의 기술을 보완했기 때문이다. 모노터치 관련 팀과 커뮤니티도 주목할 만하다. 포럼과 메일링 리스트, 아주 활동적인 IRC 채널에 참여해 모노터치 팀과 커뮤니티의 멤버에게서 지원을 얻거나 아이디어를 토론할 수도 있고 그냥 그 곳에서 놀 수도 있다. 커뮤니티는 모노터치에 관한 최고의 자원 중 하나다. IRC에 뛰어들면 새로운 모노터치 개발자부터 모노와 모노터치 자체를 만든 사람까지 찾을 수 있고 여기서 적극적으로 활동하면 뛰어난 개발자 경험을 만들 수 있다.

이 책의 구성

이 책은 12개의 챕터로 이뤄져있어 iOS 개발을 위해 알아야 하는 모노터치의 모든 것을 배울 수 있다. 각 챕터에서 다루는 내용은 다음과 같다.

Chapter 1 Hello 모노터치

이 챕터에서는 먼저 개발 환경 설정 방법과 모노터치 개발에서 사용되는 다양한 개발 도구를 설명한다. 그 뒤 간단한 애플리케이션을 개발해보고 이어서 이 애플리케이션의 내부 구조를 설명한다. 디바이스에 앱을 배포하고 모노터치 소프트 디버거를 사용한 디버깅을 다루면서 마무리한다.

Chapter 2 모노터치와 iOS SDK

모노터치에서 iOS SDK를 추상화해 C#의 네이티브 클래스로 개발할 수 있는 방법을 설명한다. iOS SDK의 개요로 시작해서 Objective-C로 간단한 예제를 보여준 다음 C#에서 대응하는 부분을 비교해 보여준다. 이 예제를 사용해 아웃렛을 사용하는 방법을 설명하고 C#에서 사용하는 방법을 살펴보면서 공통 iOS 개발 패턴을 비교한다. 마지막으로 Objective-C의 메모리 관리와 모노터치의 가비지 수집의 개요를 설명하고 모노터치에서 가비지 수집을 처리하는 방법과 C# 코드에서 Objective-C 모델을 고려해야 하는 시기를 살펴본다.

Chapter 3 뷰와 뷰 컨트롤러

이 챕터에서는 모델-뷰-컨트롤러(MVC) 디자인 패턴으로 모노터치 애플리케이션을 만드는 방법을 보여준다. `UIView`와 `UIViewController` 클래스를 소개하고 터치 지원과 가속도계 예제로 코드뿐만 아니라 인터페이스 빌더에서 이들 클래스를 사용하는 방법을 설명한다.

Chapter 4 공통 iOS 클래스

이 챕터에서는 iOS 개발에서 몇 가지 공통 기본 클래스를 사용하는 방법을 설명한다. 사용자 인터페이스 생성을 위해 iOS SDK에서 제공하는 수많은 뷰와 컨트롤뿐만 아니라 주소록과 카메라 접근, 메일 전송, 아이팟 라이브러리에서의 음악 재생과 같은 다양한 기능을 추상화한 몇 가지 컨트롤러를 다룬다.

Chapter 5 테이블과 내비게이션

이 챕터에서는 `UITableView`과 `UITableViewController`를 소개하고 테이블이 일반적으로 사용되는 사용 시나리오를 보여준다. `UITableViewController` 사용을 위한 기본 패턴과, 성능과 시각적인 관점에서 풍부한 경험을 제공하는 `UITableView`를 조정하는 몇 가지 방법을 설명한다. 이 챕터는 `UINavigationController`를 소개하고 `UITableViewController`와 결합해 사용하는 방법도 보여준다.

Chapter 6 그래픽과 애니메이션

이 챕터에서는 그래픽과 애니메이션 서브시스템인 코어 그래픽스와 코어 애니메이션을 논의하고 iOS에서 보이는 것의 대부분의 기초를 만들기 위해 UIKit 하에서 어떻게 사용되는지를 설명한다.

Chapter 7 코어 로케이션

이 챕터에서는 코어 로케이션 프레임워크를 설명하고 이 프레임워크를 사용해 셀 타워 삼각측량과 Wi-Fi, GPS와 같은 다양한 포지셔닝 기술을 사용해 위치 데이터를 얻는 방법을 설명한다. 이어서 중요 위치 변화, 영역 모니터링과 같은 보다 새로운 위치 기술에 대해 자세히 설명한다.

Chapter 8 MapKit

`MKMapViewControl`을 포함하는 MapKit 프레임워크를 설명하고 애플리케이션에 대화형 지도를 생성하는 방법을 보여준다. 코어 로케이션과 MapKit의 통합과 함께

지도에 어노테이션과 오버레이를 추가해 지도 사용 경험을 최적화하는 방법을 설명
한다.

Chapter 9 웹 서비스 연결

이 챕터에서는 몇 가지 사용 가능한 기술을 통해 모노터치에서 웹 서비스를 이용
하는 방법을 보여준다. SOAP 기반 웹 서비스와 REST 서비스뿐만 아니라 JSON과
XML, RSS, WCF를 모노터치 개발에 적용하는 방법을 설명한다. .NET 외에 모노
터치에서 코코아 터치 HTTP 스택을 사용하는 방법도 다룬다.

Chapter 10 네트워킹

이 챕터에서는 디바이스 간의 음성 통신을 생성하는 방법을 포함해 서비스 검색과
블루투스를 통한 네트워킹을 제공하기 위해 GameKit 프레임워크에서 제공하는 네
트워크 기능을 설명한다. 그 뒤 Bonjour를 사용해 직접 서비스를 게시하고 검색하
는 방법을 보여주면서 TcpClient와 같은 익숙한 .NET 네트워킹 기술을 사용한다.

Chapter 11 애플리케이션 데이터 저장

이 챕터에서는 SQLite에 대한 ADO.NET 공급자와 .NET 직렬화, `NSUserDefaults`
처럼 모노터치를 사용할 때 iOS에서 쓸 수 있는 몇 가지 데이터 저장 기술의 사용법
을 설명한다. 아이패드 개발을 다루는 다음 챕터에서 역시 사용되는 샘플 애플리케
이션도 개발한다.

Chapter 12 아이패드 개발

이 챕터에서는 아이패드 애플리케이션 개발을 위해 전문적으로 제공되는 몇 가지
클래스를 다룬다. 앞 챕터의 샘플 애플리케이션을 계속해서 다루게 되며, 아이폰과
아이팟 터치 외에도 아이패드를 대상으로 하는 범용 애플리케이션으로 확장한다.

차례

Chapter 01 Hello 모노터치

환경 설정 · 20

    iOS SDK와 애플 개발 도구 설치 · 20 | 모노터치 설치 · 26

모노터치 애플리케이션 만들기 · 37

    사용자 인터페이스 만들기 · 38 | 아웃렛 추가하기 · 39

디바이스에서의 개발 · 47

    개발을 위한 프로비저닝 · 47

모노터치 디버거 사용하기 · 54

요약 · 55

Chapter 02 모노터치와 iOS SDK

iOS SDK 개요 · 58

예제로 보는 Objective-C와 모노터치의 차이점 · 61

    Xcode에서 앱 시작하기 · 62 | 모노터치로 동일한 기능 구현하기 · 70

    AppDelegate 구현 비교 · 72 | Xcode로 UIActionSheet 구현하기 · 75

    모노터치에서 UIActionSheet 구현하기 · 78

모노터치 동작 방식 · 82

    메모리 관리 · 85

요약 · 87

Chapter 03 뷰와 뷰 컨트롤러

모노터치 애플리케이션을 MVC로 구성하기 · 90

인터페이스 빌더에서 뷰와 컨트롤러 작업하기 · 92

뷰 컨트롤러와 뷰에 기능 추가하기 · 101

다중 뷰와 컨트롤러 사용하기 · 106

사용자 지정 UIView 구현하기 · 110

요약 · 116

Chapter 04 공통 iOS 클래스

사용자 인터페이스 뷰와 컨트롤 · 118

UISegmentedControl · 118 | UISlider · 122

UISwitch · 125 | UIPageControl과 UIScrollView · 126

UIActivityIndicatorView · 129 | UIProgressView · 131

UIImageView · 133 | UIWebView · 135 | ADBannerView · 138

디바이스 기능 · 142

MFMailComposeViewController · 142

MPMediaPickerController와 MPMusicPlayerController · 144

주소록 · 148 | UIImagePickerController · 151

요약 · 156

Chapter 05 테이블과 내비게이션

UITableView와 UITableViewController · 158

테이블의 사용 목적 · 158 | UITableView에서 데이터 표시하기 · 160

UITableViewCell의 구성 요소와 스타일 • 167 | 테이블과 내비게이션 사용하기 • 170

UITableView를 입맛대로 • 189

사용자 지정 셀을 갖는 사용자 정의 테이블 • 190 | 다중 섹션 추가하기 • 194

MonoTouch.Dialog • 199

요약 • 202

Chapter 06 그래픽과 애니메이션

코어 그래픽스 • 204

코어 그래픽스 기본 • 204 | 이미지 그리기 • 213 | PDF 그리기 • 219

애니메이션 • 230

UIView 애니메이션 • 230 | 코어 애니메이션 • 235

요약 • 246

Chapter 07 코어 로케이션

코어 로케이션 소개 • 248

표준 위치 서비스 • 250

방위 업데이트 가져오기 • 262

중요 위치 변경 • 264

영역 모니터링 • 267

백그라운드 위치 • 270

요약 • 273

Chapter 08 ❋ MapKit

MapKit 소개 • 276

어노테이션 추가하기 • 283

맵 오버레이 • 293

요약 • 301

Chapter 09 ❋ 웹 서비스 연결

REST 기반 웹 서비스 연결하기 • 304

HTTP를 통한 연결 • 304 │ XML 결과 분석 • 307

JSON 결과 분석 • 311

SOAP 기반 웹 서비스 사용하기 • 312

.NET 2.0 클라이언트 프록시 사용하기 • 313 │ 모노터치의 WCF • 315

코코아 터치 HTTP 클래스 사용하기 • 316

NSUrlConnection과 그 친구들 사용하기 • 317

요약 • 319

Chapter 10 ❋ 네트워킹

GameKit 네트워킹 • 322

핵심 GameKit 네트워킹 클래스 • 322 │ GKPeerPickerController 사용하기 • 332

GameKit 음성 채팅 • 336

Bonjour • 341

요약 • 352

Chapter 11 　애플리케이션 데이터 저장

노트 샘플 애플리케이션 · 354

SQLite · 360

직렬화 · 367

번들과 NSUserDefaults 설정 · 370

요약 · 380

Chapter 12 　아이패드 개발

아이패드에 이식하기 · 382

아이폰 애플리케이션과 픽셀 더블링 · 382 ｜ 범용 애플리케이션 · 383

아이패드를 위한 설계 · 387

UISplitViewController · 387 ｜ UIPopoverController · 400

요약 · 404

Hello 모노터치

Chapter 1에서는 모노터치 개발을 소개한다. 모노터치(Xamarin.IOS)를 내려받아 설치하는 것을 비롯해 개발 환경을 설정하는 데 필요한 모든 단계를 밟아볼 것이다. 그런 후 첫 번째 모노터치 애플리케이션을 개발하고 MonoDevelop IDE와 디버거를 소개한다. 개발자 배포를 위한 디바이스 설정도 한다.

 환경 설정

모노터치로 개발을 시작하기에 앞서 다양한 것들이 필요하다. 먼저 애플에서 필요한 것을 확인하고 그 다음 필요한 모노터치 부분으로 옮겨가자.

iOS SDK와 애플 개발 도구 설치

.NET을 사용한 iOS 개발의 세계로 온 것을 환영한다. 곧바로 코딩을 시작하고 싶은 흥분을 잠깐만 가라앉히고 먼저 여러분이 가진 Mac에 환경을 설정해보자. 시뮬레이터와 아이폰 양쪽에서 개발하고 실행해보는 데 필요한 모든 단계를 밟아야 한다.

> **Note** 여기에 있는 정보는 아이팟 터치와 아이패드에도 역시 적용 가능하다. 아이폰이나 아이팟 터치, 아이패드를 이 책 전체에서는 그냥 '디바이스'라고 부를 것이고 따로 거론하는 경우는 필요에 따라 명확히 적용하는 경우다.

제일 처음 해야 할 작업은 iOS 개발자 프로그램에 등록하는 것이다. 무료 계정은 iOS 시뮬레이터에서 사용하는 개발 도구와 iOS SDK에 액세스할 수 있을 뿐만 아니라 iOS 개발자 센터의 리소스에 액세스할 수 있다. 디바이스에 앱을 배포하고 아이튠즈 앱 스토어에 게시하려면 애플에서 유료 구독을 구매해야 한다. iOS 개발자 센터 (iOS Developer Center)의 메인 페이지에서 등록 링크를 확인할 수 있다(그림 1.1).

가입한 후, iOS 개발자 센터에 로그온하면 맥 앱 스토어를 통해 iOS SDK가 모두 포함된 Xcode를 다운로드할 수 있다. 이들 도구는 Objective-C를 사용해 아이폰을 위한 네이티브 앱을 만드는 데 필요한 전체 도구 수트를 제공한다. 그렇다. 지금 읽은 내용이 정확히 지금까지의 iOS 앱 개발에 필요한 내용이다. 모노터치는 애플에서 나온 도구 체인 상위에 올라가고 C#과 .NET이라는 추가적인 영양분을 식탁에 제공한다. 모노터치의 설계는 양쪽 세계에 최고의 장점을 제공하고 애플이 내세운 설계를 포용하기 때문에 이들을 사용하는 사람들에게 괴리감을 주지 않고 기존의 경험을 이용해 사용할 수 있는 네이티브 앱을 제공한다. 다시 환경 설정을 계속해보자.

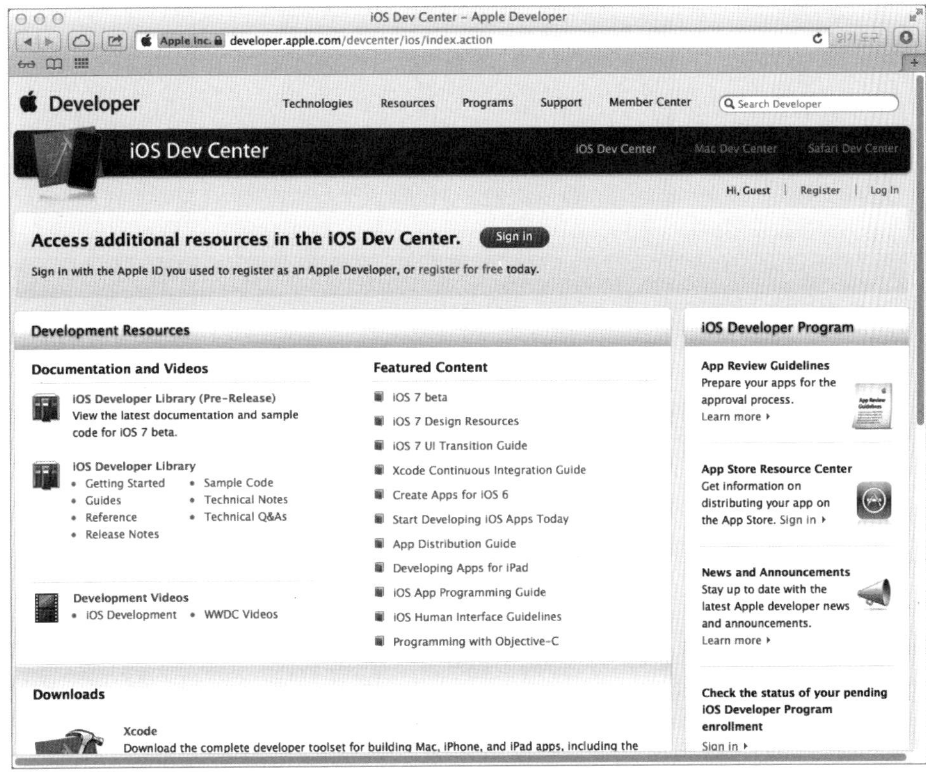

| 그림 1.1 | iOS 개발자 센터에서 등록과 로그인 링크를 제공한다.

먼저 iOS SDK와 Xcode를 다운로드한다(그림 1.2). 이 책을 쓰는 시점에 iOS 개발을 위해 Mac OS X 스노우 레오파드를 사용했다.[1]

애플의 iOS SDK를 다운로드하고 설치한 다음, 진행하기 전에 모든 부분이 정상

---

1 (역자 주) 이 책을 번역하는 시점에는 Mac OS X 마운틴 라이언이다.

적으로 작동하는지 확인하기 위해 주요 기능을 빠르게 검사해본다. 이 모든 부분이 낮설어 보이더라도 걱정할 필요는 없다. 단지 이 시점에서 설치가 잘 되었는지 보려는 것뿐이다. `open -n /Applications/Xcode.app`을 터미널에 입력해 애플의 개발 IDE인 Xcode를 실행한다. Xcode를 시작하고 [File]-[New Project]를 선택해 새로운 아이폰 애플리케이션을 생성한다. [New Project] 대화 상자의 왼쪽에 있는 [iOS] 아래의 [Application]을 선택하고 [Single View Application] 템플릿을 선택한다 (그림 1.3). [Product Name]은 'LMT1-1'로 지정하고, [Use Storyboards] 체크 상자의 체크를 해제한 다음 [Next]를 클릭한다. 이제 프로젝트를 저장할 위치를 선택하고 [Create] 버튼을 클릭하면 새로운 프로젝트의 생성이 완료된다.

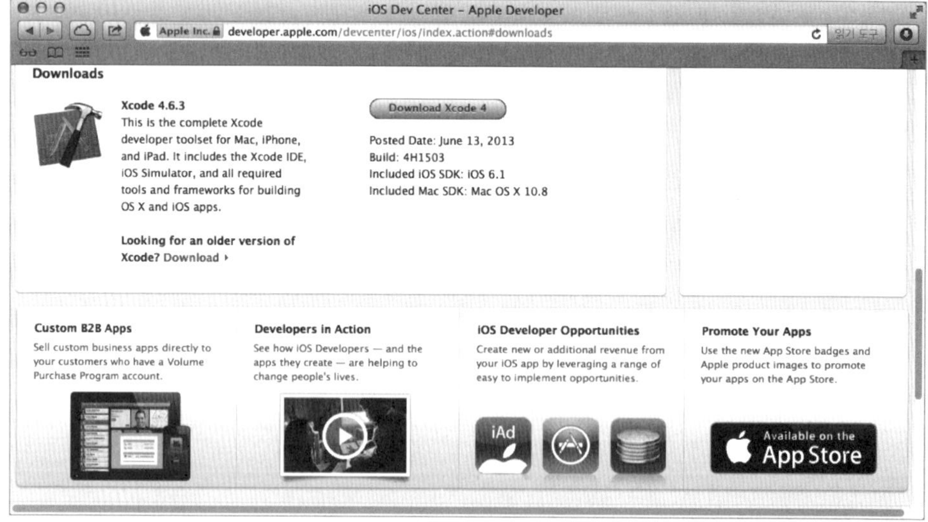

| 그림 1.2 | 애플 개발자 센터에 로그인하면 다운로드 링크를 제공한다.

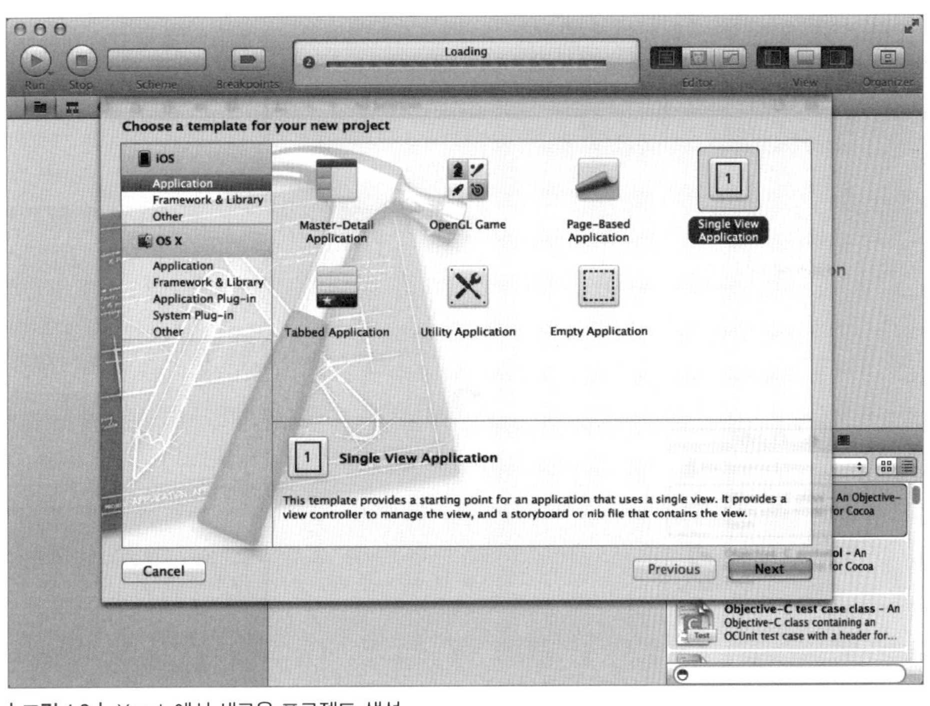

| 그림 1.3 | Xcode에서 새로운 프로젝트 생성

Xcode IDE에서 템플릿 프로젝트를 로드한 후 상단 툴바에서 [Run] 버튼을 선택하거나 Xcode 메뉴에서 [Product]-[Run]을 클릭한다. 이 모두가 이상 없다면 아이폰 시뮬레이터에서 빈 화면으로 구성된 앱을 시작하고 로드한다(그림 1.4).

| 그림 1.4 | Xcode에서 생성한 빈 윈도우의 아이폰 앱

　이제 시뮬레이터를 닫고 다시 Xcode로 돌아간다. [Project Navigator] 내의 트리에서 [LMT1-1] 폴더를 확장하고(그림 1.5) [ViewController.xib]를 클릭하면, 애플의 사용자 인터페이스 디자인 도구인 인터페이스 빌더가 통합된 Xcode에서 ViewController.xib의 콘텐트를 표시한다(그림 1.6). 이 모든 작업이 성공적이라면 iOS SDK와 애플 개발 도구는 올바르게 설치되었다. 이제 모노터치로 옮겨갈 준비가 되었다.

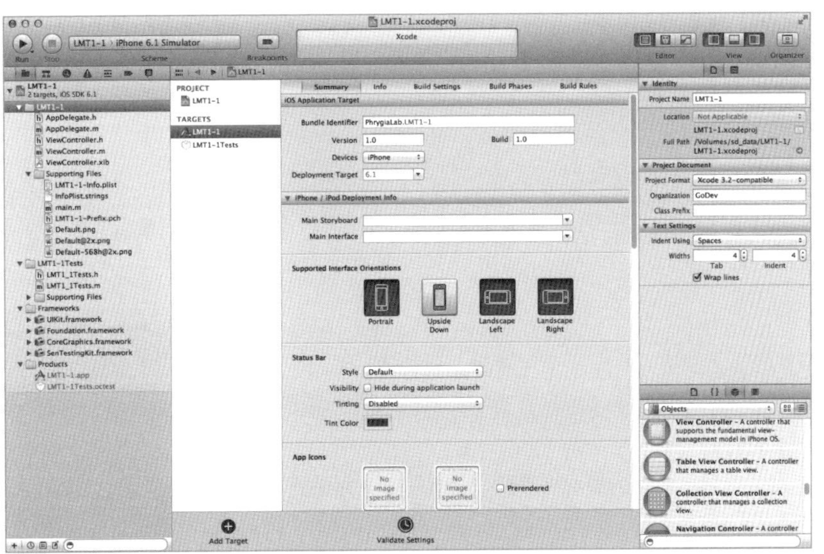

| 그림 1.5 | Xcode [Project Navigator]와 확장된 NIB 파일

| 그림 1.6 | ViewController.xib를 보여주는 인터페이스 빌더가 통합된 Xcode[2]

2 (역자 주) 이 책을 번역하는 시점의 Xcode는 더 이상 IB(인터페이스 빌더)를 따로 제공하지 않는다. 즉 IB는 Xcode에 통합되었다. 따라서 이 책에서 IB를 지칭할 때는 Xcode에 통합된 IB 기능을 말하는 것이다.

모노터치 설치

모노터치는 리눅스와 Mac OS X를 위해 .NET을 오픈소스로 구현한 모노를 기반으로 한다. www.go-mono.com/mono-downloads/download.html에서 OS X용 최신 모노 릴리즈(현재 3.2.1)를 설치해야 한다. [1. Select Platform]에서 [Mac OS X]를 선택하고 [2. Download Mono for Mac OS X]에서 Mono MRE installer 항목을 다운로드한다(그림 1.7).

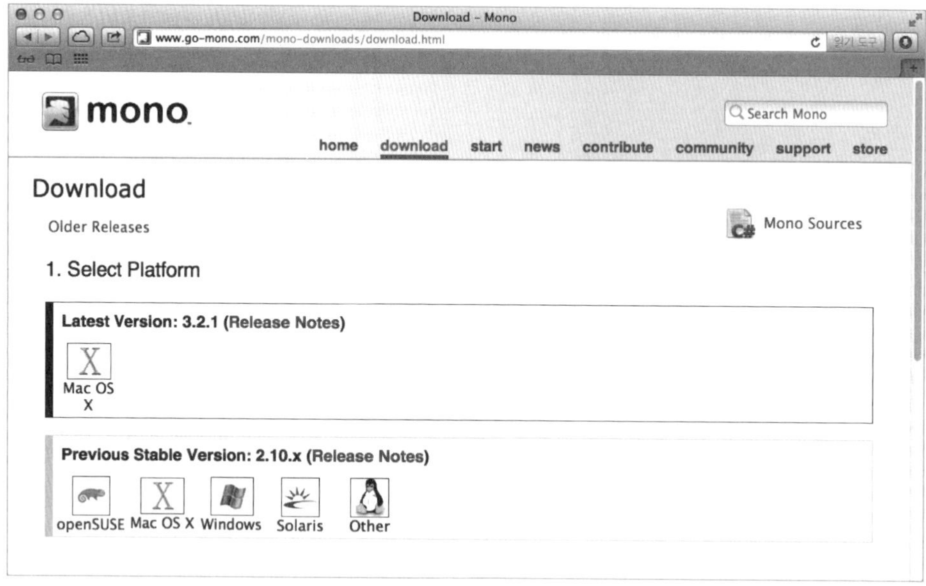

| 그림 1.7 | OS X용 모노 다운로드 페이지

모노를 설치하고 나면 이제 모노터치 SDK를 설치할 차례다. 모노터치를 사용해 디바이스에 배포할 수 있고 아이튠즈 앱 스토어에 제출할 수 있는 애플리케이션을 개발하려면, 먼저 애플에서 유료 iOS 개발자 계정을 구입하고 Xamarin[3]에서 상용 모노터치 라이선스를 구매해야 한다. 시뮬레이터용으로 개발하고자 한다면, Xamarin의 모노터치 무료 평가판을 다음의 URL에서 다운로드할 수 있다.

---

3 (역자 주) 원서 집필 시점에서는 노벨이었으나 번역하는 시점에는 별도의 회사로 분리되어 현재는 Xamarin이라는 회사로 변경되었다. 다음의 URL에서 자세한 내용을 볼 수 있다. http://xamarin.com/

http://xamarin.com/download

이미 애플에서 iOS 개발자 구독을 구매했고 모노터치 라이선스를 구매하고자 한다면 모노터치 스토어에 가서 다양한 라이선스 버전을 비교하고 필요한 버전을 선택하면 된다. 모노터치 스토어 URL은 다음과 같다. 라이선스를 구매한 후 브라우저에서 활성화 코드가 들어 있는 영수증을 볼 수 있다.

https://store.xamarin.com/

Note 나중에 활성화 코드가 필요하니 이 영수증을 저장해두자.

Xamarin에서 모노터치 SDK의 라이선스 버전을 다운로드할 수 있는 링크를 메일로 받게 된다. 전자 메일의 링크에서 모노터치 패키지 인스톨러를 다운로드하고 설치한다. 설치에 필요한 모든 요청을 다 따른 후, 모노터치 활성화 대화상자에 활성화 코드를 넣는다. 이 코드는 모노터치를 구매했을 때 브라우저에서 저장한 영수증에 나와 있다. 모노터치가 성공적으로 설치되었는지 확인하려면 터미널을 열고 `/Developer/MonoTouch/usr/bin/mtouch -version`이라고 명령을 입력해 실행 중인 모노터치의 버전을 표시한다. 이제 MonoDevelop을 설치할 준비가 되었다.

MonoDevelop은 모노터치 개발에 사용하는 IDE다. 이 도구는 애플 도구들과 잘 통합되며 뒤에서 다루겠지만 디버깅의 지원도 완벽하다. 모노터치 개발을 할 수 있는 MonoDevelop 버전을 다운로드하려면 http://monodevelop.com/Download/Mac_MonoTouch로 가서 인스톨러 링크를 클릭해 다운로드하고 인스톨러를 설치한다. 여기서 기존의 MonoDevelop은 이름이 Xamarin Studio라는 이름으로 변경된 것을 알 수 있다. Xamarin Studio가 설치되고 나면 Finder에서 응용 프로그램 디렉터리를 열고 Xamarin Studio 아이콘을 더블 클릭해 해당 애플리케이션을 시작한다(그림 1.8).

Xamarin Studio의 인스턴스를 여러 개 띄우려면 터미널에서 다음 명령을 입력한다.

```
open -n /Applications/Xamarin Studio.app
```

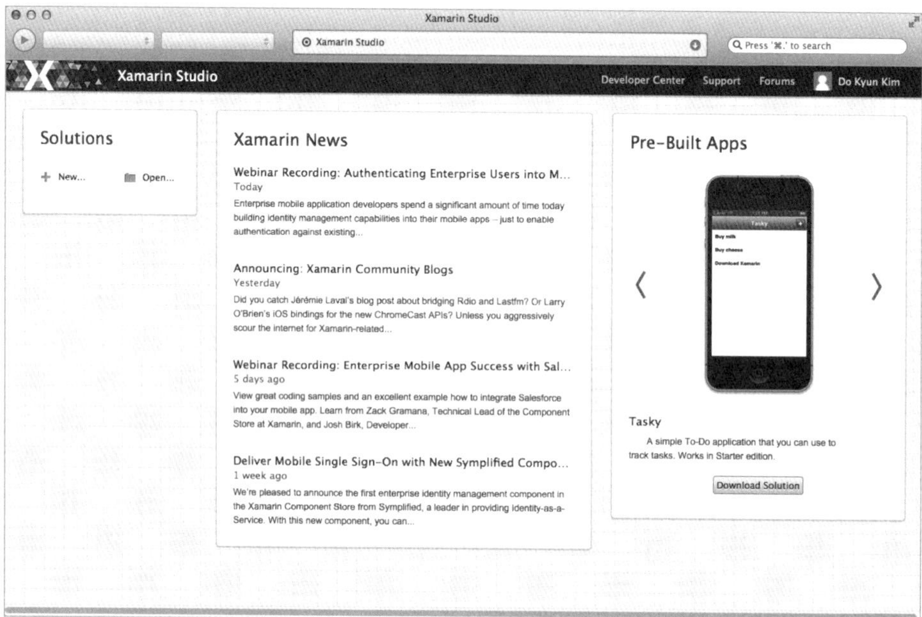

| 그림 1.8 | Xamarin Studio IDE

　Xamarin Studio를 시작한 후 모든 부분이 잘 동작하는지 확인하기 위해 이전에 Xcode에서 했던 것과 유사한 온전성 검사를 수행해보자.[4]

---

4 Xcode 4.x에서는 프로젝트 템플릿의 변화를 포함해 변경된 부분이 많다. 이 책에서는 Xcode 이전 버전에서 많이 사용했던 iPhone Window-based Project 템플릿을 사용했고 여기에는 MainWindow.xib 파일이 기본 생성된다. 그러나 새로운 Xcode에서는 해당 템플릿은 Empty Project 템플릿으로 변경되었고 그에 따라 MainWindow.xib가 필요하다면 추가로 만들어야 한다. 따라서 이 책의 원서와 가능한 동일한 절차를 따르고자 했으나 실습 과정의 많은 부분이 달라질 수밖에 없었다.

1. 메뉴 바에서 [File]-[New]-[Solution]을 선택한다.

2. [New Solution] 대화상자(그림 1.9)에서 템플릿 트리의 [C#]-[iOS]-[iPhone]을 선택하고 [Empty Project] 템플릿을 선택한다.

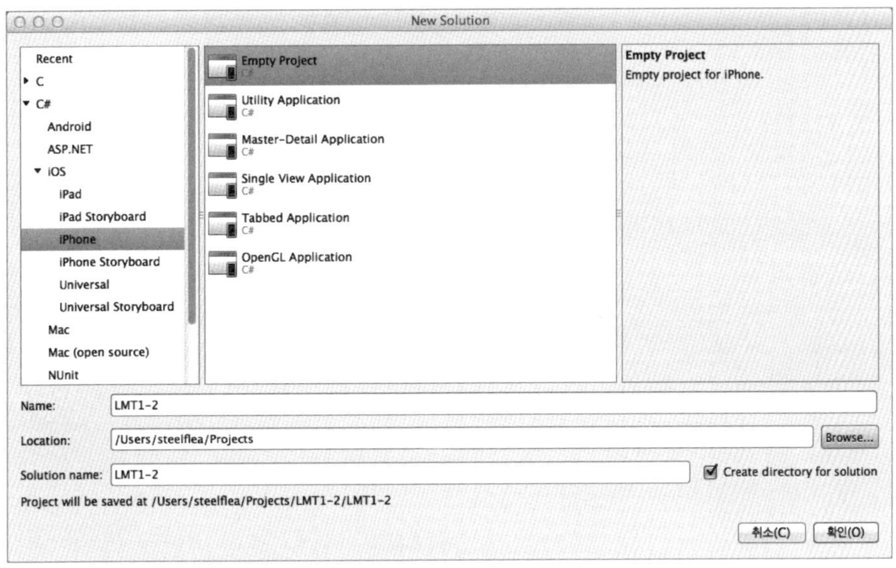

| 그림 1.9 | Xamarin Studio의 [New Solution] 대화상자

3. 솔루션 이름에 'LMT1-2'를 넣고 [확인]을 클릭한다.

4. 프로젝트 이름 'LMT1-2'를 마우스 오른쪽 클릭하고 [Add]-[New File]을 선택한다.

5. [New File] 대화상자의 왼쪽 목록에서 [iOS]를 클릭한 뒤 [Empty iPhone Interface Definition]을 선택한다. 이름을 'MainWindows'로 바꾸고 [새로 만들기] 버튼을 클릭하면 이전에 익숙하게 봤던 MainWindow.xib 파일이 만들어진다(그림 1.10).

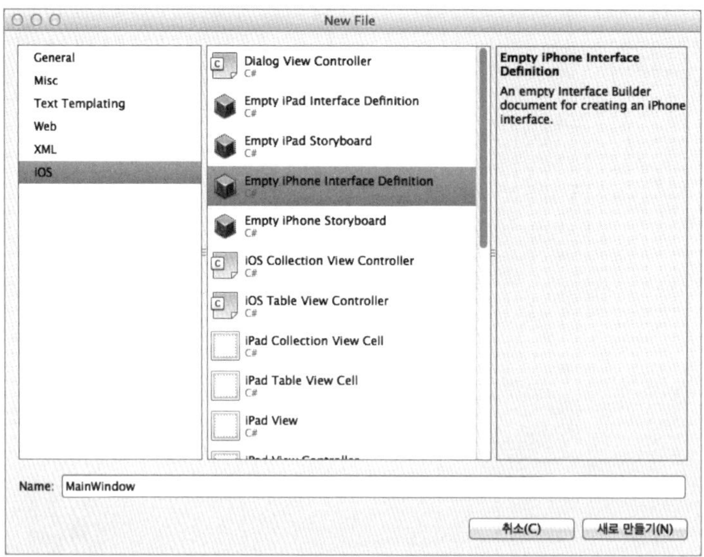

| 그림 1.10 | MainWindow.xib 파일 만들기

6. 솔루션 목록에서 Main.cs 파일의 'UIApplication.Main (args, null, "App Delegate");'를 'UIApplication.Main (args);'로 변경한다.

7. 다음의 AppDelegate 파생 클래스를 Main.cs의 네임스페이스 아래에 포함한다.

```
// AppDelegate는 MainWindow.xib 파일에서 참조된다.
  public partial class AppDelegate : UIApplicationDelegate
    {
        // 이 메서드는 애플리케이션이 UI를 로드하고 실행 준비가 되었을 때 호출된다.
        public override bool FinishedLaunching (UIApplication app,
NSDictionary options)
        {
            // 뷰를 정의한다면 여기에 추가한다 :
            // window.AddSubview (navigationController.View);

            window.MakeKeyAndVisible ();

            return true;
        }
    }
```

8. 솔루션 목록 중에서 AppDelegate.cs 파일을 제거한다(프로젝트에서 제거, 그림 1.11).

| 그림 1.11 | AppDelegate.cs 파일 제거

9. 프로젝트 이름 [LMT1-2]를 오른쪽 클릭하고 [Add]-[New File]을 선택한다. [New File] 대화상자의 왼쪽 목록에서 [General]을 클릭한 뒤 [Empty File]을 선택하고 이름은 'MainWindow.xib.designer.cs'로 한다.

10. 9번에서 만든 MainWindow.xib.designer.cs 파일에 다음과 같이 코드를 작성한다.

```
using MonoTouch.Foundation;

namespace LMT12
{
    [Register ("AppDelegate")]
    partial class AppDelegate
    {
        [Outlet]
        MonoTouch.UIKit.UIWindow window { get; set; }

        void ReleaseDesignerOutlets ()
        {
            if (window != null) {
                window.Dispose ();
                window = null;
            }
        }
    }
}
```

11. [MainWindow.xib]를 더블 클릭해 인터페이스 빌더가 통합된 Xcode를 시작한다.

12. 인터페이스 빌더의 가운데 편집 영역 왼쪽 상단에 있는 [Placeholders]–[File's Owner]를 클릭한다. 그 다음 인터페이스 빌더 오른쪽 유틸리티 영역 상단의 [identity inspector] 버튼을 선택하고 그 아래 [Custom Class] 섹션의 [Class]를 'UIApplication'으로 변경한다(그림 1.12).

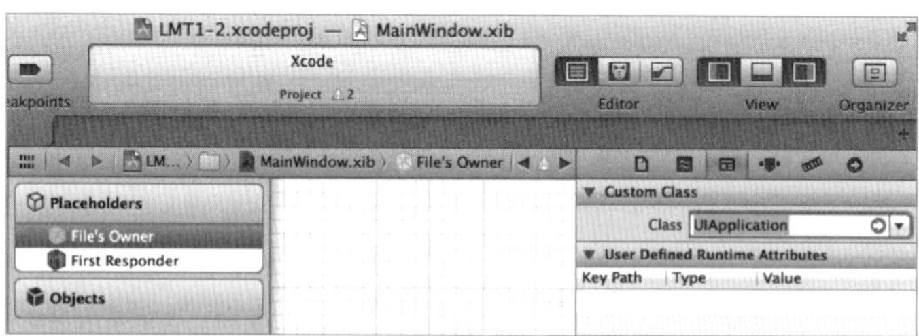

| 그림 1.12 | File's Owner 클래스 변경

13. 유틸리티 영역 하단 [Object Library]에서 [Object] 항목을 가운데 편집 영역으로 끌어다 놓으면 왼쪽 [Object] 섹션 아래 [Object]가 표시된다. 이 Object를 선택하고 [Custom Class] 섹션의 [Class] 항목의 이름을 'AppDelegate'로 변경한다(그림 1.13).

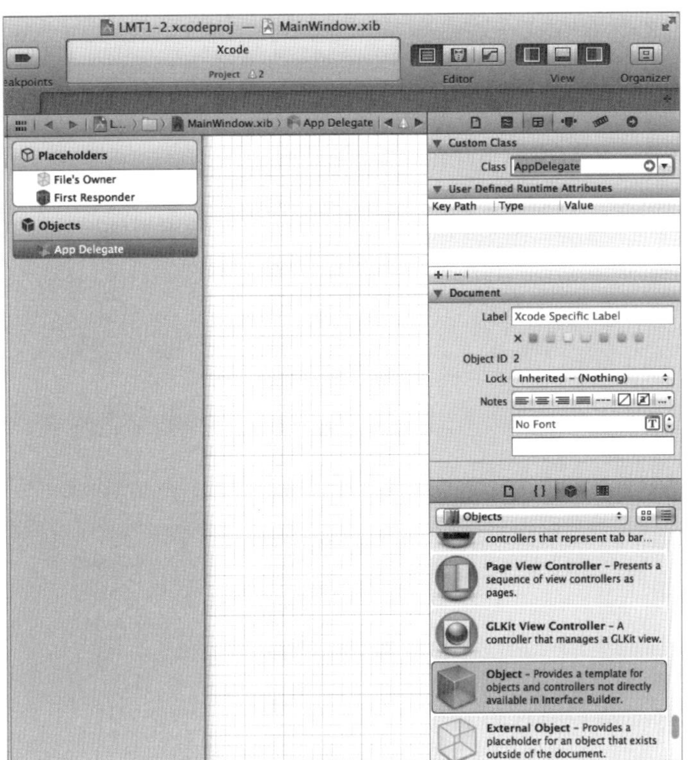

| 그림 1.13 | App Delegate 추가하기

14. [Object Library]에서 타입이 UIWindow인 윈도우 컨트롤을 가운데 편집 영
역에 끌어다 놓는다. 왼편 [Object] 섹션 아래에 [Window]가 표시된다(그림
1.14).

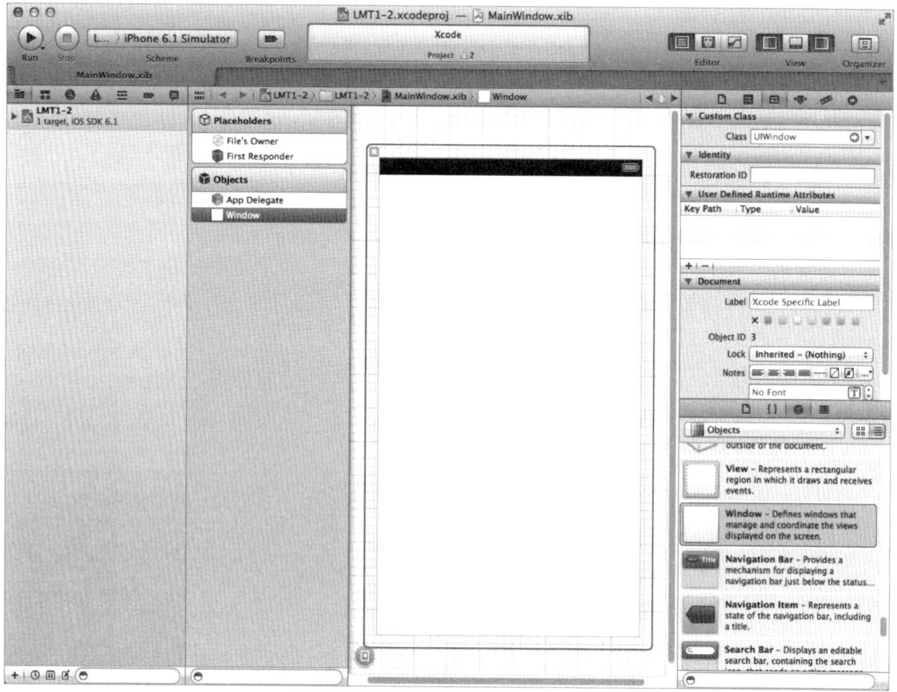

| 그림 1.14 | Window 추가하기

15. [File's Owner]를 선택하고 유틸리티 영역 상단의 [Connections inspector]
    버튼을 선택한 다음 [delegate]를 편집 영역의 [Object]−[App Delegate]에
    연결한다(그림 1.15).

| 그림 1.15 | App Delegate에 연결하기

16. 가운데 편집 영역의 왼쪽 [Object]−[App Delegate]를 선택하고 유틸리티 영역의 [Connections inspector] 아래에 있는 window를 다시 편집 영역의 왼쪽 [Object] 섹션 아래의 새로운 [Window]에 연결한다.

17. 인터페이스 빌드에서 작업한 내용을 모두 저장한다.

18. 다시 Xamarin Studio로 돌아가서 솔루션 목록에 보이는 [Info.plist] 파일을 더블 클릭한다. [Main Interface] 항목의 드롭다운 목록을 펼치고 'MainWindow'를 선택한다(그림 1.16).

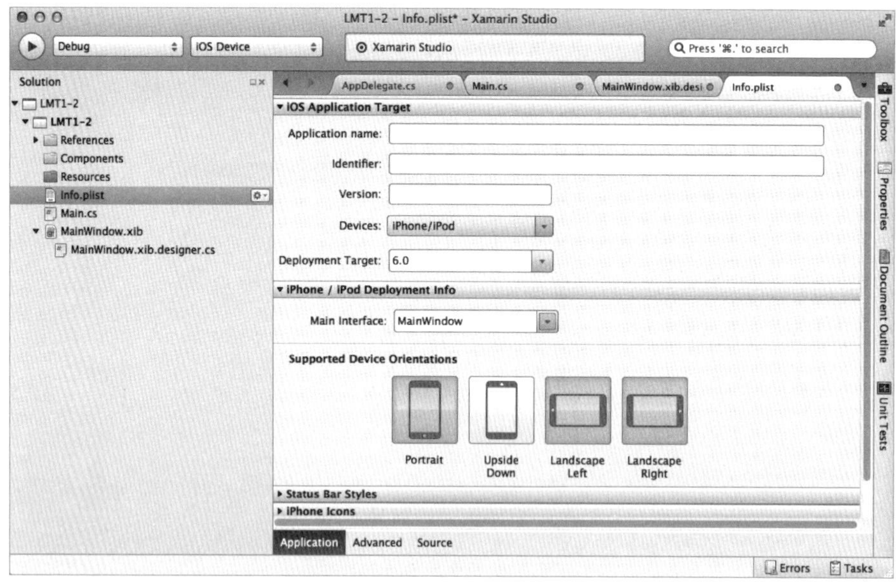

| 그림 1.16 | Info.plist의 [Main Interface] 변경

19. 메뉴 바에서 [Run]-[Run With]-[iPhone Simulator 6.1]을 선택하거나 IDE
    의 왼쪽 상단에 있는 실행 아이콘을 클릭하면 Xamarin Studio에서 앱을 빌드
    하고 시뮬레이터에 설치하게 되는데, 이렇게 하면 Xcode에서 생성했던 것과
    똑같은 빈 화면으로 구성된 애플리케이션이 시뮬레이터에서 실행된다.

20. 시뮬레이터를 종료하고 Xamarin Studio로 돌아가서 인터페이스 빌더와 통
    합된 것을 확인한다.

Note Xamarin Studio를 처음 시작한 후 업그레이드 알림이 나타나면 설치하도록 하자.

Xamarin Studio는 인터페이스 빌더와 잘 통합되며 Xcode와 Objective-C로 개
발할 때처럼 동일한 룩 앤 필을 제공하는 수준이 아니라 사실상 같은 컨트롤을 사용
한다. 나중에 해당 장에서 이를 살펴보겠지만, 지금은 Xcode에서 했던 것처럼 모든
부분이 정확하게 동작하는지만 확인하자. [Solution] 탭에서 해당 솔루션과 프로젝

트를 확장한다. 다시 [MainWindow.xib]를 더블 클릭하고 인터페이스 빌더의 내용을 다시 한 번 확인해보자.

모든 부분이 확인되면 모노터치의 설치가 잘 동작하는 것이다. 그렇지만 디바이스에 배포하려면 빈 윈도우가 아닌 앱을 만들어서 확인하는 것이 좋다. 이제 한 번 해보자.

모노터치 애플리케이션 만들기

이 절에서는 버튼을 터치하면 라벨의 텍스트를 변경하는 레이블 하나와 버튼 하나가 있는 간단한 애플리케이션을 만들어 본다. 완성된 애플리케이션은 그림 1.17과 같다.

| 그림 1.17 | 완성된 Hello MonoTouch 애플리케이션

사용자 인터페이스 만들기

먼저 사용자 인터페이스를 생성해보자. 방금 만든 빈 윈도우를 가진 애플리케이션으로 돌아가서 Xamarin Studio의 MainWindow.xib를 더블 클릭해 인터페이스 빌더를 시작한다. 앞서 언급한 것처럼 인터페이스 빌더는 애플에서 내놓은 사용자 인터페이스 디자인 도구로 애플리케이션의 UI 부분을 생성하는 데 사용한다. Windows나 ASP.NET 개발자 출신이라면 Visual Studio 내에 있는 디자인 도구의 목적과 유사하다고 생각할 수도 있겠지만 기능적으로는 다르다. 인터페이스 빌더에서 xib 파일을 관리하는데, 이 파일은 사실상 애플리케이션의 사용자 인터페이스를 정의하는 데 필요한 모든 개체를 캡슐화한 XML 파일이다. 애플리케이션이 빌드될 때 xib는 .nib라는 확장자를 가진 바이너리 파일로 변환된다(이 때문에 'nib 파일'이라고 부르기도 한다). 기본적으로 xib는 UI 계층의 직렬화된 개체 그래프다. 이제 처음에 언급한 사용자 인터페이스를 만들기 위해 다음과 같이 따라해보자.

1. 인터페이스 빌더(IB)의 오른쪽 유틸리티 영역에서 [Object Library] 탭을 선택한다(그림 1.18).

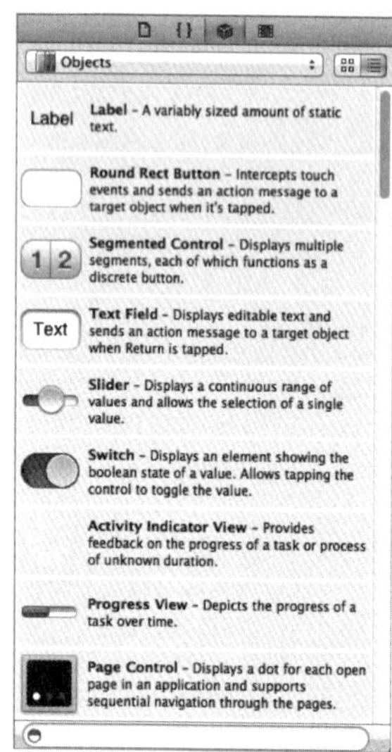

| 그림 1.18 | 인터페이스 빌더의 [Object Library] 탭

2. [Object Library]의 상단에 타입이 UILabel인 [Label] 컨트롤이 있다. 이 컨트
   롤을 윈도우의 디자인 영역으로 드래그 앤 드롭하고 해당 윈도우의 상위 부분에
   놓는다.
3. 이제 해당 레이블의 텍스트를 변경하는 데 사용할 버튼을 추가한다. [Object
   Library]에서 UIButton 타입의 [Round Rect Button] 개체를 윈도우로 드래
   그하고 레이블 바로 아래 놓는다.
4. 디자인 영역에 버튼을 추가하고 해당 버튼을 더블 클릭해서 편집 모드로 들어
   간 다음 버튼의 텍스트를 'Say Hello'로 변경한다.
5. 편집한 xib 파일을 저장한 뒤 Xamarin Studio로 돌아가서 애플리케이션을 실
   행한다.

시뮬레이터에서 애플리케이션이 시작되면 추가한 버튼과 레이블이 보인다. 버튼
을 터치(또는 클릭, 실제로는 시뮬레이터에 있기 때문)하면 버튼의 배경색이 푸른색
으로 변하는 것 외에 다른 동작은 일어나지 않는다. 버튼을 터치할 때 버튼의 이벤트
를 잡아서 레이블의 텍스트를 변경하도록 코드를 작성해야 한다. 이제 허리띠를 졸
라매고 한 번 달려보자!

아웃렛 추가하기

IB는 마이크로소프트의 개발 도구에서처럼 지원 클래스에 대한 코드를 생성하지
는 않는다. IB에서 정의된 뷰와 코드 간에 대화를 일으키려면 아웃렛이라는 것을 통
해 xib에서 정의된 개체를 코드에서 간단히 참조해야 한다. 개체를 연결하는 일부 수
작업 단계가 필요하지만 시간이 좀 지나면 익숙해질 것이다. C# 언어(특히 부분 클
래스)와 모노터치 디자인의 조합을 사용할 때는 실제로 Objective-C 와 Xcode에서
하는 방식과는 조금 다르게 코드를 연결하기 위해 해야 할 일이 몇 가지 있다. IB로
돌아가서 시작해보자.

이번과 같은 경우는 IB에서 두 개의 아웃렛을 생성해야 한다. 하나는 버튼에 대한
것으로 버튼의 이벤트를 구독하고 하나는 레이블용으로 레이블의 텍스트를 프로그

래밍 방식으로 변경할 수 있다. 레이블에 대한 작업을 시작해보자. Xcode 4.x 이상에서는 보조 편집기(Assistant Editor)를 통해 분할 뷰를 제공한다. 분할 뷰에서 인터페이스 빌더의 xib 파일과 코드 편집기의 코드 파일 두 개를 한 번에 볼 수 있다. 작업 절차는 다음과 같다.

1. [Editor]의 가운데 버튼을 클릭한다. 편집 영역에서 Label 컨트롤을 클릭하고 〈Control〉 키를 누른 상태로 분할 뷰의 코드 파일 편집 영역으로 드래그해서 @interface 뒤의 빈 공간에 놓는다(그림 1.19).

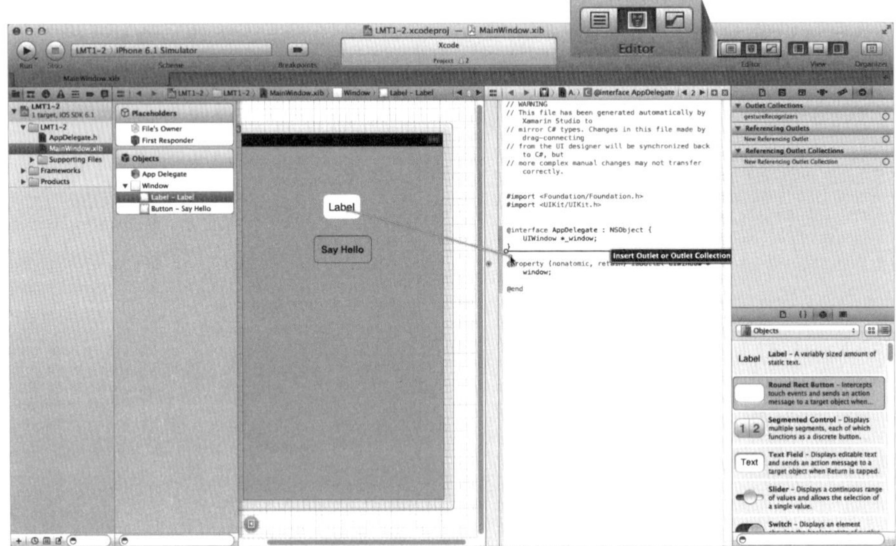

| **그림 1.19** | 분할 뷰를 이용한 아웃렛 추가

2. 아웃렛의 이름을 정하고 연결까지 한 번에 해주는 인터페이스가 등장한다. 여기에 아웃렛의 이름을 'HelloLabel'로 입력하고 [Connect] 버튼을 클릭한다(그림 1.20).

| **그림 1.20** | HelloLabel 아웃렛 생성과 연결

이 단계를 마치면 AppDelegate에 UILabel에 대한 아웃렛이 추가되고 윈도우의 UILabel과 AppDelegate의 UILabel 아웃렛 간에 연결이 이뤄진다. 여기서 Type의 기본값은 통상 id이며 모든 NSObject에 해당된다. 이는 C#의 개체와 유사하다. 이를 UILabel로 변경해 아웃렛을 연결할 때(곧 해보게 된다), UILabel이 아닌 다른 것에는 연결할 수 없다.

AppDelegate는 애플리케이션 종료가 일어나는 것과 같은 어떤 일이 UIApplication에서 발생할 때 호출을 받도록 정의된 클래스로, 아주 똑같지는 않지만 콜백 인터페이스를 생각하면 된다. '델리게이트'라는 용어는 여기서는 여러분이 알고 있는 .NET에서 사용하는 델리게이트가 아니라 iOS SDK를 통해 흔히 사용되는 Objective-C 기술이다. 모노터치는 Objective-C Delegates를 지원하는데, C#과 C# 델리게이트에서 접근할 수 있도록 추상화되었다. 지금은 단지 AppDelegate는 이 애플리케이션에서 버튼과 레이블을 프로그래밍 방식으로 액세스하게 될 클래스라고 알면 되고 AppDelegate에서 이들에 대한 아웃렛을 생성하는 데 필요하다.

마이크로소프트 개발 환경을 주로 사용해온 사람에게는 이런 작업이 매우 낯설 수 있으니 지금까지 한 작업을 요약해보자. 사용자 인터페이스를 나타내는 모든 직렬화된 개체를 유지하는 xib 파일을 만들었다. 프로그래밍 방식으로 사용자 인터페이스 개체와 상호작용하는 코드가 필요하다는 것을 알았다. xib 내의 개체를 코드로 드래그해서 UILabel에 대한 아웃렛을 AppDelegate에 추가하고 UILabel을 방금 정의한 아웃렛에 연결함으로서 C#으로 UILabel을 가리키는 속성을 생성했다.

Xamarin Studio에서 이런 작업이 어떤 동작을 일으키는지 보기 위해 나머지 버튼도 연결해야 한다. 버튼에 대해서도 앞서의 방식으로 아웃렛을 추가하고 연결하는 동일한 절차를 반복한다. 이번에는 아웃렛 이름을 'SayHelloButton'으로 입력한다. 이제 인터페이스 빌더의 모든 작업을 저장하자. 이제 앱에 필요한 모든 것이 연결되어 코드에서 개체와 상호작용할 수 있게 된다(그림 1.21).

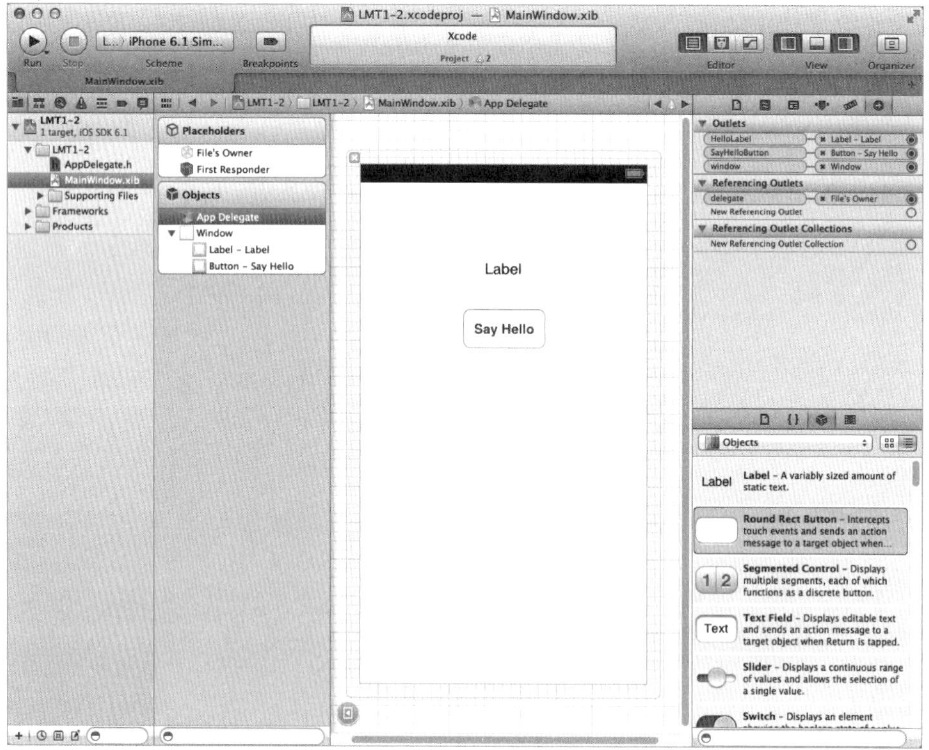

| 그림 1.21 | UIButton과 UILabel에 대한 아웃렛 연결을 보여주는 IB

이제 코드에 주의를 기울여보자. 먼저 인터페이스 빌더에서 모든 것을 저장한 후 Xamarin Studio가 이 모든 아웃렛 작업에 어떻게 반응했는지를 살펴보자. Xamarin Studio에서 [Solution Explorer]의 MainWindow.xib를 확장하고 MainWindow.xib.designer.cs 파일을 연다(리스트 1.1). 이 코드는 부분 클래스로 IB에서 만든 모든

아웃렛 연결을 담고 있다. AppDelegate에 대한 부분 클래스와 IB에서 만든 모든 연결을 위해 생성한 몇 가지 속성이 보인다. 이들 특성은 모노터치에서 인터페이스 빌더 아웃렛에 해당 코드를 연결하는 데 사용하는 것이다. 마지막으로 주목할 부분이 AppDelegate 클래스의 `Register`이다. `Register`는 모노터치에서 Objective-C 런타임으로 클래스를 등록하는 데 사용한다.

> **Note** 엄밀히 말하면, 모노터치는 NSObject를 서브클래싱하는 모든 것을 자동 등록한다. 기본적으로 `Full.Namespace.Typename`으로 등록된다. 특성은 이를 'ShortName'에 매핑하는 데 사용된다. 그렇지 않으면 `MonoTouch.UIKit.UIButton`을 UIButton에 연결하지 못하게 된다.

리스트 1.1 MainWindow.xib.designer.cs

```
  // WARNING
//
// This file has been generated automatically by Xamarin Studio to store outlets and
// actions made in the UI designer. If it is removed, they will be lost.
// Manual changes to this file may not be handled correctly.
//
using MonoTouch.Foundation;
using System.CodeDom.Compiler;

namespace LMT12
{
    [Register ("AppDelegate")]
    partial class AppDelegate
    {
        [Outlet]
        MonoTouch.UIKit.UILabel HelloLabel { get; set; }

        [Outlet]
        MonoTouch.UIKit.UIButton SayHelloButton { get; set; }

        [Outlet]
        MonoTouch.UIKit.UIWindow window { get; set; }

        void ReleaseDesignerOutlets ()
        {
            if (HelloLabel != null) {
                HelloLabel.Dispose ();
                HelloLabel = null;
```

```
        }

        if (SayHelloButton != null) {
            SayHelloButton.Dispose ();
            SayHelloButton = null;
        }

        if (window != null) {
            window.Dispose ();
            window = null;
        }
    }
}
```

Main.cs 파일을 열면 AppDelegate에 대한 부분 클래스의 나머지가 있다. 여기에
버튼의 `TouchUpInside` 이벤트에 응답하고 레이블의 텍스트를 변경하는 코드를 작
성한다(리스트 1.2).

 AppDelegate에서 UIButton `TouchUpInside` 이벤트 처리

```
...
public partial class AppDelegate : UIApplicationDelegate
{
    public override bool FinishedLaunching (
        UIApplication app, NSDictionary options)
    {
        // 뷰를 정의하는 경우. 여기에 추가한다 :
        // window.AddSubview (navigationController.View);

        SayHelloButton.TouchUpInside += (o,e) =>
            { HelloLabel.Text = "Hello MonoTouch" ; };

        window.MakeKeyAndVisible ();

        return true;
    }
    ...
}
```

모두 저장하고 만든 애플리케이션을 실행해보자. 시뮬레이터에 앱이 실행되면 버튼을 클릭하고 텍스트가 변경되는지 확인하자. 만든 레이블이 전체 텍스트를 수용할 만큼 충분히 크지 않아서 텍스트의 끝이 생략기호로 대체된다(사실 IB와 관련해서 조금 더 할 얘기가 있어 고의로 이렇게 만들었다. 이제 그 얘기를 해볼 것이다). 다시 IB로 돌아가서 이 문제를 바로잡아 보자.

IB로 다시 돌아와 해당 윈도우의 UILabel을 선택하고 너비를 증가시킨다. IB에서는 크기 조정과 레이아웃 설정에서 가이드 지오메트리(그림 1.23)를 통해 애플의 휴먼 인터페이스 가이드라인(HIG)을 따르도록 도와준다.

레이블을 선택하고 [View]-[Utilities]-[Show Attributes Inspector]를 열어 레이블 텍스트가 중앙에 오도록 설정하자. [Attributes Inspector]의 [Alignment] 섹션에서 텍스트를 중앙 정렬로 설정한다. IB에서 변경한 것을 저장하고 다시 Xamarin Studio으로 돌아와 앱을 실행해보자. 이번에는 버튼을 클릭하면 레이블에 전체 텍스트가 표시된다.

Xamarin Studio로 다시 전환했을 때 방금 해당 레이블을 변경한 내용이 반영되어 약간의 코드가 생성되었으리라 기대했을지 모르겠다. 하지만 인터페이스 빌더는 코드를 생성하지 않는다. 인터페이스 빌더에서 이뤄진 변경은 xib 파일에서 바로 직렬화된다. 전체 프로세스에서 만들어진 코드만 아웃렛에 걸어 놓은 속성이 되는데, 이 아웃렛은 Xamarin Studio에서 xib의 변경을 주시해 생성한 것이다. 리스트 1.3은 해당 레이블에 일어난 변경을 반영한 xib 파일의 일부를 보여준다. 여기서 `<string key="NSFrame">` 노드가 증가된 레이블의 크기를 나타낸다.

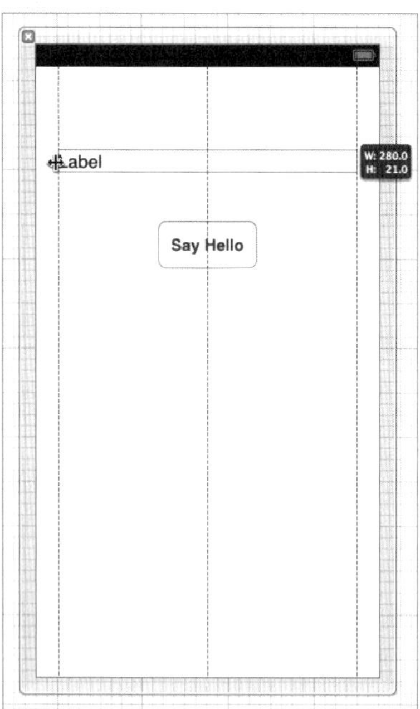

| 그림 1.22 | IB에서 보여주는 레이아웃과 크기 조정에 대한 가이드 지오메트리

리스트 1.3 MainWindow.xib XML에서 UILabel 설정을 보여주는 부분

```xml
<object class="IBUILabel" id="1050541588">
    <reference key="NSNextResponder" ref="380026005"/>
    <int key="NSvFlags">1316</int>
    <string key="NSFrame">{{25, 80}, {275, 21}}</string>
    <reference key="NSSuperview" ref="380026005"/>
    <bool key="IBUIOpaque">NO</bool>
    <bool key="IBUIClipsSubviews">YES</bool>
    <bool key="IBUIUserInteractionEnabled">NO</bool>
    <string key="IBUIText">Label</string>
    <object class="NSColor" key="IBUITextColor">
        <int key="NSColorSpace">1</int>
        <bytes key="NSRGB">MCAwIDAAA</bytes>
    </object>
    <nil key="IBUIHighlightedColor"/>
    <int key="IBUIBaselineAdjustment">1</int>
    <float key="IBUIMinimumFontSize">10</float>
    <int key="IBUITextAlignment">1</int>
</object>
```

다시 Xamarin Studio로 이동해 앱을 실행해보자. 이번에는 버튼을 클릭할 때 'Hello MonoTouch' 텍스트가 완전하게 표시된다. 잠깐 작업했지만 훌륭하게 Hello World 예제를 만들었다. 이제 시뮬레이터를 띄우고 실행하는 방법을 알아보았으니 디바이스에서 개발하는 부분으로 옮겨가 보자.

디바이스에서의 개발

디바이스에서 애플리케이션을 설치하고 디버깅하기 위해 개발에 사용할 디바이스를 준비해야 한다. 개발을 위해 디바이스를 설정하는 절차를 자세히 살펴보자.

개발을 위한 프로비저닝

개발하는 동안 앱을 디바이스에 배포하려면, 유료 개발자 계정을 가진 iOS 개발자로 등록해야 한다. 등록을 했다면 개발 인증서를 얻고 개발 프로비저닝 프로필을 설정해야 한다. 구성해야 하는 작업은 크게 두 가지 영역으로 나뉜다. 앱의 개발 빌드를 실행할 수 있도록 디바이스를 준비해야 하며, 앱에 서명을 넣을 수 있도록 맥에서 개발 인증서를 설정해야 한다.

Note 디바이스 배포를 위한 준비에는 몇 가지 단계가 포함된다. 일단 처음에 설정을 하고 나면 애드혹 배포와 앱 스토어 배포를 위한 절차가 매우 유사하다는 것을 알게 된다.

먼저 iOS Developer Center에 로그온해서 [Certificate, Identifiers & Profiles](iOS 프로비저닝 포탈)를 찾아보자. 여기서 웹 기반 도구로 인증서를 생성하고 개발을 위한 디바이스 등록, 프로비저닝 프로필을 생성한다(그림 1.23).

이 시점에서 개발을 위한 인증서를 갖고 있지는 않다. 개발 인증서는 개발을 위해 애플리케이션을 서명하는 데 사용된다. 인증서를 얻으려면 인증서를 요청해야 한다. 인증서를 요청하려면 CSR(Certificate Signing Request)을 생성해야 한다. 맥 OS X에서 [응용 프로그램]-[유틸리티]에 있는 [키체인 접근] 도구를 사용해 CSR을 생성할 수 있다. [키체인 접근]을 시작하고 메인 메뉴의 [키체인 접근]-[환경설정]에서 [인증서] 탭을 클릭한다. 먼저 두개의 드롭다운이 [끔]으로 설정되었는지 확인한다(그림 1.24).

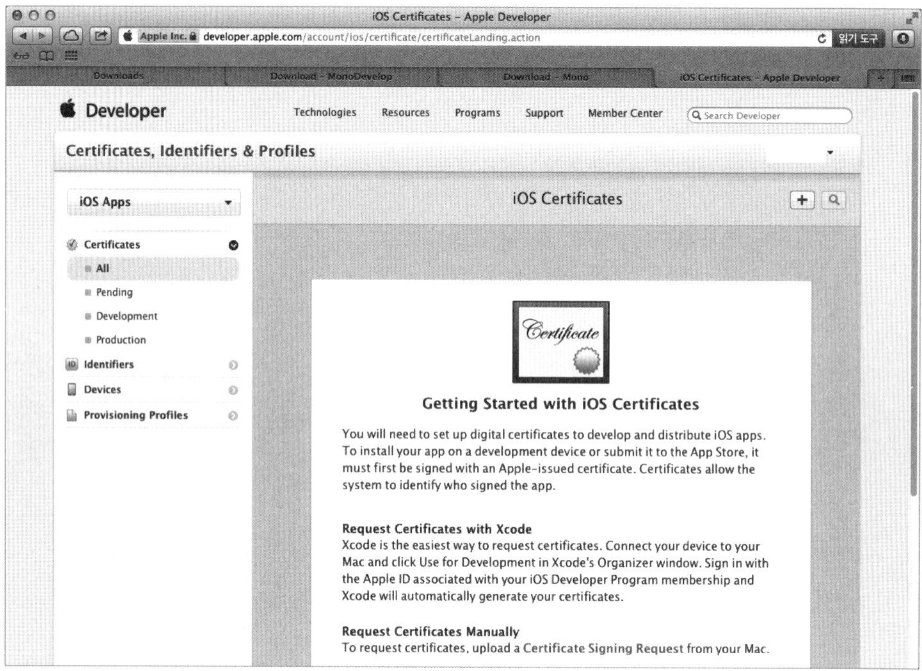

| 그림 1.23 | Certificate, Identifiers & Profiles(iOS 프로비저닝 포탈)

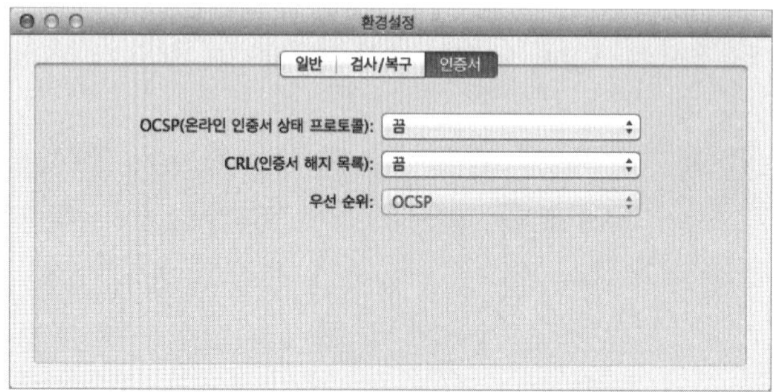

| 그림 1.24 | 키체인 접근 인증서 기본설정

이제 [키체인 접근]−[인증서 지원]−[인증 기관에서 인증서 요청] 아래에 CSR을 생성하기 위해 [인증서 지원]을 선택한다. [인증서 지원] 대화상자에서 iOS Developer 계정용 전자 메일을 입력하고 [일반 이름] 옆에 이름을 입력한다. iOS Developer Program Portal을 사용해 CSR을 업로드할 것이므로, CA 메일 주소는 입력할 필요가 없다. CSR을 파일로 저장해 포털에 업로드할 수 있도록 [디스크에 저장됨]을 선택하고 [본인이 키 쌍 정보 지정]에도 체크한다. [계속]을 클릭하고 위치를 선택해 CSR을 저장한다. 마지막으로 키 크기가 2,048 비트이고 사용된 알고리즘이 RSA인지 확인한다. [계속]을 클릭하고 지정한 위치에 CSR을 저장한다. 이 CSR로 개발 인증서를 요청할 수 있다. 인증서 요청을 위해 다시 포털로 돌아가자.

포털에서 왼쪽 탐색창의 [Certificates]를 클릭한다. [Development] 탭을 선택하고 오른쪽 상단의 [+](인증서 추가) 버튼을 클릭한다. 단계를 진행하면 [Generate] 섹션에서 [Choose File] 버튼을 볼 수 있다. 이 버튼을 누르고 [키체인 접근]에서 생성한 CSR 파일을 찾아서 [선택] 버튼을 클릭해 업로드한다. 하단의 [Generate] 버튼을 클릭해 인증서를 생성하고 [Download] 섹션에서 개발 인증서를 다운로드한다. 다운로드한 후 인증서 파일을 더블 클릭하고 대화상자의 [추가]를 선택해 키체인에서 파일을 설치한다. 이때 개발 인증서가 설치된다. 이제 개발용 디바이스를 추가하는 작업을 해보자.

개발용 디바이스를 승인하기 위해 [Window]−[Organizer]를 선택해서 Xcode Organizer를 시작한다. [Devices] 아래에서 자신의 기기를 선택하면 [Identifier]에 UDID가 나타난다(그림 1.25).

| 그림 1.25 | UDID를 보여주는 Xcode Organizer

UDID를 복사하고 [Certificate, Identifiers & Profiles]로 넘어간 다음 포털의 [Devices] 섹션에서 [Add Device]를 클릭한다. 해당 디바이스와 디바이스의 UDID 이름을 입력한다.

최종 목적이 개발용 디바이스에서 앱을 올려보는 것임을 기억하자(이는 주어진 모든 단계에 관련되므로 언급할 가치가 있다). 앱에 서명할 인증서를 생성했고 개발용 디바이스를 등록했다. 목적을 이루기 위해 개발 프로비저닝 프로필을 생성하기 전에 App ID라는 것을 하나 더 만들어야 한다.

App ID는 포털에서 생성하는 번들 시드 id와 사용자(또는 팀 관리자)가 선택하는 번들 id로 구성된다. `BundleSeedID.BundleID`라는 형식을 갖는다. 개발 중일 때 개발하는 모든 앱에 대한 새로운 id를 만들지 않도록 번들 id에 대해 와일드카드(*)를 사용하는 편이 편리하다.

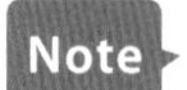 배포를 위해 각 애플리케이션별 앱 id를 만들어야 한다.

포털에서 App ID를 만들려면 [App Ids] 섹션에서 [+](App ID 추가)를 클릭하고 [App ID Name] 아래에 이름을 입력한 다음(포털 자체에서 사용할 용도) [Bundle Identifier]에는 '*'를 입력한다.

앱에서 키체인 접근을 필요로 하면, '*'를 사용할 것이 아니라 고유한 번들 id를 만들어야 한다. 관례상 번들 id는 일반적으로 'com.mydomain.myapp'처럼 도메인 이름에 앱 이름을 더해서 거꾸로 뒤집은 형태를 취한다.

이제 디바이스에 앱을 올리는 데 사용할 개발자 프로비저닝 프로필을 생성할 준비가 되었다. 개발 인증서, 디바이스 등록, 앱 id를 함께 프로비저닝 프로필에 넣어서 만들게 된다. 다시 포털로 돌아가서 왼쪽 [Provisioning Profiles] 메뉴에서 [Development] 항목을 선택하고 [+](프로필 추가) 버튼을 클릭한다. 포털에서 사용할 프로필 이름을 채우고 앞 단계에서 만든 인증서와 App ID, 디바이스를 선택한 다음 [Generate]를 클릭해 프로비저닝 프로필을 생성한다. 프로필을 생성하고 나면 개발 디바이스에 앱을 배포하는 데 사용하기 위해 해당 프로필 옆에 있는 [Download]를 클릭해 다운로드한다. 프로비저닝 프로필을 다운로드하고 프로필을 독(Dock)의 Xcode 아이콘으로 드래그하면 디바이스에 프로비저닝 프로필을 설치하게 된다. [Xcode Organizer]를 열고 [DEVICES] 아래에 연결된 디바이스를 클릭해 확장한 다음 [Provisioning Profiles]을 선택하고 개발 프로비저닝 프로필이 설치되었는지 확인한다(그림 1.27). App Identifier가 곧 필요할 것이므로 따로 적어놓자. 여기까지 따라왔다면 이제 개발 디바이스에 앱을 배포할 준비가 된 것이다.

디바이스가 연결되어 있는지 확인하고 Xamarin Studio로 다시 돌아가서 디바이스에 릴리즈 빌드를 배포하고 실행한 다음 디바이스에서 디버깅을 해보자. 솔루션 트리에서 [LMT1-2] 프로젝트를 선택하고 메인 메뉴에서 [Project]-[LMT-1 Options]를 선택한다. [Build] 섹션을 확장한다. [iOS Build]에 대해 구성을 [Release]로, 플랫폼을 [iPhone]으로 설정한다. 나머지는 기본값으로 남겨둔다. [iPhone Bundle Signing]의 경우, 다시 구성과 플랫폼을 각각 [Release]와 [iPhone]으로 설정하고 id는 [Developer (Automatic)]으로 설정한다. [iOS Application]의 경우 표시 이름을 [LMT1-2]로 설정하고 [Identifier]는 앞서 기록해 놓은 것을 Xcode에서 [App Identifier]의 값으로 설정한다.

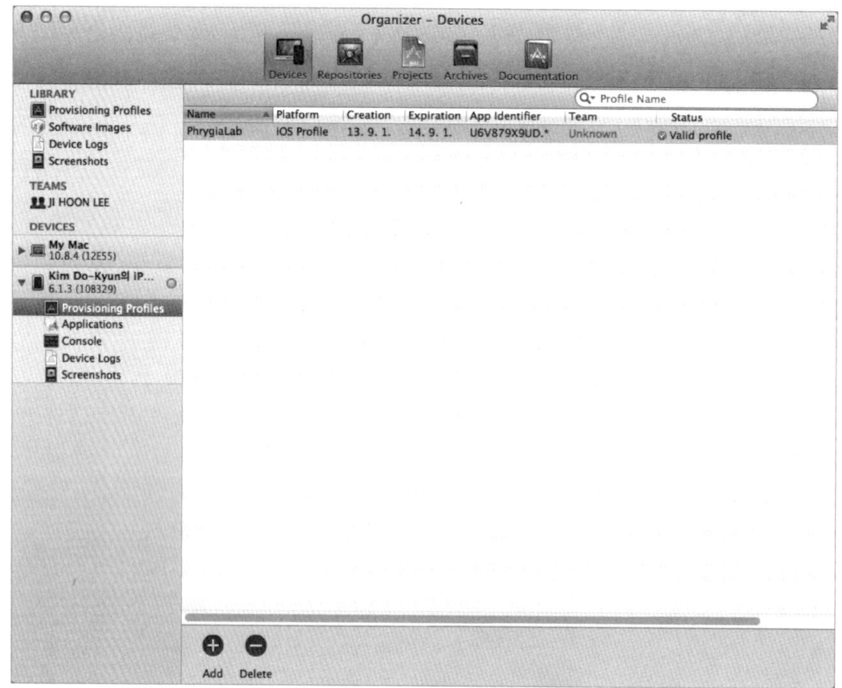

| 그림 1.26 | 개발 프로비저닝 프로필을 보여주는 Xcode Organizer

번들 id에 와일드카드(*)를 사용했다면, 해당 와일드카드를 제외한 App ID 부분을 입력해야 한다. 예를 들면 App ID가 AA11BB22CC.*라면, Xamarin Studio에서 Identifier필드에 AA11BB22CC를 입력한다.

[확인]을 클릭해 [Project Options] 대화상자를 닫는다. 툴바에서 액티브 구성을 [Release | iPhone]으로 설정하고 메인 메뉴에서 [Run]-[Upload to Device]를 선택한다. Xamarin Studio에서 앱을 빌드하게 되고 내부적으로 애플의 도구와의 통합을 통해 앱에 서명한 뒤 디바이스에 앱을 배포한다. Xamarin Studio에서는 [Deploy to Device] 탭에서 배포 진행 과정을 보여준다(그림 1.27).

| 그림 1.27 | Xamarin Studio 개발 피드백

이로써 앱은 이제 디바이스에 배포되고 아이콘을 터치하면 실행된다(그림 1.29). 성공적으로 첫 번째 앱을 디바이스에 배포했다. 이제는 디바이스에 올린 앱을 어떻게 디버깅할 것인가도 궁금하지 않은가?

| 그림 1.28 | 디바이스에서 실행하는 모노터치 애플리케이션

모노터치 디버거 사용하기

모노터치는 시뮬레이터와 디바이스 모두에서 디버깅을 지원한다. 시뮬레이터의 경우 해야 할 작업은 액티브 구성을 [Debug | iPhone Simulator]로 설정한 뒤 중단점을 설정하고 메인 메뉴에서 [Run]-[Start Debugging]을 선택하는 것이다. 디바이스에서 디버깅을 하려면 액티브 구성을 [Debug | iPhone]으로 설정한다. 이전 단원에서 설명한 번들 id를 이미 설정했다고 가정하면 남은 작업은 메인 메뉴에서 [Run]-[Start Debugging]을 선택해 디버그 빌드를 만들고 디바이스에 배포하는 것이다. Xamarin Studio는 앱을 빌드하고 배포하게 되고 앱이 시작되기를 기다렸다가 디버거 상태로 진입을 시작한다(그림 1.29). 디바이스에서 앱을 시작할 때 Xamarin Studio에서 디버깅 세션으로 들어가게 된다(그림 1.30).

| 그림 1.29 | 앱이 시작되기를 기다리는 디버그 모드의 Xamarin Studio

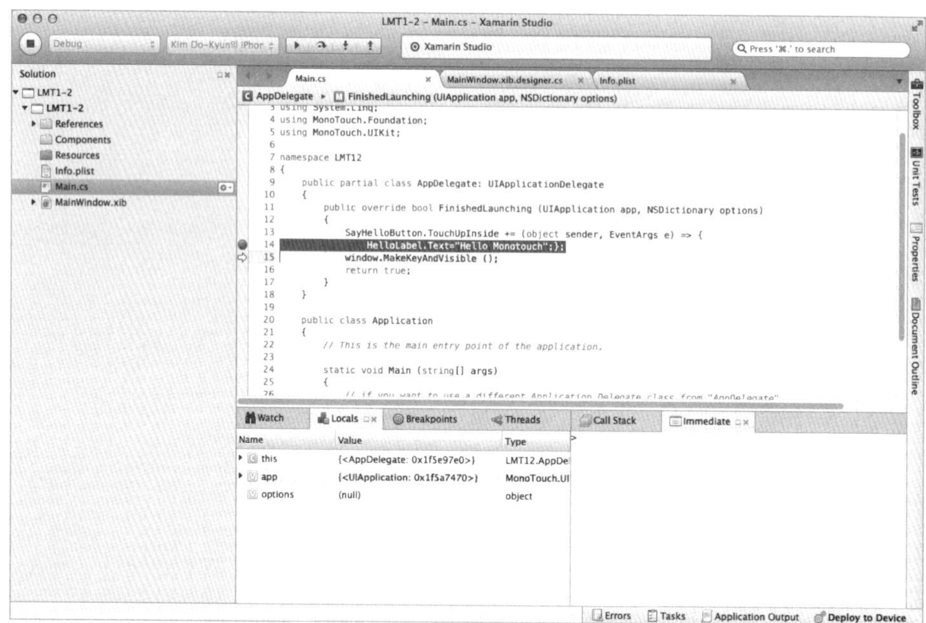

| 그림 1.30 | 디바이스에서 앱 실행을 디버깅하는 Xamarin Studio

흥미롭게도 이 디버거는 Wi-Fi를 통해 원격 디버깅 지원을 제공하는 소프트 디버거로 구현되었다. 그러므로 디버그 빌드를 배포했다면 실행 애플리케이션을 디버그하기 위해 디바이스에 연결할 필요가 없다! 유일한 요구사항은 디바이스와 맥이 동일한 네트워크에 있어야 한다는 것이다. 공인 IP에 맥을 노출하면 셀룰러 네트워크를 통해 디바이스에 연결된다. 이는 베타 테스터처럼 떨어진 지역에 있는 원격 클라이언트를 디버그할 수 있다는 의미도 된다.

> **Note** 물론, 이런 환경은 맥을 잠재적인 보안 위협에 노출하는 것일 수 있으므로, 그런 시나리오가 필요하다면 보안의 위협을 고려해야 할 것이다. 한 가지 가능한 시나리오는 최소한의 자원을 가진 원격 디버깅용 전용 컴퓨터를 설정하는 것이다. 또한 테스터를 잘 조율해서 테스트 컴퓨터가 공용 네트워크에서 사용 가능한 시간을 제한하는 것이다. 오프사이트 디버깅이 필요하지 않더라도 하나의 옵션으로 이런 기술을 사용할 수 있다는 것이 멋지지 않은가? (이 글을 쓰는 시점에, 애플은 자체 도구에서 원격 디버깅 지원을 제공하지 않는다.) 로컬 네트워크 내에서 원격 디버거는 로컬 테스터와 개발자 사이의 테스팅에 유용하다.

요약

Chapter 1에서는 모노터치를 사용한 iOS 개발을 위해 개발 환경을 설정하는 데 필요한 세부 사항을 살펴봤다. iOS 애플리케이션의 개발과 관리에 사용되는 몇 가지 도구도 소개했다. 애플의 인터페이스 빌더뿐만 아니라 Xamarin Studio IDE도 살펴보았으며 간단한 Hello Monotouch 애플리케이션을 개발했다. 애플의 도구와 Xamarin Studio, 모노터치, iOS Developer Program Portal의 합작으로 만든 앱을 디바이스에 배포했다.

모노터치와 iOS SDK

Chapter 2는 모노터치에서 어떻게 iOS SDK를 추상화해서 C#에서 네이티브 클래스를 개발할 수 있게 하는지를 설명한다. 아웃렛으로 작업하는 방법을 설명하고 C# 이벤트 모델과 코코아 터치 델리게이트 모델을 비교하면서 C#에서 각 패턴을 사용하는 방법을 보여준다. 모노터치의 가비지 컬렉션과 대조되는 Objective-C의 메모리 관리도 설명한다.

iOS SDK 개요

모노터치는 iOS SDK를 기반으로 하며 Xamarin Studio를 통한 도구 사용, 인터페이스 빌더와의 통합과 함께 C# 언어에 대한 지원을 추가했다. 또한 많은 라이브러리와 기존 코드뿐만 아니라 가비지 컬렉션에 대한 지원을 제공하는 .NET의 모노 구현을 기반으로 만들어졌다. .NET 개발자는 모노와 Xamarin Studio를 마치 홈그라운드처럼 느끼겠지만, 맥이나 iOS 개발 경험이 없다면 iOS SDK와 모노터치를 통한 iOS SDK의 구현은 약간은 이질적으로 보일 것이다. Chapter 2는 iOS SDK의 개요와 모노터치에서 iOS SDK를 사용하는 방법을 설명하고 다양한 모노터치 디자인 요점을 드러내주는 예제를 살펴볼 것이다. 먼저 iOS SDK에 대해 알아보자.

iOS SDK는 Objective-C 언어를 사용해 iOS 애플리케이션을 만들기 위한 풍부한 API와 도구를 제공한다(그림 2.1). Chapter 1 "Hello 모노터치"에서 몇 가지 도구를 살펴보았으니 이제 API 스택이 어떻게 구성되었는지 알아보자. SDK는 Objective-C를 사용해 프로그래밍된 고수준 프레임워크 뿐만 아니라 3D 그래픽스와 소켓, 오디오 등을 제공하는 덜 추상화된 저수준 API로 만들어졌다. 이들은 사용자가 하려는 작업에 따라 C와 Objective-C의 혼합으로 프로그래밍된다. 대부분의 앱은 코코아 터치라고 하는 고수준의 추상화된 API 계층과 Foundation 프레임워크와 드로잉용 코어 그래픽스를 통한 저수준 기능에 대한 몇 가지 추상화, 필요에 따라 덜 추상화된 계층까지도 끄집어내어 Objective-C로 만들 수 있다. 코코아 터치는 몇 가지 프레임워크로 구성된 것이지만, 핵심은 UIKit이라는 프레임워크에 있다.

| 그림 2.1 | iOS SDK 구성 요소

UIKit은 iOS 애플리케이션의 UI를 이루는 데 사용되는 많은 클래스를 담고 있다. 버튼, 레이블, 텍스트 필드, 슬라이더, 테이블, 툴바뿐만 아니라 웹 뷰와 이미지 뷰 등 이름만으로도 알만한 여러 가지 항목들이 UIKit에 들어있다.

UIKit에서는 수많은 클래스에서 발생하는 흥미로운 작업에 대응하는 데 사용되는 많은 프로토콜도 정의하고 있다. 프로토콜은 인터페이스에는 구현해야 할 메서드가 있다는 점을 제외하면 C#의 인터페이스와 유사하다. 필수로 지정된 유일한 메서드는 구현해야 하지만 나머지는 선택적이다. 이는 중요한 요점으로 나중에 논의할 모노터치 설계를 이해하는 데 도움을 준다. C#에서 개체에 대한 인터페이스 구현을 제

공하는 방식과 유사하게 적당한 때에 해당 개체를 코드에 호출하도록 Objective-C
에서 동일한 방식으로 프로토콜을 구현할 수 있다. 예를 들면, UIKit에는 `UIAction
SheetDelegate`라는 프로토콜과 함께 `UIActionSheet`라는 클래스가 있다. 여러분이
`UIActionSheetDelegate`의 구현을 제공하고 `UIActionSheet`의 인스턴스를 넘긴다
고 가정하고 액션 시트의 어떤 버튼이 클릭되었는지 찾아내어 적절하다고 생각하는
대응을 제공하고 싶다고 하자. 클래스에서 `UIActionSheetDelegate` 프로토콜을 따
르는 코드를 구현하고 `UIActionSheet` 인스턴스의 Delegate 속성에 이 클래스의 인
스턴스를 설정하면 액션 시트의 버튼이 클릭될 때 이어서 여러분의 코드를 호출한
다. 이 설계는 애플리케이션 개발자의 로직에 느슨한 결합도를 제공하면서
`UIActionSheet` 클래스를 재사용이 가능하게 유지한다. 이는 코코아 터치 전체에서
일반적인 델리게이션 패턴의 한 예이며, 모노터치에서 완벽하게 지원한다.

코코아 터치에서 보게 되는 또 다른 일반적인 패턴은 사용자와 UI의 상호작용으로
일어나는 일에 개발자가 응답을 제공하는 대상 작업(Target-Action) 패턴이다. 이 패
턴은 버튼 터치와 같은 이벤트에 응답하는 코코아 터치 메커니즘이다. Chapter 1에서
모노터치가 전형적인 C# 스타일 이벤트를 사용하는 것을 보았다. 이 패턴에서는 코코
아 터치 스타일 액션도 지원한다. 대상 작업 패턴은 서브클래싱 없이 한 개체(대상)의
메서드(액션)를 또 다른 개체(UIKit의 수많은 컨트롤에 대한 기본 클래스인 전형적인
`UIControl`)와 연결하는 데 사용된다. Objective-C에서 사용자가 연결된 특정 액션 메
서드를 포함하는 대상 개체를 갖는 컨트롤을 터치할 때, Objective-C 런타임은 '선택
기(selector)'를 활용해 해당 액션 메서드에 메시지를 보낸다.

Objective-C에서 메시지를 보내는 것은 C#에서 메서드를 호출하는 것과 유사하지만, 전자
는 런타임에 확인된다는 차이점이 있다.

선택기는 함수 포인터와 같다. 이벤트가 UIControl 인스턴스에서 발생할 때 선택
기에 바인딩된 연결된 액션 메서드를 실행한다. 이 메서드에서 절차적인 코드를 넣
을 수 있다. 이 패턴은 C# 이벤트와 상당히 유사하다. 모노터치는 각 패턴을 선택하
는 데 유연성을 제공한다.

 ## 예제로 보는 Objective-C와 모노터치의 차이점

이들 개념을 설명하는 데 도움을 주는 예제를 살펴보자. 조금 전에 UIActionSheet 를 언급했으므로, 예제에서 이를 사용해보자. 두 가지를 비교하는 데 도움이 되고 모노터치를 사용해 앱을 개발할 때 어떤 일이 일어나고 있는지 명확한 그림을 제공하기 때문에 Objective-C와 C#으로 코드를 제시할 것이다.

Note 모노터치로 앱을 개발할 때 일반적으로 Xcode나 Objective-C가 필요치 않다. 여기서는 모노터치 설계를 설명하는 데 도움이 되는 근거로만 인용한다. 이들 기술에 관해 더 자세히 배우고 싶다면 『프로그래밍 오브젝티브 C 2.0. 4/E』(스티븐 코찬, 인사이트, 2012)을 참고하자.

이 예제를 통해 앱의 배경 이미지를 변경할 수 있다. 그림 2.2에서 앱의 모습을 볼 수 있다.

| 그림 2.2 | 배경 이미지를 변경할 수 있는 앱

Xcode에서 앱 시작하기

먼저 Xcode에서 앱을 시작하자. 같은 작업을 Xamarin Studio에서 똑같이 반영해 보면서 비교해볼 것이다. Xcode를 열고 새로운 빈 애플리케이션을 'LMT2-1'이라는 이름으로 생성한다. 다음의 순서에 따라 MainWindow.xib를 만든다.

1. Xcode에서 프로젝트 이름 [LMT1-2]를 오른쪽 클릭하고 [New File]을 선택한다.
2. [New File] 대화상자의 왼쪽 목록에서 [iOS]-[User Interface]를 클릭하고 오른쪽 목록에서 [Empty]를 선택한 다음 'MainWindow'라는 이름으로 생성한다 (그림 2.3).

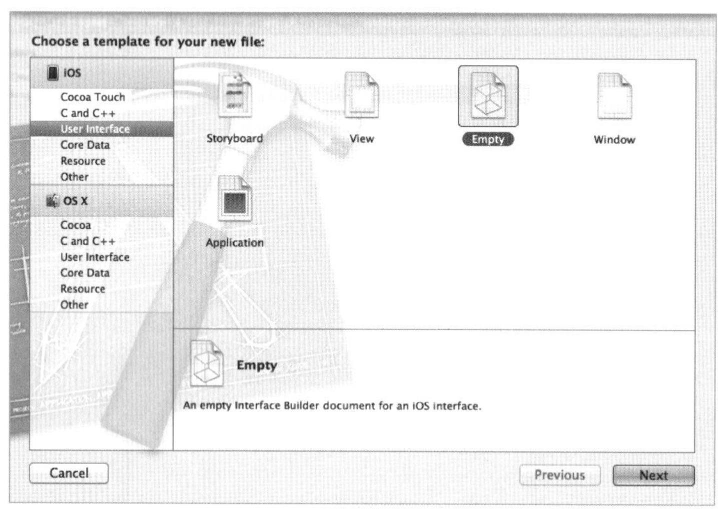

| 그림 2.3 | Xcode에서 Empty 템플릿 추가하기

3. MainWindow.xib를 더블 클릭해 인터페이스 빌더에서 표시한다.
4. 인터페이스 빌더의 가운데 편집 영역 왼쪽 상단에 있는 [Placeholders]-[File's Owner]를 클릭한다. 그 다음 인터페이스 빌더 오른쪽 유틸리티 영역 상단의 [identity inspector] 버튼을 선택하고 그 아래 [Custom Class] 섹션의 Class를 UIApplication으로 변경한다.

5. 유틸리티 영역 하단 [Object Library]에서 [Object] 항목을 가운데 편집 영역으로 끌어다 놓으면 왼쪽 [Object] 섹션 아래 Object가 표시된다. 이 Object를 선택하고 [Custom Class] 섹션의 Class 항목의 이름을 'AppDelegate'로 변경한다.

6. [Object Library]에서 타입이 UIWindow인 윈도우 컨트롤을 가운데 편집 영역에 끌어다 놓는다. 왼쪽 [Object] 섹션 아래 [Window]가 표시된다.

7. 인터페이스 빌더의 오른쪽 상단의 [Editor]에서 가운데 버튼을 클릭해 App Deglate.h 파일 편집창이 보이는 분할 뷰를 나타내고 다음과 같이 입력한다(그림 2.4).

```
@interface DemoAppDelegate : UIResponder <UIApplicationDelegate>
@property (strong, nonatomic) IBOutlet UIWindow *window;
@end
```

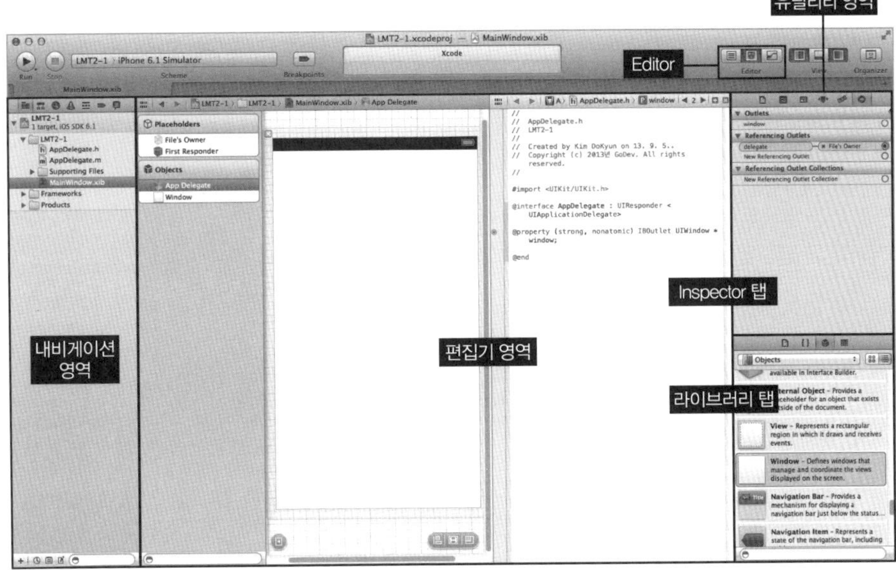

| 그림 2.4 | IB의 분할 뷰

8. [File's Owner]를 선택하고 유틸리티 영역 상단의 [Connections inspector] 버튼을 선택한 다음 [delegate]를 편집 영역의 [Object] 섹션 아래의 [App Delegate]에 연결한다.

9. 가운데 편집 영역의 왼쪽 [Object] 섹션 아래 [App Delegate]를 선택하고 유틸리티 영역의 [Connections inspector] 아래에 있는 [window]를 다시 편집 영역의 왼쪽 [Object] 섹션 아래의 새로운 [Window]에 연결한다(그림 2.5).

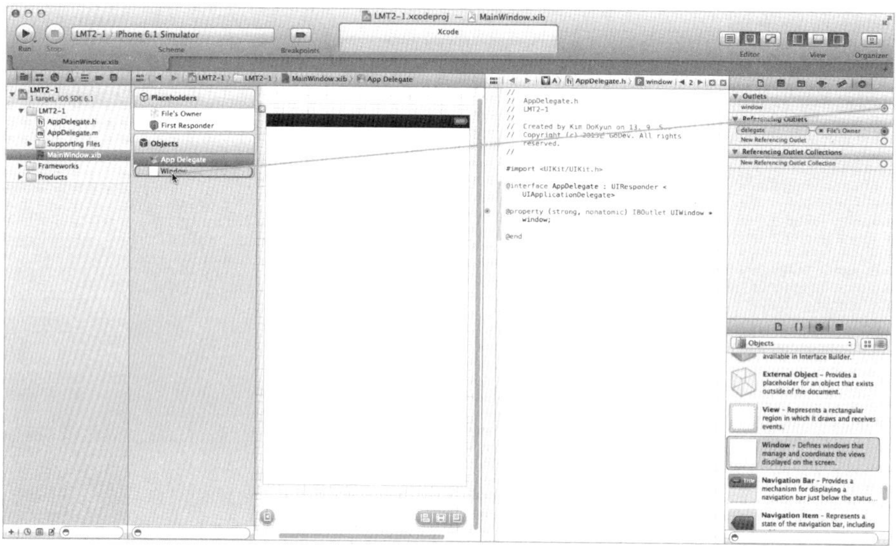

| 그림 2.5 | Window 아웃렛을 Window 개체에 연결하기

10. 인터페이스 빌드에서 작업한 내용을 모두 저장한다.

이제 IB의 [Object Library]에서 [Image View(UIImageView)]를 방금 만든 윈도우에 드래그한다(그림 2.6). UIImageView는 이미지를 표시할 곳이다. 코드에서 이 부분을 변경할 것이기 때문에 UIImageView에 대한 아웃렛을 생성해야 한다.

IB에서 연결한 아웃렛은 Objective-C의 헤더 파일에 정의되는데, Xcode에서 곧 추가할 것이다. 하지만 전환하기 전에 IB에서 해당 윈도우의 이미지 뷰 상단에 버튼을 추가해 인터페이스를 완성하자.

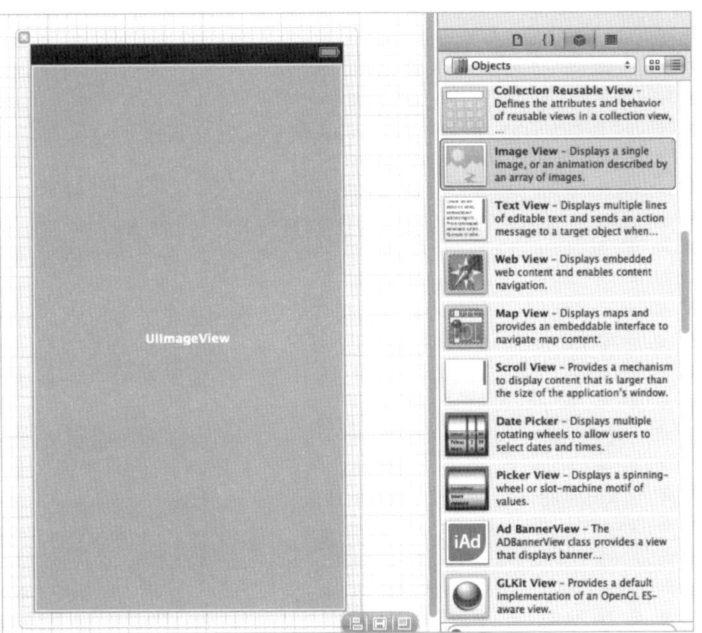

| 그림 2.6 | 인터페이스 빌더에 `UIImageView` 추가하기

Note 이런 버튼은 보통 `UIBarButtonItem`을 갖는 `UIToolbar`에 놓는다.

이 버튼은 해당 이미지 뷰에 표시되는 이미지를 전환하는 UIActionSheet를 여는 데 사용된다. 버튼 터치에 대한 응답으로 절차적 코드를 연결하려면 액션을 정의해야 하는데, 이는 헤더 파일에도 선언된다. Xcode에서 모든 것을 선언한 다음 IB로 돌아와 선언한 것을 모두 연결할 것이다. 이제 Xcode로 넘어가보자.

Xcode에서 AppDelegate(AppDelegate.h)에 대한 헤더 파일을 선택하고 리스트 2.1의 코드를 추가한다.

리스트 2.1 아웃렛과 액션이 들어간 Objective-C 헤더 파일

```
//
//   AppDelegate.h
//   LMT2-1
//
```

```objc
//  Created by Kim DoKyun on 13. 9. 5..
//  Copyright (c) 2013년 GoDev. All rights reserved.
//

#import <UIKit/UIKit.h>

@interface AppDelegate : UIResponder <UIApplicationDelegate>{
    UIWindow *window;
    UIImageView *imageView;
}

@property (nonatomic, retain) IBOutlet UIWindow *window;
@property (nonatomic, retain) IBOutlet UIImageView *imageView;

-(IBAction)changePicture:(id)sender;

@end
```

imageView라는 UIImageView에 대한 인스턴스 변수를 추가했고 @property 지시문에 IBOutlet과 관련된 부분을 선언했는데, 이는 xib에서 추가한 이미지 뷰에 연결하기 위해 인터페이스 빌더에서 이용할 수 있는 인스턴스 변수를 만드는 데 사용한다.

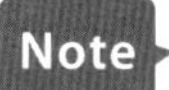 IBOutlet은 단순히 빈 매크로다. 코드에서 아무런 의미도 없고 단지 인터페이스 빌더와 통합하기 위한 목적이다. 마찬가지로 IBAction은 void 이상의 의미는 없고 이 또한 인터페이스 빌더를 위한 힌트로써 존재하는 것이다.

IB의 버튼 터치 이벤트에 연결할 액션을 위한 헤더도 선언했다. 여기서 괄호에서 추가된 선택적 매개변수(nonatomic과 retain)처럼 일부 추가적인 사항은 실제 속성이 메모리 관리와 스레딩에 대해 컴파일러에서 생성한 것을 얻는 방법을 다룬다. 보다시피 실제로는 속성이 없으며 단지 getter와 setter 메서드에 맞춘 허구 문법(syntactic sugar)이다. 지금은 Xcode에서 작업을 완료하기 위해 구현 파일(AppDelegate.m)로 넘어가서 속성과 액션 메서드 코드를 추가한다.

Objective-C 속성 이야기의 나머지 절반이 @synthesize 지시문이다. 이 지시문을 구현 파일에 추가하면 컴파일러에서 헤더에 선언된 속성을 생성한다. 실제로 모노터치 관점에서 구현하는 것과 비교해보면 모노터치에서는 최소한의 작업으로 더 간단히 만들 수 있다. 이제 속성과 메서드를 추가해보자.

AppDelegate.m에서 이미 Xcode 템플릿에서 만들어진 해당 윈도우에 대한 synthesize 구문 아래에 imageView용 synthesize문을 추가한다. 리스트 2.2처럼 changePicture: 메서드도 추가하고 당장은 문자열을 기록하는 스텁을 구현한다. IBAction은 컴파일러에서는 void와 같은 것으로 취급한다는 점을 기억하자. 나중에 UIActionSheet를 소개할 때 이 부분을 구현하러 다시 돌아올 것이다. Xcode에서의 모든 작업을 저장하고 다시 IB의 MainWindow.xib로 돌아가자.

리스트 2.2 LMT2_AppDelegate.m

```objc
//
//  AppDelegate.m
//  LMT2-1
//
//  Created by Kim DoKyun on 13. 9. 5..
//  Copyright (c) 2013년 GoDev. All rights reserved.
//

#import "AppDelegate.h"

@implementation AppDelegate
@synthesize window;
@synthesize imageView;

- (void)dealloc
{
    [window release];
    [imageView release];
    [super dealloc];
}

- (BOOL)application:(UIApplication *)application didFinishLaunchingWithOptions:(NSDictionary *)launchOptions
{
    [window makeKeyAndVisible];
    return YES;
}

-(IBAction) changePicture: (id) sender{
```

```
    NSLog(@"placeholder for UIActionSheet code");

}

...

@end
```

다른 이미지를 교환하는 동작을 구현할 때 나중에 AppDelegate 클래스에서 이에 대한 코드를 구현할 수 있도록 IB에서 아웃렛을 `imageView`에 연결한다. 버튼이 터치될 때 `changePicture:` 메서드가 호출되도록 Target-Action도 설정해야 한다. 지금 바로 해보고 나서 Xcode와 Objective-C에서의 작업은 잠깐 멈추고 모노터치에서 이 부분까지를 따라잡아 보자.

먼저 `AppDelegate`의 `imageView` 아웃렛에서 xib의 `UIImageView`로 연결해보자. `MainWindow.xib`와 [Connections Inspector]에서 `AppDelegate`를 선택하고 `imageView` 아웃렛에서 해당 윈도우의 `UIImageView`로 드래그한다(그림 2.7).

이제 AppDelegate 코드에서 생성한 `changePicture:` 메서드를 연결해야 한다. 이는 앞서 설명했던 대상-작업(Target-Action) 패턴의 예다. 모노터치에서 이 부분을 다룰 때 C#에서 액션을 사용하는 방법과 C# 스타일 이벤트와 코드를 연결하는 방법을 볼 것이다. Objective-C에서 버튼의 이벤트에 코드를 연결하려면 먼저 `MainWindow.xib`에서 버튼을 선택하고 [Connections Inspector]에서 `TouchUp Inside` 이벤트를 AppDelegate로 드래그한다. 마우스 버튼을 놓을 때 IB는 `IBAction`으로 표시된 모든 메서드를 가진 작은 팝업을 나타낸다. 이 때 나타나는 메서드는 `changePicture:` 메서드뿐이다. `changePicture`를 선택하고 [Connections Inspector]에서 버튼의 `TouchUpInside` 이벤트와 대상 클래스 AppDelegate의 `changePicture:` 액션 메서드 간의 연결이 만들어진 것에 주목하자. 모두 저장한 뒤 Xcode에서 해당 앱을 실행한다([Product]-[Run]).

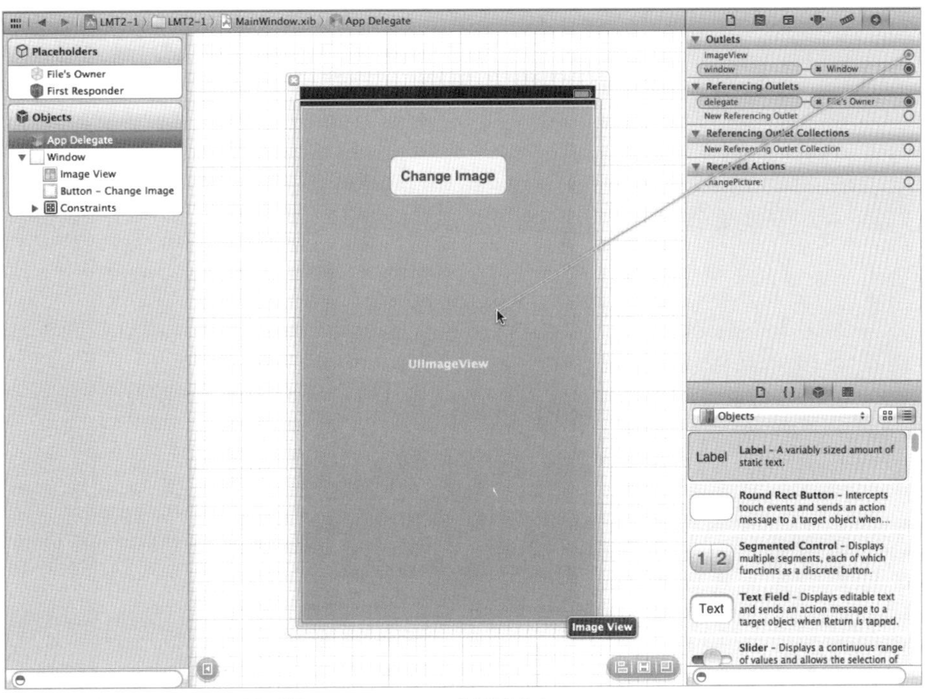

| 그림 2.7 | `imageView` 아웃렛을 `UIImageView`에 연결한다.

앱을 시작한 후 해당 버튼을 터치할 때, Xcode의 하단에 보이는 [Target Output] 콘솔에 작성한 로그 메시지가 표시된다(그림 2.8).

이제 대상–작업 패턴과 Objective–C를 사용해 이벤트를 연결했으니 Xamarin Studio으로 전환해서 동일한 작업을 해보자.

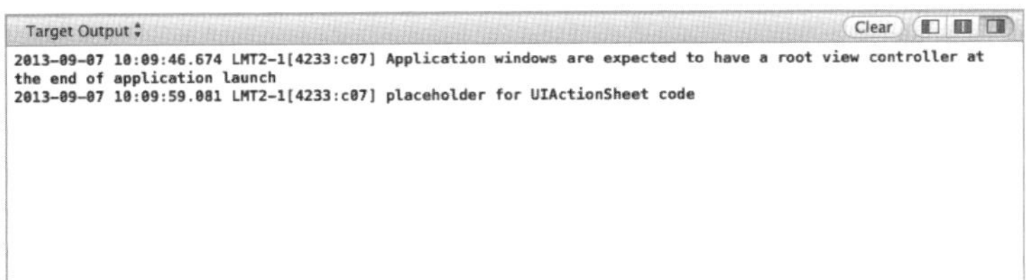

| 그림 2.8 | `changePicture:` 로깅 코드의 결과를 보여주는 [Target Output] 콘솔

모노터치로 동일한 기능 구현하기

이제 모노터치에서 이벤트에 대한 대상–작업 패턴의 응답이 C#에서 어떻게 처리되는지 확인해보자. Xamarin Studio을 열고 'LMT2-2'라는 이름으로 새로운 [iPhone | Empty Project] 프로젝트를 생성한다. 앞서 Chapter 1의 "모노터치 설치"에서 설명한 방식으로 MainWindow.xib를 만든다. IB에서 방금 만든 MainWindow.xib를 더블 클릭해서 열고 `UIImageView`와 버튼을 추가한 다음 버튼의 텍스트를 'Change Image'로 변경한다. 나중에 프로그래밍 방식 접근을 위해 코드에서 사용할 수 있도록 이미지 뷰용 아웃렛이 다시 필요하므로, 여기서 아웃렛을 생성하자. Chapter 1의 "아웃렛 추가하기"에서 설명한 방식으로 IB에 Type이 `UIImageView`인 `imageView` 아웃렛을 추가하고 연결한다.

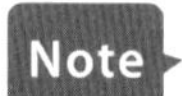 UIKit과 Foundation의 모노터치 바인딩 버전은 `MonoTouch.UIKit`과 `MonoTouch.Foundation` 네임스페이스 각각에 포함된다.

Objective-C에서 AppDelegate용 헤더 파일에 아웃렛을 추가했던 작업을 떠올려보자. xib 파일(예: `UIImageView` 인스턴스)의 개체와 해당 아웃렛 간에 연결이 이뤄지면 모노터치에서 아웃렛은 부분 클래스에서 생성된 속성을 통해 코드에 연결한다. 이 속성은 Objective-C의 `IBOutlet`, 즉 IB 통합과 같은 동일한 목적을 제공하는 `ConnectAttribute`를 사용한다.

IB에서 해당 파일을 저장하고 Xamarin Studio으로 전환해 MainWindow.xib.designer.cs 파일을 살펴보면 앞서 언급했던 부분 클래스와 속성을 보게 될 것이다. 이제 버튼을 연결해보자.

Chapter 1에서 C# 스타일 이벤트를 사용해 UIButton에서 이벤트를 연결하는 방법을 살펴봤다. Objective-C에서 했던 것처럼 Target-Actions를 사용해 동일한 결과를 달성할 수도 있다. 여기서 대상은 `AppDelegate`다. `AppDelegate`에서 액션을 생성해 버튼의 `TouchUpInside` 이벤트에 응답하고자 한다. Xamarin Studio와 IB의 통합을 활용해 동일한 결과를 이뤄낼 수 있다. 앞서 아웃렛을 추가하는 방식으로 [Change Image] 버튼에 `changePicture:` 액션을 추가하고 Connections

Inspector의 `TouchUpInside` 이벤트와 MainWindow.xib의 `AppDelegate`를 연결한다. 이제 IB에서 변경한 모든 내용을 저장한다. MainWindow.xib.designer.cs의 부분 클래스로 돌아와 다시 살펴보면 거기서 추가된 코드, 즉 `ExportAttribute`를 사용하는 코드를 볼 수 있는데 이는 IB의 액션에서 지정한 `changePicture` 셀렉터를 Xamarin Studio에서 추가하는 코드에 연결하는 설정이다. 이제 구현을 추가해보자 (나중에 `UIActionSheet`로 대체할 유사한 구분자 코드 사용). Main.cs 파일에서 다음 코드를 `AppDelegate` 클래스에 추가한다.

```
partial void changePicture (MonoTouch.UIKit.UIButton sender){
    Console.WriteLine("changePicture called in MonoTouch" );
}
```

앱을 실행하고 버튼을 터치하면 Xamarin Studio의 Application Output 탭에 텍스트가 표시된다(그림 2.9).

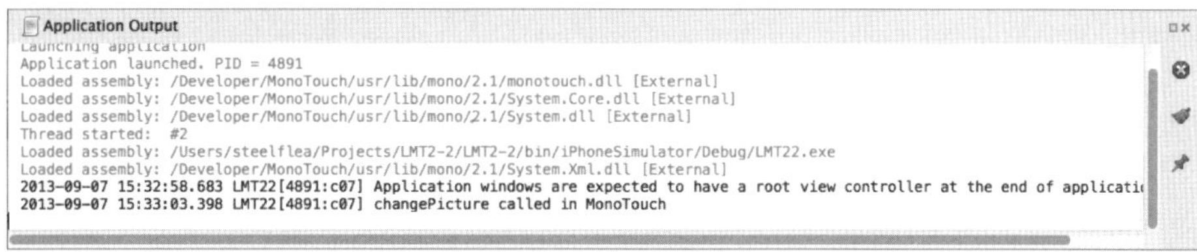

| 그림 2.9 | 버튼 이벤트의 결과를 보여주는 Xamarin Studio의 Application output

C# 이벤트를 사용하고 액션을 지정하는 작업은 되도록 피하자. Chapter 1에서 본 것처럼 C# 스타일 이벤트로 이 작업을 끝낼 수 있어 액션의 사용을 피할 수 있다. 이 접근법을 취한다면 해당 이벤트용으로 등록할 때 프로그래밍 방식 접근법을 얻기 위해 버튼에 대한 아웃렛을 생성해야 한다. 모노터치는 C# 이벤트 델리게이트를 위한 명시적인 콜백 메서드와 익명 메서드, 람다 식 생성을 지원한다.

보다시피 Objective-C에서와 같은 동일한 패턴을 사용해 이벤트 처리를 구현할 수 있으며 동일한 결과를 얻을 수 있다. 게다가 모노터치에서는 C# 스타일의 이벤트를 따를 경우 추가적인 유연성을 제공한다.

이제 이미지를 변경할 수 있도록 `UIActionSheet` 코드가 필요하다. 다시 Xcode를 통해 이 작업을 한 다음 Objective-C 델리게이트 패턴과 모노터치에서의 구현에 대해 논의하기 위해 모노터치에서의 작업과 비교해볼 것이다. 하지만 더 나아가기 전에 잠깐 `AppDelegate`가 무엇인지와 모노터치에서 이를 다루는 방법을 살펴보자.

AppDelegate 구현 비교

잘 구조화된 앱을 설계하는 데 필요한 작업은 Chapter 3에서 다룰 것이기 때문에 여기서는 간단한 예제만 다룰 것이다. 하지만 모든 앱 개발에서 꼭 접하게 되는 한 가지가 `AppDelegate`다. 여기에 전체 애플리케이션 코드를 넣지만, 일반적으로 다양한 다른 클래스를 통해 애플리케이션 로직의 상당 부분을 전달하면서 특정 작업만 여기서 처리한다. `AppDelegate`는 애플리케이션 수명 주기 동안 일어날 수 있는 다양한 이벤트에 `UIApplication`을 대신해 응답을 구현하는 클래스다. 예를 들면 해당 앱이 종료될 때와 앱의 시작 작업이 마무리될 때, 시스템에서 메모리 경고를 받을 때 `AppDelegate`에서 처리할 수 있다. Objective-C에서 `AppDelegate`는 `UIApplicationDelegate`라는 프로토콜에서 정의한다. 선택적으로 지정하는 몇 가지 메서드를 제외하면 Objective-C 프로토콜이 기본적으로 C# 인터페이스와 같다는 점을 상기하자. Xcode 프로젝트인 LMT2-1의 AppDelegate.h 파일을 살펴보면, 다음과 같은 코드가 있다.

```
@interface AppDelegate : NSObject <UIApplicationDelegate>
```

이 코드는 Objective-C 방식으로 선언한 것으로 연결된 AppDelegate.m 파일에서 AppDelegate 클래스를 구현할 때, `NSObject`(코코아 터치의 모든 기본 클래스로 .NET의 object라 생각하자)에서 파생되고 `UIApplicationDelegate` 프로토콜을 따른다. 프로토콜을 따른다는 의미는 해당 구현에서 해당 프로토콜의 모든 필수 메서드를 포함하고 있고 선택적 메서드를 담고 있다는 것이다. 이는 AppDelegate.m 파일에서 구현된 `application:didFinishLaunchingWithOptions:` 메서드에서 애플리케이션 시작이 마무리된 후 호출되는 방식이다. 이 작업을 모노터치에서의 작업과 비교해보면 `AppDelegate`는 클래스로 구현된다. 인터페이스는 선택적 메서드 자체를 프로토콜에서 수락하지 않기 때문에 동작하지 않는다. 따라서 다양한 가상 함수를 가진 클래스로 구현된다(리스트 2.3). 이는 모노터치 전체에서 보게 되는 패턴으로, 여기서 Objective-C 프로토콜은 파생되는 기본 클래스로 바뀌고 개발하는 코드에서는 가상 함수를 재정의한다.

리스트 2.3 모노터치 `AppDelegate` 클래스

```
[Register("UIApplicationDelegate" )]
[Model()]
public class UIApplicationDelegate : NSObject
{
    // 생성자
    public UIApplicationDelegate();
    public UIApplicationDelegate(NSCoder coder);
    public UIApplicationDelegate(NSObjectFlag t);
    public UIApplicationDelegate(IntPtr handle);

    // 메서드
    public virtual void FinishedLaunching(UIApplication application);

    public virtual bool FinishedLaunching(UIApplication application,
            NSDictionary launchOptions);

    public virtual void OnActivated(UIApplication application);

    public virtual void OnResignActivation(UIApplication application);

    public virtual void HandleOpenURL(UIApplication application, NSUrl url);

    public virtual void ReceiveMemoryWarning(UIApplication application);

    public virtual void WillTerminate(UIApplication application);

    public virtual void ApplicationSignificantTimeChange(UIApplication
            application);

    public virtual void WillChangeStatusBarOrientation(UIApplication
application,UIInterfaceOrientation newStatusBarOrientation,double duration);

    public virtual void DidChangeStatusBarOrientation(UIApplication applicati
            on,UIInterfaceOrientation oldStatusBarOrientation);

    public virtual void WillChangeStatusBarFrame(UIApplication application,
            RectangleF newStatusBarFrame);
```

```
    public virtual void ChangedStatusBarFrame(UIApplication application,
RectangleF oldStatusBarFrame);

    public virtual void RegisteredForRemoteNotifications(UIApplication
application, NSData deviceToken);

    public virtual void FailedToRegisterForRemoteNotifications(UIApplication
application, NSError error);

    public virtual void ReceivedRemoteNotification(UIApplication application,
NSDictionary userInfo);

    ...
}
```

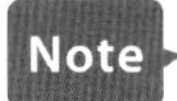

이들 메서드 모두는 가상 함수를 재정의할 때 실제 셀렉터가 무엇인지 어떤 특성을 제공하는지 알 필요가 없도록 `ExportAttributes`도 정의하고 있다.

모노터치 구현에서 Xamarin Studio와 인터페이스 빌드 사이의 통합을 생성하는 모든 코드는 부분 클래스 정의에 들어간다. 살펴본 대로 애플리케이션 코드 구현에 자유를 주면서도 코드와 인터페이스 도구는 필요 없다. 상속 계층 구조는 개발자의 몫으로 부분 클래스 정의가 생성되지 않는 측면에서 설정한다. `AppDelegate`의 경우에 Main.cs의 다음 코드와 같이 `AppDelegate` 생성을 담당하는 Xamarin Studio 코드 템플릿은 `UIApplicationDelegate`에서 파생된다.

```
public partial class AppDelegate : UIApplicationDelegate
```

이 템플릿은 `FinishedLaunching` 메서드도 재정의하는데, 이는 모노터치에서 (앞서 Xcode 애플리케이션에서 본 것처럼) Objective-C에서 `application:didFinishLaunchingWithOptions:`에 대한 구현을 제공할 수 있는 곳이다.

"MonoTouch Rosetta Stone"이라는 아주 유용한 문서에서 Objective-C 셀렉터와 모노터치의 C# 대응 부분 간의 매핑을 보여준다. 이 문서는 http://tirania.org/tmp/rosetta.html에서 찾아볼 수 있다.

AppDelegate는 코코아 터치에서 사용된 델리게이션 패턴의 예로, 모노터치에서 완벽하게 지원한다. 다시 LMT2-1 Xcode 프로젝트에 UIActionSheet를 넣어 또 다른 델리게이션의 예를 살펴보자.

Xcode로 UIActionSheet 구현하기

이제 Xcode로 돌아가서 imageView에서 이미지를 변경할 수 있도록 다양한 버튼을 가진 UIActionSheet를 설정하는 작업을 해볼 것이다. 설명을 위해 작업을 단순하게 할 필요가 있다. 이 예제의 해당 윈도우와 AppDelegate에서 직접 작업해보자. 앞서 언급한 것처럼 이는 올바른 원칙이 적용된 설계가 아니며, 제대로 된 설계는 Chapter 3 "뷰와 뷰 컨트롤러"에서 다룬다. UI의 컨테이너가 되는 뷰가 정말 필요하지만 지금까지는 단순성을 위해 다루지 않았기 때문에, ImageView 자체를 뷰로 활용해 액션 시트를 시작해볼 것이다. 액션 시트를 생성하기 위해 AppDelegate.m 파일에서 리스트 2.4의 코드를 changePicture:에 추가한다.

리스트 2.4 UIActionSheet를 생성하는 코드

```
-(IBAction) changePicture: (id) sender{

    UIActionSheet *changeImageSheet = [[UIActionSheet alloc]
        initWithTitle:@"Change Image"
        delegate:self   cancelButtonTitle:@"Cancel"
        destructiveButtonTitle:NULL
        otherButtonTitles:@"Image 1", @"Image 2", NULL];

    [changeImageSheet showInView:imageView];
  [changeImageSheet release];

}
```

이 코드는 Image 1 과 Image 2라는 이름의 버튼과 Cancel이라는 이름의 버튼이 있는 액션 시트를 각각 생성하고 표시한다. otherButtonTitles에서 지정된 버튼은 각각 인덱스로 0과 1, 2를 가진다. 버튼 클릭을 실제로 처리하는 코드에서 이 정보를 사용한다. 이런 처리는 Objective-C 델리게이션의 또 다른 예제로 다룰 것이다. 액

션 시트를 생성하는 코드에서 델리게이트 속성을 `self`로 설정하고 있다. 이는 현재
개체에 대한 참조로 마치 C#의 `this`와 같은 것이다. 이것이 의미하는 바는 대표하는
델리게이트로서의 동작을 위해 액션 시트에 넘기는 개체는 현재 속해있는 클래스 때
문에 `AppDelegate` 인스턴스라는 뜻이다. 그러므로 `UIActionSheetDelegate` 프로
토콜을 준수하는 `AppDelegate`를 만들어야 한다. 해당 헤더 파일을 열고 꺽쇠괄호
사이에 다음 `UIApplicationDelegate` 프로토콜 선언을 추가한다. 버튼이 클릭될 때
`UIActionSheet`에서 콜백을 받기 위해 `UIActionSheetDelegate` 프로토콜에서 구현
하고자 하는 메서드는 `actionSheet:clickedButtonAtIndex:`라는 셀렉터를 갖는
다. 이 메서드를 구현하기 위해 `@end:` 바로 전에 다음 코드를 추가한다.

```
-(void)actionSheet:(UIActionSheet *)actionSheet
                        clickedButtonAtIndex:(NSInteger)buttonIndex;
```

    `UIActionSheet`의 버튼이 클릭될 때, 클릭했던 버튼의 인덱스로 이 메서드의 구현
을 호출한다. 이를 사용해 코드에서 해당 이미지를 변경하도록 반응할 수 있다.
    리스트 2.5의 코드를 AppDelegate.m에 추가해서 완성한다.

리스트 2.5 `actionSheet:clickedButtonAtIndex:`**를 위한 구현**

```
- (void)actionSheet:(UIActionSheet *)actionSheet
 clickedButtonAtIndex:(NSInteger)buttonIndex{
    switch (buttonIndex) {
        case 0:
            imageView.image = [UIImage imageNamed: @"image1.jpg"];
            break;
        case 1:
            imageView.image = [UIImage imageNamed: @"image2.jpg"];
            break;
        case 2:
            NSLog(@"cancel");
            break;
        default:
            break;
    }
}
```

리스트 2.5는 image1.jpg 과 image2.jpg 두 개의 이미지를 참조한다.

파인더에서 Xcode의 왼쪽 내비게이션 영역으로 이미지를 드래그 앤 드롭해 LMT2-1 프로젝트의 루트에 이들 이미지를 추가한다(그림 2.10). Xcode는 자동으로 이들 이미지를 앱에 넣어 패키징한다. Xcode 프로젝트와 동일한 위치에 복사된 이미지를 갖기 위해 이미지를 드래그 앤 드롭하고 [Copy Items into Destination Group's Folder] 옵션을 선택한다.

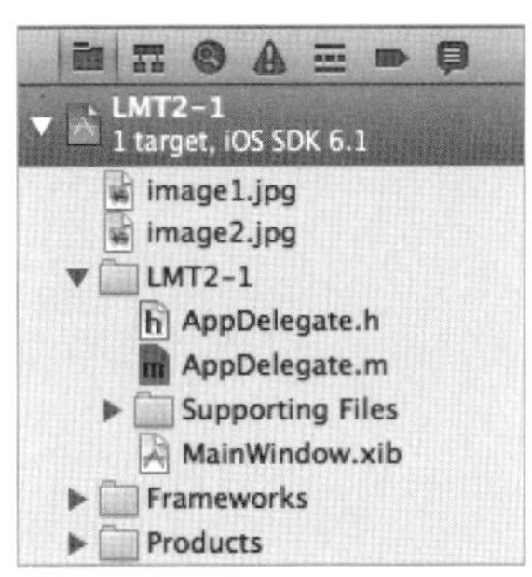

| 그림 2.10 | 추가된 이미지 파일이 있는 Xcode의 내비게이션 영역

Xcode에서 애플리케이션을 빌드하고 실행한다. 앱을 시작하고 버튼을 클릭해 해당 액션 시트를 연 다음 버튼 중 하나를 선택해 이미지 뷰에서 이미지를 변경한다. 액션 시트에서 버튼을 선택할 때 해당 액션 시트의 델리게이트가 호출되고 거기서 버튼 클릭을 처리하는 코드가 호출된다. Objective-C의 델리게이션 디자인 패턴은 C#과 같은 다른 언어의 인터페이스 콜백과 유사하다. 하지만 프로토콜이 지원하는 선택적 메서드로 인해 모노터치에서는 클래스를 통해 이를 구현한다. 이 예제에서 다중 프로토콜을 준수하는 Objective-C의 `AppDelegate`의 단일 구현, 즉 `UIApplicationDelegate`와 `UIActionSheetDelegate`를 보았다. 모노터치에서는 동일한 목적을 달성하기 위해 여러 클래스를 사용하고 다중 클래스로부터 상속받을

수 없는 상황을 어떻게 처리할지 궁금해질 것이다. 이제 Xamarin Studio로 다시 돌아가서 이 질문에 대한 답을 구현해보자.

모노터치에서 UIActionSheet 구현하기

모노터치에는 리스트 2.4의 Objective-C에서 사용한 `initWithTitle:delegate:cancelButtonTitle:destructiveButtonTitle:otherButtonTitles:` 메서드를 반영하는 생성자가 있다. 게다가 C#을 사용해 `UIActionSheet`를 표시하기 위해 `ShowInView`를 호출할 수 있다. 하지만 이번에는 `UIApplicationDelegate`를 이미 서브클래싱한 현재 인스턴스에 대한 Delegate를 가리키는 대신 `UIActionSheetDelegate`에서 상속한 중첩된 클래스를 가리킨다. 이렇게 하면 델리게이션 작업을 수행하는 클래스의 인스턴스(`UIActionSheet`)를 생성하는 클래스(`AppDelegate`)의 내부에서 캡슐화된 델리게이트 구현을 유지할 수 있다. 델리게이트 클래스를 이와 같이 중첩하지 않고 이 클래스의 외부에 생성할 수 있다. 하지만 이처럼 델리게이트를 중첩하는 것은 모노터치에서 종종 볼 수 있는 패턴이며 대개 잘 동작한다. 지금까지의 정보로 `changePicture` 메서드는 리스트 2.6과 같이 바뀐다.

리스트 2.6 모노터치로 `UIActionSheet` 표시하기

```
UIActionSheet _changePictureSheet;
...

partial void changePicture (MonoTouch.UIKit.UIButton sender){

    _changePictureSheet = new UIActionSheet(
        "Change Picture" , new ChangePictureActionSheetDelegate(this),
        "Cancel" , null, "Image 1" , "Image 2" );
    _changePictureSheet.ShowInView(imageView);
}
```

`ChangePictureActionSheetDelegate`는 방금 언급한 중첩 클래스다. Objective-C에서 `actionSheet:clickedButtonAtIndex:` 메서드를 사용해 `UIActionSheet`에서 버튼 클릭을 처리했다. 앞서 다뤘던 것처럼 모노터치에서 이 부분은 가상 함수가 되며,

재정의를 통해 동일한 결과를 얻을 수 있다. 여기서 구현할 메서드는 다음의 시그니쳐를 가진다.

```
public virtual void Clicked (UIActionSheet actionSheet, int buttonIndex)
```

Objective-C 예제에서처럼 구현에는 액션 시트에서 클릭된 버튼의 인덱스를 사용해 이미지 뷰의 해당 이미지를 전환한다. 리스트 2.7은 ChangePictureAction SheetDelegate를 구현한 것이다.

 Cancel 버튼의 배치는 현재 모노터치 버전에서 해결했다.

리스트 2.7 ChangePictureActionSheetDelegate **클래스에서의** Clicked **구현**

```
class ChangePictureActionSheetDelegate : UIActionSheetDelegate
{
    AppDelegate _appDel;

    public ChangePictureActionSheetDelegate (AppDelegate appDel)
    {
        _appDel = appDel;
    }

    public override void Clicked (UIActionSheet actionSheet,int buttonIndex)
    {
        switch (buttonIndex) {
        case 0:
            _appDel.imageView.Image = UIImage.FromFile("image1.jpg");
            break;
        case 1:
            _appDel.imageView.Image = UIImage.FromFile("image2.jpg");
            break;
        default:
            break;
        }
    }
}
```

앞서 Xcode에서 했던 유사한 방식으로 프로젝트에 이미지를 포함해야 한다. 이미지 추가는 파인더에서 이미지를 Xamarin Studio 솔루션 트리의 해당 프로젝트로 끌어다 놓은 다음 대화상자에서 [Copy]를 클릭하면 된다(그림 2.11). 해당 솔루션 트리의 이미지에서 마우스를 오른쪽 클릭(버튼 하나짜리 마우스라면 Ctrl+클릭)한 다음 [Build Action]을 [Content]로 설정한다. [Build Action]을 [Content]로 설정하면 빌드할 때 Xamarin Studio에서 앱 번들에 해당 이미지를 포함한다.

Note Xamarin Studio에서 폴더를 생성한다면 해당 디스크의 폴더와 같다. Xcode에서는 디스크의 루트 프로젝트 폴더에 모든 항목을 넣고 가상 폴더 계층 구조로 다룬다.

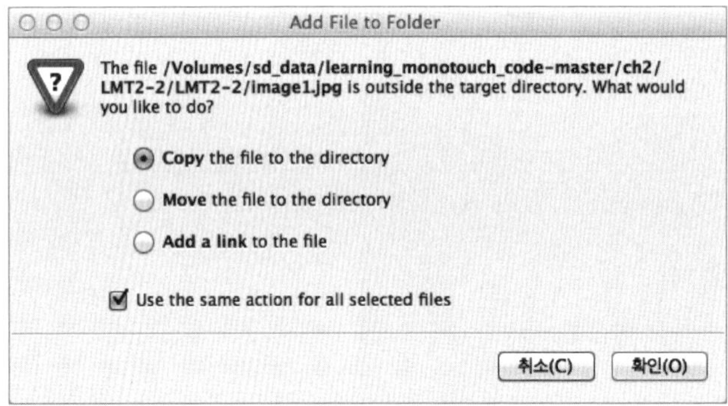

| 그림 2.11 | Xamarin Studio의 파일 복사 대화상자

Main.cs의 최종 코드는 리스트 2.8과 같다. 지금 이 프로젝트를 빌드하고 실행한다면 Objective-C 버전에서 했던 것처럼 해당 이미지를 전환할 수 있다.

리스트 2.8 Main.cs의 최종 버전

```
using System;
using System.Collections.Generic;
using System.Linq;
using MonoTouch.Foundation;
using MonoTouch.UIKit;

namespace LMT22
{
    public class Application
    {
        // 애플리케이션의 주 진입점
```

```csharp
        static void Main (string[] args)
        {
            // "AppDelegate"에서 다른 애플리케이션 델리게이트 클래스를 사용하고자 한다면
            // 여기서 지정한다.
            UIApplication.Main (args);
        }
    }

    public partial class AppDelegate: UIApplicationDelegate
    {
        UIActionSheet _changePictureSheet;

        public override bool FinishedLaunching (UIApplication app,
NSDictionary options)
        {
            window.MakeKeyAndVisible ();
            return true;
        }

        class ChangePictureActionSheetDelegate : UIActionSheetDelegate
        {
            AppDelegate _appDel;

            public ChangePictureActionSheetDelegate (AppDelegate appDel)
            {
                _appDel = appDel;
            }

            public override void Clicked (UIActionSheet actionSheet, int
buttonIndex)
            {
                switch (buttonIndex) {
                case 0:
                    _appDel.imageView.Image =
                        UIImage.FromFile ("image1.jpg");
                    break;
                case 1:
                    _appDel.imageView.Image =
                        UIImage.FromFile ("image2.jpg");
                    break;
                default:
                        break;
                }
            }

        }
```

```
partial void changePicture (MonoTouch.UIKit.UIButton sender)
{
    Console.WriteLine("changePicture called in MonoTouch");
    _changePictureSheet = new UIActionSheet(
        "Change Picture",
        new ChangePictureActionSheetDelegate (this), "Cancel",
        null, "Image 1", "Image 2");

    _changePictureSheet.ShowInView (imageView);
    }
  }
}
```

지금까지 Xcode에서 Objective-C로 작업하는 것과 비교해 C#으로 모노터치에서 앱을 만드는 방법을 살펴보았고 그 과정에서 아이폰 개발에서 본 일부 핵심 디자인 패턴을 비교해봤다. 이제 모노터치에서 생성한 것들을 살펴보고 각각이 어떻게 동작하는지 살펴보자.

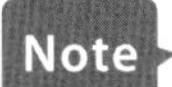 모노터치 동작 방식

모노터치는 코드를 ARM 바이너리로 정적 컴파일한다. 아이폰에서는 공유 라이브러리를 허용하지 않기 때문에 모노터치에서 생성한 모든 앱은 배포에 필요한 모든 부분이 자체에 다 포함되어 있다. 모노터치는 네이티브 아이폰 라이브러리를 바인딩을 통해 C#으로 드러내고 있어서 언어 간의 어떠한 변환도 일어나지 않는다. 모노터치 앱은 ARM 바이너리를 만들어내는 데 AOT(ahead-of-time) 컴파일을 사용함으로써, 앱 스토어에 게시하는데 필요한 요구사항을 모두 만족하게 된다.

> **Note** 이 책을 집필하는 시점에 모노터치로 만든 많은 앱이 앱 스토어에 게시되었다. http://xamarin.com/apps 사이트에 가면 앱 쇼케이스와 함께 유용한 리소스에 대한 링크를 찾을 수 있다.

하지만 애플 정책과 커널 제약 사항으로 인해 JIT 컴파일 코드는 허용하지 않는다. 이런 제약 사항은 CodeDom과 Reflection-Emit(리플렉션은 동작한다), 가상 제네릭 메서드, 비결정적 제네릭, DLR(Dynamic Language Runtime) 같은 .NET 의 일부 영역을 사용하지 못하게 한다. 대부분의 비 UI C# 코드는 거의 코드 변경 없이 모노터치로 포팅할 수 있다.

방금 모노터치에서 만든 앱을 Xamarin Studio으로 빌드할 때 어떤 일이 일어나는지를 살펴보자(예를 들면 릴리즈 빌드와 시뮬레이터 사용).

[Release | iPhone Simulator]로 설정하고 해당 솔루션을 빌드한다. 빌드한 후 파인더에서 프로젝트 디렉터리를 훑어보자.

Xamarin Studio 솔루션 트리에서 해당 프로젝트를 마우스 오른쪽 클릭하고 [Open Containing Folder]를 선택해 파인더로 해당 프로젝트 디렉터리를 연다.

파인더의 프로젝트 디렉터리에서 [bin]-[iPhoneSimulator]-[Release] 디렉터리로 드릴 다운한다. 이 디렉터리 내에는 생성한 앱 번들이 있다. 디버그 버전을 빌드했다면 [Debug] 아래에 있을 것이고, 디바이스의 경우는 [iPhoneSimulator]가 아니라 [iPhone] 아래에 있을 것이다. 대부분의 경우 빌드하는 대상 디렉터리는 컴파일된 애플리케이션에 앱 번들의 형태로 존재할 것이다. 이 부분은 단지 .app 확장자를 가진 특수한 폴더이며 개발의 편의를 위해 단일 파일처럼 보이도록 만들었다. 이 애플리케이션의 경우 LMT22.app이라는 이름의 파일이 있다. 파인더에서 이 파일을 마우스 오른쪽 클릭하고 [패키지 내용 보기]를 선택하면, 앱에 대한 다양한 지원 파일과 함께 컴파일된 실행 파일이 드러난다(그림 2.12).

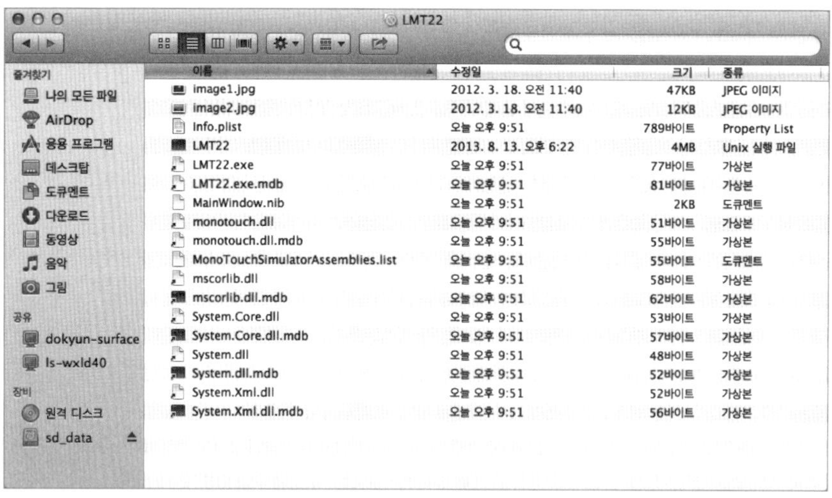

| 그림 2.12 | 애플리케이션 번들 콘텐츠

다양한 dll과 exe 파일은 나머지 메타데이터이다. 게다가 앱에 관한 다양한 메타데이터를 가진 사전을 포함하는 xml 파일인 Info.plist 파일과 MainWindow.nib 뿐만 아니라 앞서 [Build Action]을 [Content]로 설정한 두 개의 이미지 파일이 있다. MainWindow.nib 파일은 MainWindow.xib 파일의 바이너리 버전이다.

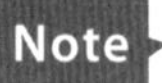 앱을 앱 스토어에 배포할 때 .app 번들을 압축하고 몇 가지 이미지와 함께 업로드해야 한다.

앱 번들에서 가장 중요한 파일은 LMT22라는 파일이다. 이 파일은 모노터치에서 애플리케이션 내에서 메모리 관리를 제공하는 모든 것을 포함해 프로젝트의 모든 어셈블리에 대한 AOT 컴파일 버전을 포함하는 Unix 실행 파일이다. 애플리케이션 코드에서 모든 메모리 관리를 책임져야 하는 아이폰의 Objective-C와 달리 모노터치에서의 메모리 관리는 모노 가비지 컬렉터를 통해 동작한다.

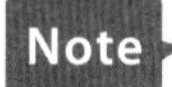 Mac OS X의 Objective-C 2.0은 옵트-인 가비지 컬렉터를 포함한다. 또한 시뮬레이터에서 모노터치는 AOT보다는 JIT를 수행한다.

Objective-C 버전의 앱을 다시 살펴보면, 해당 `imageView`에 해제 메시지를 보내는 `dealloc` 메서드를 보게 된다. 하지만 모노터치 버전에서는 가비지 컬렉터가 있기 때문에 이런 부분이 없다. 아이폰의 Objective-C 구현은 그렇지 않으며 유지 카운트(retain counts)에 기반을 둔 메모리 관리 모델을 따른다. COM에 익숙하다면 겉으로는 COM에서 보았던 것과 비슷해 보일 것이다. `UIImageView`는 .NET 클래스가 아니다. 그럼 이 부분은 어떤 식으로 회수가 일어날까? 이제 이 부분을 살펴보자.

메모리 관리

모노터치에서 네이티브 클래스를 위한 메모리 관리 방식을 이해하려면 Objective-C에서 메모리 관리가 어떻게 동작하는지에 관해 이해해야 한다. Objective-C의 메모리 관리는 유지 카운트를 통해 수행된다. 개체가 생성될 때마다 Objective-C에서 `alloc` 메시지를 보내 개체를 반환하고(실제로는 개체의 포인터이지만 설명을 위해 그냥 개체라고 한다) 유지 카운트를 하나 증가시킨다. 유지 메시지가 개체에 보내질 때마다 유지 카운트는 하나씩 증가한다. 해제 메시지가 개체에 보내질 때마다 유지 카운트는 하나씩 감소한다. 개체의 유지 카운트가 0에 도달하면 메모리는 해제된다.

> **Note** `alloc`과 Objective-C의 `init` 버전의 조합은 C#의 생성자와 유사하게 동작한다.

게다가 클래스에서 개체를 반환하는 팩토리 메서드를 많이 찾아 볼 수 있다. 그런 사례에서 개체가 할당된 후 팩토리 메서드가 내부적으로 해당 개체를 해제했다면, 호출자가 그 개체를 사용할 기회를 얻기도 전에 그 개체는 소멸될 것이다. 하지만, 해당 팩토리 메서드에서 이를 무시하고 할당된 개체를 반환한다면(유지 카운트 하나를 올리면서), 개체가 소멸될 일은 없을 것이다. `NSAutoreleasePool` 클래스로 구현한 자동 해제 풀을 사용하면 이 문제를 해결할 수 있다. 기본적으로 `NSAutoreleasePool` 풀이 수행하는 것은 개체의 소멸을 지연시켜 호출자가 소멸되기 전에 먼저 사용할 수 있게 해주고 나중에 소멸되게 보장하는 것이다. 아이폰의 유지 카운트에서는 자동 해제 풀에 추가된 개체는 풀 자체에서 드레인(drain) 메시지(또는 해제 메시지)를 보낼 때 해제 메시지를 받는다. 게다가 이들 개체는 풀의 개체가 명시적으로 유지 메시지를 받지 않는 한 소멸된다.

유지 카운트 하나를 가진 개체가 해제될 때, `dealloc` 메서드가 호출되어 개체들에서 릴리즈를 호출함으로써(곧 해제되는 개체라고 알려줌으로써) 모든 개체를 정리하는 기회를 제공하게 된다.

지금까지의 설명을 바탕으로 이제 모노터치에서 네이티브 코드와 상호작용하는 방법을 살펴보자. Objective-C 개체의 경우 모노터치는 메인 스레드에서 모든 부분을 위한 자동 해제 풀과 스레드 풀 스레드를 생성한다. 그러므로 모노터치 프로그래머가 자동 해제 풀을 생성하는 유일한 시점은 Objective-C 클래스를 사용하는 스레드를 돌릴 때다. 예를 들면 다음처럼 명시적으로 스레드 하나를 생성한다고 하자.

```
void DoSomethingOnAnotherThread ()
{
    Thread t = new Thread (DoSomething);
    t.Start ();
}
```

Objective-C 개체를 사용한 DoSomething 메서드의 모든 코드(즉, NSObject를 상속한 모든 클래스)는 다음처럼 자동 해제 풀로 래핑해야 한다.

```
void DoSomething()
{
    using(var pool = new NSAutoreleasePool())
    {
      //code that touched Objective-C objects ...
    }
}
```

> **Tip** 런타임에 "autoreleased with no pool in place—just leaking"이라는 경고가 나온다면 앞서 본 것처럼 `NSAutoreleasePool`로 코드를 래핑하자.

지금 설명한 부분을 제외하면 모노터치에서의 메모리 관리는 훌륭하게 동작한다. 물론 .NET 개체는 MonoTouch GC 자체를 통해 관리된다. 메모리를 보다 세부적으로 제어해야 하는, 적어도 인식은 하고 있어야 할 부분이 NSObject 기본 클래스의 `IDisposable` 구현이다. 모노터치 측면에서 이 부분은 NSObject 서브클래스의 인스턴스에 (일부 내부 데이터 구조 정리와 함께) 해제 메시지를 보내는 것으로, 더 늦기 전에 메모리 과다 사용 개체를 소멸시켜야 하는 경우 유용하다. `NSAutoReleasePool`의 경우 해당 풀에 보내진 해제 메시지는 풀에 들어 있는 모든 자동 해제 개체에 보낼 해제 메시지를 생성한다.

요약

iOS SDK의 일부인 고수준 프레임워크의 일부를 살펴봤다. 예제를 통해 Objective-C와 모노터치 간의 일부 공통 iOS 개발 패턴의 구현을 비교했고 어떻게 모노터치로 여전히 네이티브 프레임워크의 이점을 취하면서 동일한 네이티브 애플리케이션을 만들 수 있는지 알아보았다. 모노터치에서 나온 아이폰 앱의 내부 구조와 메모리 관리 모델에 관해서도 다뤘다. 모노터치는 Objective-C 스타일 메모리 관리를 추상화했으며 자체 가비지 컬렉터를 통한 이점도 더했다. 이후 알림이라든지 Chapter 3에서 다뤄볼 주제인 모델 뷰 컨트롤러(MVC) 패턴 등 보다 복잡한 예제를 다루면서 다른 패턴도 살펴볼 것이다.

뷰와 뷰 컨트롤러

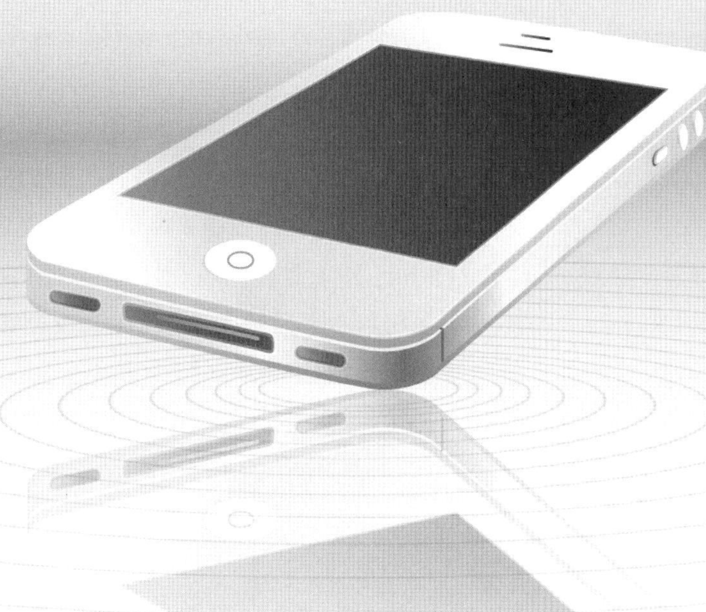

모노터치와 코코아 터치 파운데이션은 몇 가지 기본 클래스와 패턴을 기반으로 한다. Chapter 3에서는 UIKit과 UIView, UIViewController의 일부인 빌딩 블록 클래스를 사용해 이들 패턴을 따르는 모노터치 애플리케이션을 구성하는 방법을 살펴보자.

❋ 모노터치 애플리케이션을 MVC로 구성하기

UIKit을 사용하는 모노터치 애플리케이션은 전형적으로 UIView와 UIViewController를 사용해 구성된다. 이들은 모델 뷰 컨트롤러(MVC) 디자인 패턴을 따르는 iOS 애플리케이션을 구성하는 데 사용되는 주요 클래스다.

애플리케이션이 이용하는 특정 영역 정보와 애플리케이션의 프레젠테이션 간의 분리로 이점을 얻을 때가 종종 있다. 이런 디자인 패턴은 기능 요구 사항을 변경할 때 코드 베이스의 안정성을 유지하는 데 도움을 주고, 코드 재사용을 촉진시키고 단위 테스트에 잘 맞는 코드를 구성하게 해서 좋은 품질을 끌어낸다. 모델 뷰 컨트롤러 패턴은 많은 애플리케이션 개발 시나리오에서 일반적으로 이용하는 패턴 중 하나다. 특히 코코아 터치와 모노터치는 API의 많은 부분에서 MVC 디자인 패턴을 상당히 비중 있게 사용하므로 시간을 들여서 MVC를 살펴보고 모노터치에서 만드는 앱은 이 패턴을 어떻게 따를 수 있는지 살펴볼 필요가 있다.

모델 뷰 컨트롤러 패턴은 원래 제록스 파크(Xerox PARC)에서 1970년대 말 트리브 리인스카그(Trygve Reenskaug)가 만들었다(http://heim.ifi.uio.no/~trygver/1979/mvc-2/1979-12-MVC.pdf). MVC 패턴은 모델이 캡처한 특정 영역 정보와 소비자에 대한 그 정보의 프레젠테이션 간의 분리를 제공한다. 소비자는 일반적으로 앱을 사용하는 사람이지만, 스크립트와 상호작용하는 또 다른 프로그램 같은 것일 수도 있다. 후자의 경우 해당 스크립트는 뷰가 되며, 이는 모델을 나타내는 일을 담당한다. iOS 앱에서 뷰는 사람이 상호작용하는 사용자 인터페이스다. MVC 디자인 패턴의 핵심은 서로 추상화된 뷰와 모델을 유지하는 것이다(그림 3.1). 이런 추상화는 "컨트롤러"라는 매개물을 통해 이뤄진다. 컨트롤러는 모델과 뷰 사이의 중간층을 제공해 독립적으로 달라질 수 있다.

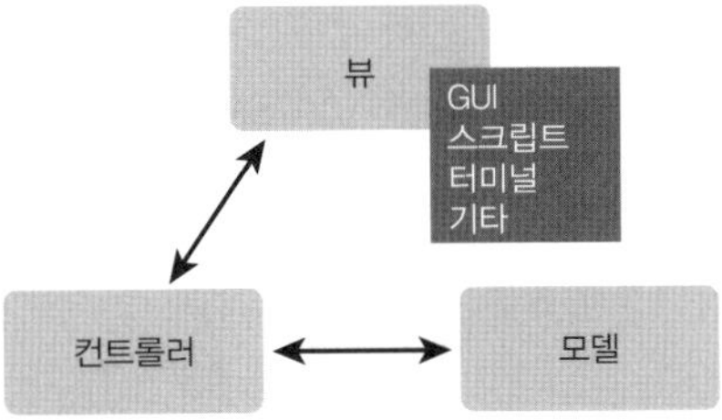

| **그림 3.1** | 모델 뷰 컨트롤러에서 모델과 뷰를 분리한다.

Chapter 2 "모노터치와 iOS SDK"에서 살펴본 예제에서는 명확하게 컨트롤러를 생성하지는 않았다. 단순히 컨트롤러로 동작하는 AppDelegate를 사용했다. 이는 간단한 데모에는 맞지만, 일반적으로는 특별히 해당 뷰에 대한 컨트롤러로 동작하는 뷰의 컨트롤러를 별도 클래스로 만든다. 게다가 뷰 컨트롤러에서 다른 형식의 여러 최상위 수준의 뷰를 지원하는 것처럼 너무 많은 작업을 수행하는 것은 원치 않는다. 그런 슈퍼 컨트롤러는 애플리케이션의 강한 결합성을 야기하고 관리를 더 어렵게 만든다.

UIKit에서 화면에 넣는 모든 것이 뷰다. 컨트롤러는 단일 최상위 수준 뷰로 여기에 버튼, 레이블, 슬라이더 등의 하위 뷰를 추가한다. 이 뷰는 앞서 UIButton과 함께 보았던 TouchUpInside 이벤트처럼 이벤트 포착과 표시를 처리한다. 하지만 뷰는 이벤트 처리를 수행하지는 않는다. 이벤트 처리는 컨트롤러에서 담당한다.

또한 뷰는 표시하는 데이터의 소유권을 갖지 않는다. 예를 들어 코드에서 UITextField에서 바로 텍스트를 사용할 수 있다. 하지만 이는 MVC의 관점에서 보면 잘못된 것이다. 그런 식으로 뷰에 데이터를 결합하는 것은 코드의 관리를 더 어렵게 만든다. 만약 또 다른 뷰의 제목 속성에 동일한 텍스트를 보이게 하는 요구 사항이 추가되면 어떻게 될까? 데이터의 소유권이 뷰에 남겨진다면 제목의 뷰를 해당 레이블에 결합해야 할 것이다. 이어서 또 다른 변경이 일어나 첫 번째 뷰를 제거하기로 결정했다면 제목에 문제가 생길 것이다. 사소한 시나리오이긴 하지만 어떻게 문제가 발생하는지 알 수 있다. 보다 나은 설계는 별도 문자열을 독립적으로나 더 큰 클래스의 속성으로 유지하면서 모델로서 서비스를 제공하며 모델과 뷰 사이의 데이터 전송을 매개하는 컨트롤러를 갖는 것이다.

컨트롤러를 통한 모델과 뷰의 분리는 테스트와 재사용을 촉진하는 더 나은 코드를 만들어 낸다. 모노터치로 다룰 때 재사용 요소가 제법 된다. 여러 플랫폼을 대상으로 한다면, 모델과 플랫폼에 독립적으로 사용하는 지원 클래스도 유지해야 한다. 코드 재사용을 위한 디자인 패턴은 Chapter 9 "웹 서비스 연결"에서 웹 서비스를 다룰 때 더 깊이 살펴볼 것이다.

뷰와 컨트롤러가 논의 중인 플랫폼(이 경우 iOS)마다 고유하기 때문에, 양쪽이 동작하는 방식과 인터페이스 빌더와 코드에서 바로 뷰와 컨트롤러를 생성할 때 도구를 사용하는 방법을 살펴보자.

인터페이스 빌더에서 뷰와 컨트롤러 작업하기

Chapter 2에서 Xcode에 통합된 인터페이스 빌더를 사용해 보았다. 이 도구를 사용해 뷰와 컨트롤러를 추가하고 코드를 생성하거나 작성하지 않고 느슨하게 결합된 방식으로 함께 연결한다. [Empty Project] 템플릿(그림 3.2)에서 새로운 애플리케이션을 생성하고 Chapter 1 "모노터치 설치"에서 소개한 방식으로 MainWindow.xib와 AppDelegate를 만든다. 여기서는 AppDelegate에서 모든 작업을 하지 않고 뷰와 컨트롤러를 추가하고 컨트롤러에 뷰를 이루는 코드가 들어간다.

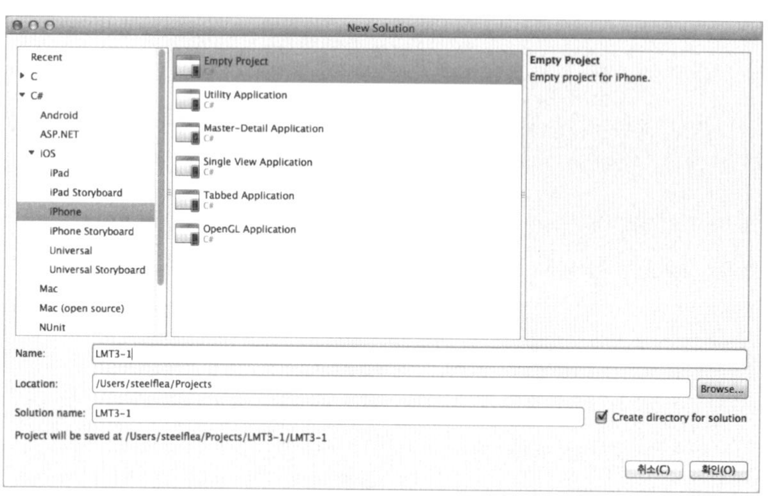

| 그림 3.2 | iPhone Empty Project 템플릿

Chapter 2에서 본 것처럼, 모노터치는 아웃렛용으로 생성하는 코드의 양이 적으며 Objective–C의 헤더에서 하는 것과 유사하다.

모노터치에는 사전 연결된 뷰를 포함하는 xib 파일을 갖는 [iPhone View Controller]와 [iPad View Controller] 템플릿이 있다. [iPhone View Controller] 템플릿을 사용해 새로운 파일을 추가하고 이름을 'SampleViewController'라고 한다(그림 3.3). 목적은 이 템플릿이 제공하는 뷰에서 UI를 생성하고 애플리케이션이 로드될 때 이 뷰를 나타내며 연결된 컨트롤 클래스에서 이 뷰를 제어하는 코드를 구현하는 것이다.

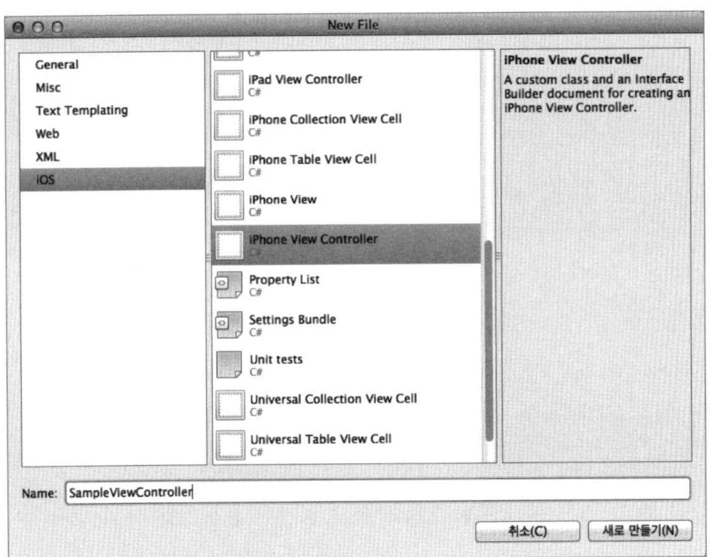

| 그림 3.3 | iPhone View Controller 템플릿

먼저 IB에서 MainWindow.xib 파일을 연다. 모든 컨트롤을 디자이너에 바로 추가하지 않을 것이기 때문에 윈도우에 대한 디자이너 뷰를 닫는다. 새로운 `UIView Controller`를 포함시키려면 xib 파일에 드래그하면 된다(그림 3.4).

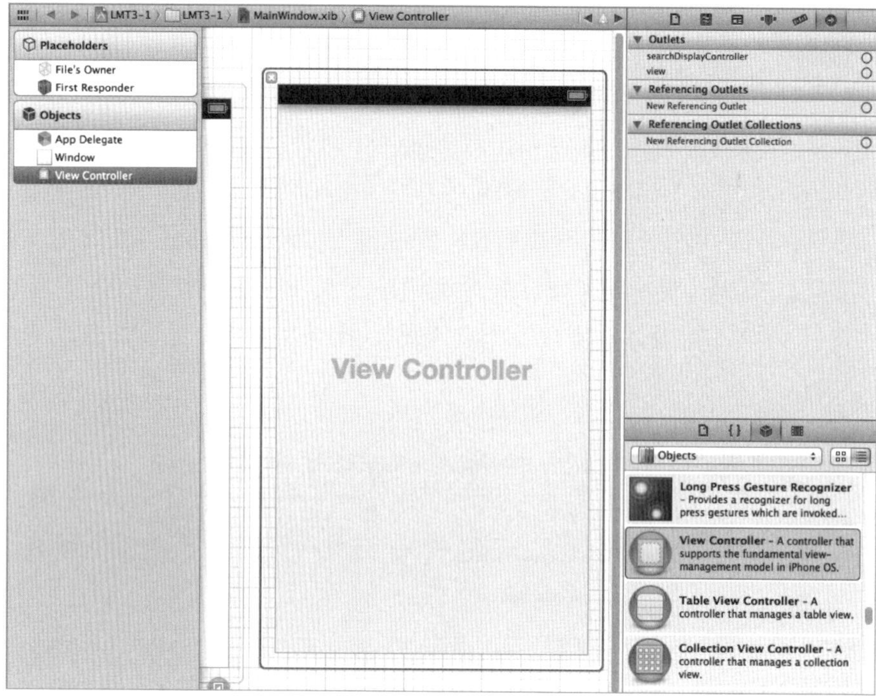

| 그림 3.4 | 인터페이스 빌더에서 UIViewController 추가

SampleViewController.xib에서 해당 뷰를 디자인하고 이 xib에서 해당 뷰를 로드하고자 한다. MainWindow.xib에서 선택한 View Controller에서 [Attributes Inspector]의 [NIB Name] 필드를 'SampleViewController'로 변경한다. 이 작업은 IB에 컨트롤러의 뷰가 SampleViewController.xib에서 로드된다고 알려주는 것이다(그림 3.5).

또한 `UIViewController`에 대한 클래스를 기본 클래스인 `UIViewController`가 아니라 `SampleViewController` 클래스로 설정한다. 이렇게 변경하려면 MainWindow.xib에서 선택한 클래스 뷰 컨트롤러에서 [Identity Inspector]로 가서 [Class] 필드를 'SampleViewController'로 변경한다. 타입이 SampleViewController로 변경된다(그림 3.6).

애플리케이션 로딩이 끝날 때 `SampleViewController`의 뷰를 나타내기 위해 AppDelegate 코드에서 해당 윈도우에 컨트롤러의 뷰를 추가해야 한다. AppDelegate

는 FinishedLoading에서처럼 애플리케이션 수명 주기를 처리하는 곳이기 때문이다. 그러므로 AppDelegate에서 방금 추가한 SampleViewController로의 아웃렛이 필요하다. Chapter 1의 "아웃렛 추가하기" 단원에서 살펴본 방식으로 AppDelegate.h 파일을 통해 SampleViewController 타입의 sampleVC라는 이름의 아웃렛을 추가하고 MainWindow.xib의 AppDelegate에서 SampleViewController로 아웃렛을 연결하면 된다(그림 3.7). SampleViewController에 아웃렛을 연결하고 IB에서 이 파일을 저장하면 Xamarin Studio에서 해당 아웃렛의 이름과 타입을 갖는 속성을 생성한다(리스트 3.1).

MainWindow.xib에서 AppDelegate를 마우스 오른쪽 클릭하고 SampleViewController로 드래그해도 MainWindow.xib에서 주어진 타입에 대한 연결 가능한 아웃렛의 팝업 목록을 나타낼 수 있다.

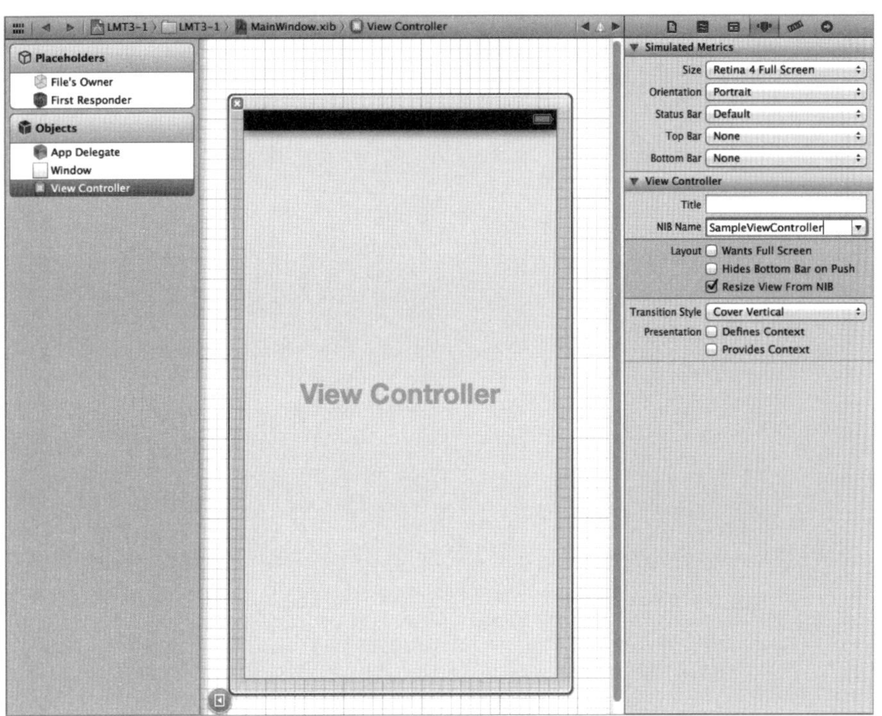

| 그림 3.5 | 인터페이스 빌더에서 NIB 이름 변경

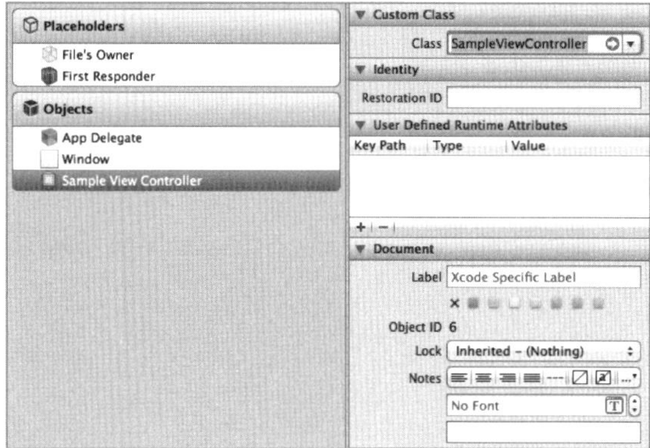

| 그림 3.6 | 인터페이스 빌더에서 해당 클래스 변경

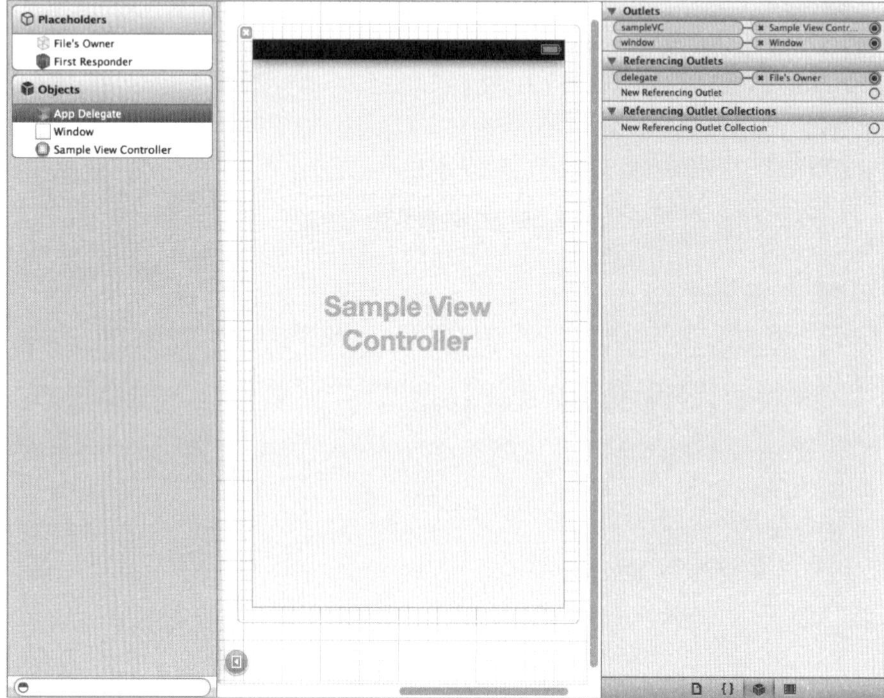

| 그림 3.7 | AppDelegate에 추가한 SampleViewController 아웃렛

```
[MonoTouch.Foundation.Connect("sampleVC")]
private SampleViewController sampleVC {
        get {
                this.__mt_sampleVC =
                ((SampleViewController)(this.GetNativeField ("sampleVC")));
                return this.__mt_sampleVC;
        }
        set {
                this.__mt_sampleVC = value;
                this.SetNativeField ("sampleVC", value);
        }
}
```

다음으로 SampleViewController.cs 파일에서 다음의 SampleViewController 부분 클래스 생성자를 추가한다.

```
public SampleViewController (IntPtr handle) : base (handle) { }
```

이제 SampleViewController의 뷰를 해당 윈도우에 추가할 준비가 되었고, 이 작업을 다음과 같이 Main.cs의 AppDelegate 부분 클래스 내의 FinishedLaunching 메서드에서 수행한다.

```
public override bool FinishedLaunching (UIApplication app,NSDictionary
options)
{
    window.AddSubview (sampleVC.View);
    window.MakeKeyAndVisible ();
    return true;
}
```

애플리케이션을 실행하면 SampleViewController.xib에서 뷰가 나타나지만 아직은 아무것도 추가하지 않았기 때문에 그냥 빈 화면만 보인다. 이제 SampleViewController.xib와 여기에 연결된 앞서 추가한 컨트롤러 클래스에서 작업할 수 있다.

IB에서 하나의 `UITextView`를 `SampleViewController`에 추가해 Chapter 3 뒤에서 이 예제를 확장할 때 일종의 런타임 로그 뷰어로 사용할 수 있도록 해보자. 우선은 다른 부분이 올바르게 연결되었는지 확인하기 위해 간단히 텍스트를 추가해볼 것이다. IB에서 SampleViewController.xib를 열고 뷰의 디자이너에서 `UITextView`를 드래그해 화면을 채운다. 텍스트 뷰를 선택하고 [Attributes Inspector]를 선택한다. 샘플 텍스트를 지우고 editable 체크 상자의 선택을 해제해서 사용자가 텍스트 필드를 편집할 수 없도록 한다. 하지만 코드에서 편집 가능하도록 수정할 수 있다.

텍스트 뷰에 대한 프로그래밍을 하려면 이미 봤던 것처럼 여기에 아웃렛이 필요하다. 하지만 이번엔 `AppDelegate`에서 아웃렛을 제공하지는 않는다. 대신 `SampleViewController`에서 아웃렛을 제공한다. SampleViewController.xib에서 `SampleViewController` 형식인 File's Owner라는 것을 보게 된다. File's Owner는 해당 xib에 대한 뷰 컨트롤러인데, 여기서는 `SampleViewController`이다. 따라서 `SampleViewController` 클래스에 추가하고 File's Owner에서 연결한 모든 아웃렛은 코드를 작성하는 대상인 `SampleViewController`에서 생성된 속성을 갖는다. `AppDelegate`에 대해 아웃렛을 추가한 방식과 유사하게 UITextView 타입의 `loggingView`라는 이름의 아웃렛을 추가하고 UITextView에 연결한다(그림 3.8).

해당 아웃렛이 연결되면 Xamarin Studio는 연결된 속성을 생성하고 이번에는 `SampleViewController` 클래스(SampleViewController.designer.cs)에서 표시한다. `SampleViewController` 클래스에서 `ViewDidLoad` 메서드를 재정의하고 약간의 코드를 추가해 텍스트 뷰의 text 속성을 아래와 같이 설정한다.

```
public override void ViewDidLoad ()
{
    base.ViewDidLoad ();
    loggingView.Text = "this is a test.";
}
```

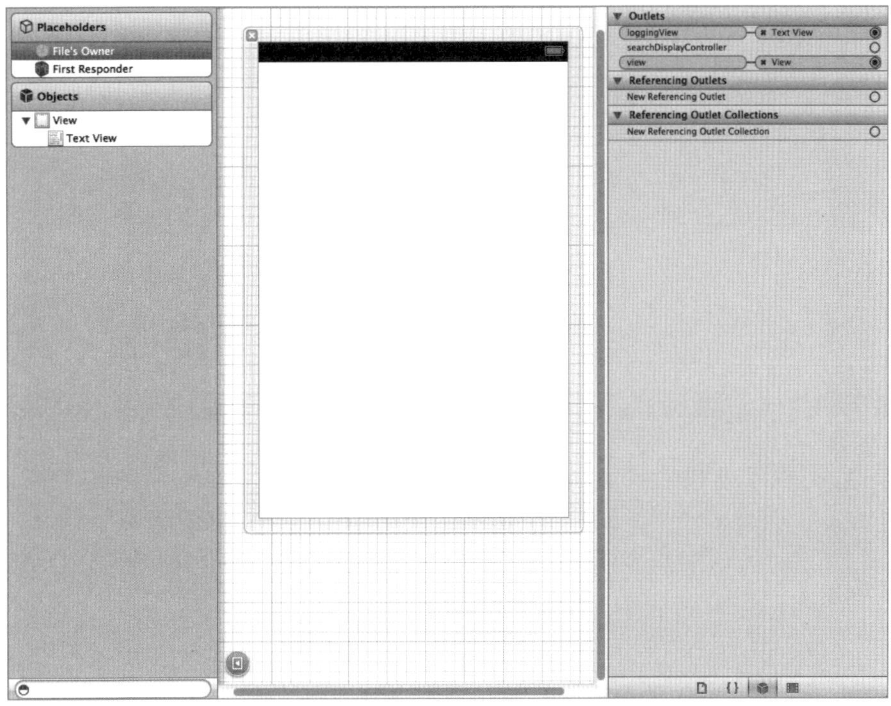

| 그림 3.8 | File's Owner를 통해 연결된 아웃렛

이제 앱을 실행하면 SampleViewController의 뷰가 로드되고 해당 텍스트는 코드에서 지정한 문자열로 설정된다(그림 3.9).

인터페이스 빌더를 사용해 MainWindow.xib에서 SampleViewController를 생성하고 싶지 않다면 코드에서 생성할 수도 있다. 모노터치에서 이 작업을 하려면 코드에서 바로 원하는 뷰 컨트롤러의 인스턴스를 생성하고 생성한 인스턴스의 뷰를 종전대로 해당 윈도우에 추가하면 된다. 컨트롤러에서 그 뷰를 소유하기 때문에 해당 개체 그래프의 루트가 이 컨트롤러다. 따라서 이러한 접근을 취할 때 한 가지 중요한 점은 해당 컨트롤러에 대한 클래스 변수를 유지하지 않는 경우 가비지 수집기에서 수집한다는 점이다.

| 그림 3.9 | 런타임에 로드된 `SampleViewController`의 뷰

코드에서 컨트롤러를 생성하려면 앞서 살펴본 MainWindow.xib 단계를 모두 건너뛰고 `AppDelegate`에서 이어지는 변경을 진행한다. `SampleViewController`의 뷰를 디자인하기 위해 여전히 인터페이스 빌더를 사용할 수 있다. 여기서 유일한 변화는 다음의 코드와 같이 해당 컨트롤러가 생성되는 방법과 관련된 것이다.

```
SampleViewController _svc;

public override bool FinishedLaunching (UIApplication app,
        NSDictionary options)
{
        _svc = new SampleViewController ();
        _svc.View.Frame = new RectangleF (0, 20,
                        UIScreen.MainScreen.Bounds.Width,
                        UIScreen.MainScreen.Bounds.Height - 20);
```

```
        window.AddSubview (_svc.View);
        window.MakeKeyAndVisible ();

        return true;
    }
```

이제 UIViewController에서 IB에서 설계된 첫 번째 뷰를 관리하도록 애플리케이션을 구성했다. SampleViewController와 그 뷰는 코드를 통해서도 작업할 수 있다. Chapter 3의 뒷부분에서 코드로 뷰를 다루는 방법을 확인할 것이다. 지금은 도구에 익숙해지도록 IB를 계속 사용해보자.

해당 애플리케이션에 기능을 추가하면 뷰는 점점 더 복잡해지고 하위 뷰가 추가되며 컨트롤러 클래스에서는 뷰에 의해 캡처된 이벤트를 처리하는 코드를 작성하게 된다. 게다가 애플리케이션에서는 다중 뷰와 컨트롤러를 사용하기도 한다. 하지만 각 뷰에는 컨트롤러가 있어 이를 관리하게 되는데 여기서 보여주는 간단한 예제가 가장 기본적인 구조다.

일부 컨트롤러는 UITabBarController와 UINavigationController, UITableViewController 같은 다중 뷰를 관리하도록 명확하게 설계되었다. UITabBar Controller는 Chapter 3의 뒷부분에서 다루지만 UINavigationController와 UITableViewController는 Chapter 5 "테이블과 내비게이션"에서 다룬다.

☀ 뷰 컨트롤러와 뷰에 기능 추가하기

뷰 컨트롤러와 뷰를 사용해 작업하는 방법을 더 잘 이해하기 위해 좀 더 흥미 있는 예제를 다뤄보자. iOS 디바이스는 화면의 중심을 원점으로 하는 y(상향), z(화면으로 나오는 방향), x(오른쪽 방향) 좌표계로 중력을 측정하여 방향을 추적하는 가속도계가 있다. 디바이스가 움직일 때 가속도계 데이터를 기록하는 SampleView Controller에 코드를 추가해보자(그림 3.10). 가속도계 작업은 iOS에서 사용되는 또 다른 핵심 패턴인 델리게이션(delegation)이다. 책의 샘플 코드에서 LMT3-2라는 프로젝트에 넣어 놓기는 했지만, 코드에서 다음을 따른다면 동일한 프로젝트에서 간단히 계속 편집할 수 있다.

| 그림 3.10 | 가속도계를 사용하는 `SampleViewController`

가속도계는 `UIAccelerometer` 클래스를 통해 사용할 수 있다. `UIAccelerometer`의 인스턴스를 생성하려면 `UIAccelerometer` 클래스 자체에서 정적 `SharedAccelerometer` 속성을 사용하면 된다. `UIAccelerometer` 인스턴스를 갖게 되면 `UpdateInterval`을 설정해 업데이트 보고를 시작한다. 하지만 다시 업데이트를 받으려면 `UIAccelerometer`의 델리게이트를 설정해야 한다.

이미 몇 군데서 델리게이트를 보았다. 모노터치 세계에서의 델리게이트는 특정 기본 클래스 형식을 서브클래싱한 것으로 델리게이트 용도로 클래스를 미리 규정한 것이다. Objective-C에서 델리게이트는 특정 Objective-C 프로토콜을 채택한 클래스다. 델리게이트의 목적(C# 델리게이트와 혼동하지 말 것)은 델리게이트 클래스에서 보낸 다양한 콜백 메서드를 처리하는 것이다. 예를 들면 `UIAccelerometer` 클래스는 UIAccelerometerDelegate 형식의 델리게이트를 갖는다. 가속도 데이터를 사용할 수 있을 때처럼 어떤 일이 일어날 때 UIAccelerometer는 이 델리게이트를 구현한 해당 클래스에서 연결된 메서드를 호출한다. 델리게이트 패턴을 사용하면 한 클래스와 그 클래스의 콜백 구현 간의 결합도를 낮추게 되고 UIAccelerometer 같은 주요 클래스를 서브클래싱할 필요 없이 앱에서 해당 클래스의 특정 사건에 응답하는 방식을 조정할 수 있다.

가속도 변화에 대한 업데이트를 받으려면 UIAccelerometerDelegate의 DidAccelerate를 구현해야 한다. 이 메서드는 관련된 가속도 데이터를 담은 UIAcceleration 개체를 전달한다. 디바이스가 이동할 때 컨트롤러의 loggingView 에 데이터를 붙여넣고자 하기 때문에 해당 컨트롤러에 대한 포인터를 델리게이트 클래스로 전달한다. 리스트 3.2는 SampleViewController 내에서 UIAccelerometer 와 그 델리게이트 구현을 보여준다.

리스트 3.2 UIAccelerometer와 UIAccelerometerDelegate

```
public partial class SampleViewController : UIViewController
{
        MyAccelerometerDelegate _accelDelegate;

        ...

        public override void ViewDidLoad ()
        {
                base.ViewDidLoad ();

                UIAccelerometer accelerometer =
                UIAccelerometer.SharedAccelerometer;
                accelerometer.UpdateInterval = 0.25;
                _accelDelegate = new MyAccelerometerDelegate (this);
                accelerometer.Delegate = _accelDelegate;
        }

        class MyAccelerometerDelegate : UIAccelerometerDelegate
        {
                SampleViewController _controller;

                public MyAccelerometerDelegate (
                SampleViewController controller)
```


뷰와 뷰 컨트롤러

```
            {
                _controller = controller;
            }

            public override void DidAccelerate (
                UIAccelerometer accelerometer, UIAcceleration acceleration)
            {
                _controller.loggingView.AppendTextLine (
                    String.Format ("x = {0:f}, y={1:f}, z={2:f}",
                        acceleration.X, acceleration.Y, acceleration.Z));
            }
        }
    }
```

이 코드는 0.25초 간격으로 업데이트하므로 초당 4번의 가속도 데이터를 받게 된다. 대개는 게임에서 요소가 이동하는 것과 같이 화면상의 요소를 제어할 때 가속도 데이터를 사용하는데, 업데이트를 더 자주 받으려면 시간 간격을 더 좁게 설정해야 한다. 하지만 이 예제에서는 단지 값을 기록하는 것이기 때문에 이 정도 간격이면 충분하다. 해당 컨트롤러에서 `UIAccelerometerDelegate`의 인스턴스를 유지해 가비지 컬렉터의 대상이 되는 사고도 예방하고 있다.

델리게이트에서 `UIAcceleration` 개체를 얻을 때 이 데이터로 UI를 업데이트하기 위해 전달된 컨트롤러 인스턴스를 사용한다. 솔루션에 TextViewExtensions.cs라는 파일을 추가하고 다음의 코드를 작성한다(자세한 코드는 샘플 소스를 참조하자). `UITextView`의 `AppendTextLine` 메서드는 새 줄에 해당 텍스트를 추가하는 작은 확장 메서드이며 항상 텍스트 뷰를 아래쪽까지 스크롤한다.

```
public static class UITextViewExtensions
{
    public static void AppendTextLine (this UITextView textView,
        string text)
    {
        textView.Text += String.Format ("\r\n{0}" , text);
        textView.ScrollToBottom ();
    }
    public static void ScrollToBottom (this UITextView
            textView)
    {
        textView.ScrollRangeToVisible (
```

```
            new NSRange (textView.Text.Length - 1, 1));
    }
}
```

컨트롤러에 델리게이트 클래스를 중첩하는 것은 모노터치 애플리케이션을 구성할 때 델리게이트를 사용하기 위한 일반적인 관례인데, 두 클래스는 모두 예제의 `UIAccelerometer`처럼 사용하는 컨트롤러 자체와 해당 클래스에 대한 델리게이트 이다. Objective-C에서의 델리게이트는 프로토콜로 정의되기 때문에 이런 중첩된 클래스가 필요하지 않다. 컨트롤러와 같은 클래스는 단순히 필요한 만큼 많은 프로 토콜을 채택하고 해당 클래스에서 바로 델리게이트 메서드를 구현한다. Objective-C 프로토콜에 가장 가까운 C#의 특징이 인터페이스다. 하지만 인터페이 스는 선택적인 메서드를 허용하지 않기 때문에 모노터치에서 프로토콜을 모방하기 위해 서브클래싱을 남겨놓았다. 서브클래싱은 약간은 다루기 힘들 수 있으므로 모노 터치에서는 C# 이벤트를 통해 많은 프로토콜 메서드를 노출하고 있다. 특정 프로토 콜 메서드에서 C# 이벤트를 사용할 수 있다면 중첩된 서브클래스를 피하면서 대신 그 이벤트를 사용할 수 있다. 기능적으로 이 둘은 같은 작업을 수행하므로 어떤 접근 방법을 취할지는 스스로 선택하면 된다. `UIAccelerometer` 예제의 경우 `UIAccelerometer`에서 `Accelerated` 이벤트 처리를 통해 동일한 콜백을 구현할 수 있어서 코드를 상당히 단순화했다(리스트 3.3).

리스트 3.3 C# 이벤트를 사용하는 `UIAccelerometer`

```
public partial class SampleViewController : UIViewController
{
    ...

    public override void ViewDidLoad ()
    {
        base.ViewDidLoad ();
        UIAccelerometer accelerometer =
        UIAccelerometer.SharedAccelerometer;
        accelerometer.UpdateInterval = 0.25;
        accelerometer.Acceleration += HandleAccelerometerAcceleration;
    }
```

```
void HandleAccelerometerAcceleration (object sender,
    UIAccelerometerEventArgs e)
{
    loggingView.AppendTextLine (
        String.Format ("x = {0:f}, y={1:f}, z={2:f}",
            e.Acceleration.X, e.Acceleration.Y, e.Acceleration.Z));
    }
}
```

다중 뷰와 컨트롤러 사용하기

지금까지 `SampleViewController`의 `ViewDidLoad` 메서드에서 코드를 추가했다. 이는 단지 `UIViewController`를 서브클래싱할 때 사용할 수 있는 몇 가지 메서드 중 하나다. 여러분이 사용하는 메서드는 상호작용하는 데 필요한 뷰 컨트롤러의 뷰 수명 단계에 좌우된다. 뷰 컨트롤러는 인스턴스화될 때 즉시 뷰를 생성하지 않는다. 뷰는 늦게 로드되므로 필요할 때만 리소스를 사용하게 되는데, 이는 기본적으로 뷰가 화면에 보이는 시점을 의미한다. 뷰 컨트롤러는 앱의 전체 수명 동안 살아있겠지만, 뷰는 애플리케이션을 이리저리 만질 때마다 여러 번 생성될 것이다. 단일 뷰 애플리케이션의 경우에는 문제가 되지 않지만 애플리케이션이 다중 뷰 컨트롤러와 뷰를 포함하고 보다 복잡해지면 애플리케이션 성능 증가와 리소스 활용 최소화에 큰 영향을 줄 수 있다. 컨트롤러 내에서 뷰 수명을 다루기 위해 앞서 언급한 `UIViewController`의 뷰 수명 관리 메서드를 사용한다.

설명을 위해 두 개의 별도 뷰 컨트롤러와 연결된 뷰를 갖는 또 다른 예제를 생성해보자. 첫 번째 뷰 컨트롤러는 작업해온 `SampleViewController`이다. 두 번째 뷰 컨트롤러는 전체적으로 코드로 컨트롤러와 뷰를 생성해보자. 앞서 `UITabBarController`를 간단히 언급했었다. 여기서는 이를 사용해 각 컨트롤러에서 관리되는 뷰들 간의 변경을 다룰 것이다.

LMT3-3이라는 새로운 프로젝트를 생성하고 지금까지 해온 것처럼 Main Window.xib를 추가하고 설정한다. `SampleViewController`를 `UITabBar Controller`에서 포함된 컨트롤러들 중 하나에 대한 시작점으로서 재사용할 것이므로 SampleViewController.xib와 SampleViewController.cs, SampleView
Controller.designer.cs 파일을 Xamarin Studio의 새로운 프로젝트로 복사하고 네
임스페이스를 'LMT33'으로 변경한다. 솔루션 트리로 이들 파일을 끌어다 놓으면
Xamarin Studio는 적절한 파일 연결을 유지하게 된다. 앞서 LMT3-1을 만들 때처럼
IB에서 [View Controller]를 추가하고 적절한 설정과 함께 아웃렛을 연결한다.

새로운 프로젝트의 AppDelegate에서 UITabBarController를 생성하고 여기에
여러 컨트롤러를 추가하고자 한다. UITabBarController를 생성하고 해당 윈도우
에 뷰를 추가하는 과정은 다른 컨트롤러와 동일하다. UITabBarController는 탭을
선택하면 해당 뷰를 전환하는 탭 모양 인터페이스를 생성한다. 이 컨트롤러 자체에
서 포함하고 있는 뷰 컨트롤러 간의 전환을 관리한다.

UITabBarController 자체에 컨트롤러를 추가하려면, 간단히 UITabBar
Controller의 ViewControllers 속성으로 UIViewControllers의 배열로 설정한
다. 이 배열에서 첫 번째 항목으로 SampleViewController의 인스턴스를 추가하고
지금은 간단히 빈 UIViewController를 생성해 두 번째 항목에 대한 자리 표시자로
제공한다. 각 탭의 항목이 '탭 바 항목'이며 UITabBarController에 추가된 각 컨트
롤러의 TabBarItem 속성을 통해 설정된다. TabBarItem을 사용해 해당 탭 항목의 제
목을 이미지와 함께 설정할 수 있지만 지금은 이미지는 건너뛴다(리스트 3.4).

리스트 3.4 UIViewControllers를 UITabBarController에 추가하기

```
public partial class AppDelegate : UIApplicationDelegate
{
    UITabBarController _tabController;
    SampleViewController _sampleVC;
    UIViewController _secondVC;

    public override bool FinishedLaunching (UIApplication app,NSDictionary
options)
    {
        _tabController = new UITabBarController ();

        _sampleVC = new SampleViewController ();
        _sampleVC.TabBarItem.Title = "tab 1";

        _secondVC = new UIViewController ();
```

```
    _secondVC.TabBarItem.Title = "tab 2";

    _tabController.ViewControllers =
        new UIViewController[] { _sampleVC, _secondVC };

    window.AddSubview (_tabController.View);

    window.MakeKeyAndVisible ();

    return true;
    }
    ...
}
```

애플리케이션을 실행하면 `SampleViewController`의 뷰는 해당 첫 번째 탭을 로드하고 앞서 작성했던 가속도 데이터를 표시한다. 두 번째 탭으로 전환하면 조금 전에 추가했던 아무것도 없는 화면을 보게 된다. 다시 첫 번째 탭으로 전환하면 두 번째 탭에 있는 동안 가속도 데이터가 계속 수집된 것을 볼 수 있다. 선택된 탭 항목을 변경하면서 특정 탭에 대한 컨트롤러의 뷰가 사라질 때, 그 아래에 뷰가 그대로 있을지 없을지는 다시 사용될 것인지 여부에 달렸다(즉, 메모리 압력에 직면한다). 이 부분은 현재 예제에 해당하는 경우가 아니므로 계속해서 기록이 일어나도록 했다.

> **Tip** 뷰 컨트롤러에서 메모리 경고를 받는다면, 해당 뷰가 화면에 있지 않는 경우 그 뷰를 메모리에서 내린다(이 부분은 기본 구현을 재정의해서 구성할 수 있는 부분이다). 이런 상황이 발생할 때 추가적인 정리 코드를 구현하기 위해 뷰 컨트롤러 서브클래스에서 `ViewDidUnload`를 구현할 수 있다.

해당 뷰가 보이지 않는 동안 액티비티를 중지하고자 한다면 해당 컨트롤러의 `ViewDidDisappear` 메서드에서 이를 처리할 수 있다. 가속도 업데이트 수신을 중지하려면 간단히 해당 델리게이트를 null로 설정한다. 이제 애플리케이션을 실행하고 탭들을 왔다갔다 해보면, 두 번째 탭에 있는 동안은 가속도 데이터가 수집되지 않는다. 하지만 첫 번째 탭으로 다시 돌아와도 가속도 데이터가 다시 수집되지 않는다. 뷰가 처음 로드된 후 호출되는 `ViewDidLoad` 메서드에서 가속도 코드를 구현했다. 이 메서드는 이미 로드된 뷰를 보이게 하거나 보이지 않게 할 때마다 호출되지 않는다. 리스트 3.5에서는 이들 뷰 수명 주기 메서드를 다루도록 `SampleViewController`를 업데이트했다. 이제 해당 애플리케이션을 실행하면 가속도계는 탭을 떠날 때 첫 번째 뷰에 대한 업데이트 기록을 중지하고 다시 돌아오면 업데이트를 재개한다.

`ViewWillAppear`와 `ViewWillDisappear` 메서드를 사용하면 뷰를 나타내거나 숨기기 전에 코드를 실행할 수 있다.

리스트 3.5 `SampleViewController`의 뷰 수명 관련 메서드

```
public partial class SampleViewController : UIViewController
{
    MyAccelerometerDelegate _accelDelegate;
    ...
    public override void ViewDidAppear (bool animated)
    {
        base.ViewDidAppear (animated);

        UIAccelerometer accelerometer =
                UIAccelerometer.SharedAccelerometer;
        accelerometer.UpdateInterval = 0.25;
        _accelDelegate = new MyAccelerometerDelegate (this);
        accelerometer.Delegate = _accelDelegate;
    }

    public override void ViewDidDisappear (bool animated)
    {
        base.ViewDidDisappear (animated);

        UIAccelerometer accelerometer =
                UIAccelerometer.SharedAccelerometer;
        accelerometer.Delegate = null;
    }

    class MyAccelerometerDelegate : UIAccelerometerDelegate
    {
        ...
    }
}
```

이제 두 번째 뷰 컨트롤러와 뷰를 살펴보자. 새로운 두 개의 클래스를 프로젝트에 추가한다. 하나는 `SecondViewController`이고 또 하나는 `SecondView`이다. `SecondViewController`는 컨트롤러가 되고 기본 클래스로 `UIViewController`를 설정하고

MonoTouch.UIKit 네임스페이스를 추가한다. 컨트롤러에서 먼저 해당 뷰를 로드할 때 해당 컨트롤러의 LoadView 메서드가 호출된다. 앞서 xib 파일에서 정의한 뷰를 로드하는 컨트롤러를 작업했을 때 뷰가 로드된 것은 기본적으로 LoadView의 구현을 xib 파일에서 읽었기 때문이다. 하지만 LoadView는 역시 컨트롤러의 뷰를 코드로 생성하기 위해 재정의할 수 있는 메서드다. SecondViewController 클래스에서 LoadView에 대한 다음 구현을 추가해 SecondView의 인스턴스를 생성하고 해당 컨트롤러와 연결하자. 곧 SecondView를 구현할 것이다. 여기서 배경색 등의 해당 뷰의 속성도 설정한다.

```csharp
public class SecondViewController : UIViewController
{
    public SecondViewController ()
    {
    }

    public override void LoadView ()
    {
      base.LoadView ();

      this.View = new SecondView();
      this.View.BackgroundColor = UIColor.White;
    }
}
```

사용자 지정 UIView 구현하기

SecondView 클래스의 경우 먼저 UIView의 서브클래스가 되도록 설정하고 다시 MonoTouch.UIKit 네임스페이스를 추가한다. 뷰를 그려야 할 때 DrawRect 메서드가 호출된다. 뷰에 사용자 지정 그리기 코드를 추가하기 위해 DrawRect를 재정의한다. 모든 iOS 애플리케이션은 주 실행 루프가 있다. DrawRect에 코드를 추가할 때 실행 루프를 통해 다음 단계에 호출된다. DrawRect를 직접 호출해서는 안 된다. 항상 시스템이 필요할 때 DrawRect를 호출한다. 처음 추가되었을 때 뷰가 그려져야 한다. 따라서 DrawRect 호출이 일어도록 추가적인 단계가 필요한 것은 아니다. 해당 뷰가 초기에 그려지고 나면, 이어지는 모든 다시 그리기는 해당 뷰의 `SetNeedsDisplay`를 호출함으로써 적용될 수 있으므로 호출 이후 이벤트 처리를 하는 동안 다시 그려진다.

사용자 지정 그리기를 수행할 때 해당 뷰에 설정된 그래픽 컨텍스트에 그린다. 그래픽 컨텍스트는 스크린처럼 그리는 캔버스, 스트로크 컬러나 지오메트리처럼 그리기에 필요한 모든 상태를 추상화한 것이다. 리스트 3.6는 `SecondView` 클래스의 일부로 사각형을 그리는 코드이다.

> **Note** 뷰와 실제 그리기는 레이어(layer)라는 지원 기술을 통해 작업한다. Chapter 6 "그래픽과 애니메이션"에서 레이어에 대해 자세히 살펴본다.

리스트 3.6 사용자 지정 `UIView` 그리기

```
using System;
using MonoTouch.UIKit;
using MonoTouch.CoreGraphics;
using System.Drawing;

namespace LMT33
{
    public class SecondView : UIView
    {
        CGPath _path;

        public SecondView ()
        {
        }

        public override void Draw (RectangleF rect)
        {
            base.Draw (rect);

            // 그래픽스 컨텍스트 가져오기
            CGContext gctx = UIGraphics.GetCurrentContext ();

            // 그리기 특성 설정
            gctx.SetLineWidth (2);
            UIColor.Gray.SetFill ();
            UIColor.Black.SetStroke ();

            // 지오메트리 생성
            _path = new CGPath ();
```

```
            _path.AddLines (new PointF[] {
            new PointF (110, 100),
            new PointF (210, 100),
            new PointF (210, 200),
            new PointF (110, 200) });

            _path.CloseSubpath ();

            // 지오메트리를 그래픽스 컨텍스트에 추가하고 그리기
            gctx.AddPath (_path);
            gctx.DrawPath (CGPathDrawingMode.FillStroke);
        }
    }
}
```

리스트 3.6의 그리기 코드는 코어 그래픽스(Core Graphics)를 사용하는데, 이 주제는 Chapter 6에서 다룬다. UIView 구현에서 직접적으로 UIKit 클래스를 사용하기도 한다. 예를 들면 해당 컨트롤러에서 설정할 수 있도록 제목 속성을 노출해 자신의 UIView 내에서 UILabel을 사용해 해당 뷰에 대한 제목을 생성할 수 있다.

UILabel을 사용하지 않고 코어 그래픽스로 직접 제목 문자열을 그린다면, 제목에 대한 세터에서 SetNeedDisplay를 호출해야 한다. 제목의 초기 표시와 상관없이 이후에 호출자가 뷰의 제목을 변경할 수 있다. SetNeedsDisplay 호출은 해당 제목이 바뀔 때 뷰에서 다시 그리도록 한다. UILabel은 내부적으로 해당 텍스트가 변경될 때 스스로 SetNeedsDisplay를 호출한다.

```
...
string _title;
UILabel _titleLabel;
public string Title {
    get { return _title; }
    set {
                _title = value;
                _titleLabel.Text = _title;
    }
}

public SecondView ()
{
    _titleLabel = new UILabel ();
}
```

```
...

public override void Draw (RectangleF rect)
{
    ...

    _titleLabel.Frame = new RectangleF(5,5,Bounds.Width-10, 25);
    this.AddSubview (_titleLabel);
}
```

이 코드는 제목을 포함하고 있는 `UILabel`을 하위 뷰로 추가한다. 뷰는 계층적으로 배열된다. 여기서 `UILabel`을 사용한 것처럼 뷰의 구현 내에서 내부적으로 또는 컨트롤러나 인터페이스 빌더에서 뷰 클래스를 사용할 때 외부적으로 한 뷰에 하위 뷰를 추가하면 하위 뷰는 상위 뷰 위에 z축 순서로 배치된다. 애플리케이션을 실행하고 두 번째 탭을 선택하면 해당 제목과 화면에 그려진 사각형을 보게 된다(그림 3.11).

| 그림 3.11 | 애플리케이션에서 `SecondView` 표시

이 예제에서 해당 레이블의 크기와 위치는 상위 뷰의 경계 함수로 그 프레임을 사용해 설정된다. 이 프레임은 뷰의 크기를 사각형으로, 위치를 상위 뷰의 좌표계에서 한 점으로 설정하는 반면 경계는 고유 좌표계에서 뷰의 크기와 위치다. 전형적으로 이 프레임은 뷰의 인스턴스에 대해 뷰의 크기와 위치를 설정하는 데 사용되며 일반적으로 경계가 사용되는 실제 뷰 구현 내에서는 반대다. 예를 들면 여기서는 `UILabel`의 인스턴스를 사용하지만 `SecondView`의 구현 내에 존재한다. 여기서 상위 뷰는 `SecondView`이다. `UILabel`의 프레임을 설정함으로써 상위 뷰의 원점에서 측정한 한 점으로 크기와 위치를 정의해서 사각형을 얻는다. iOS에서 좌표계는 왼쪽 상단이 원점이므로 +x는 오른쪽, +y는 아랫방향이다.

Note

뷰의 프레임을 설정할 때 실제로 해당 뷰 내에 저장되지는 않는다. 대신 해당 경계처럼 내부적으로 다른 값을 유도하는 데 사용된다. Chapter 6에서 iOS 계층 시스템을 논의할 때 이 부분을 다시 다룰 것이다.

뷰에서 수행하는 또 다른 작업은 터치가 발생하는 시점과 같은 이벤트 캡처다. `UIView`의 클래스 계층 구조를 검사해보면 터치를 다루기 위해 정의한 몇 가지 가상 함수가 `UIResponder`에서 파생된 것을 알 수 있다(리스트 3.7). 설명을 위해 사용자가 사각형을 터치했는지를 확인하는 간단한 적중 테스트를 뷰에 추가해보자.

리스트 3.7 터치를 처리하는 `UIResponder` 가상 함수

```
public class UIResponder : NSObject
{
    ...
    public virtual void TouchesBegan (NSSet touches, UIEvent evt);
    public virtual void TouchesMoved (NSSet touches, UIEvent evt);
    public virtual void TouchesEnded (NSSet touches, UIEvent evt);
    public virtual void TouchesCancelled (NSSet touches, UIEvent evt);
    ...
}
```

해당 사각형이 터치되었는지 여부를 구현하기 위해 `UIView` 서브클래스의 `TouchesBegan`을 재정의할 수 있다(리스트 3.8). 여기서는 단순히 단일 터치만 처리

한다. 터치 포인트는 UITouch 클래스로 래핑되어 있다. 터치가 일어난 뷰의 실체 포인트를 찾으려면 UITouch 개체의 LocationInView 메서드를 호출한다. 이렇게 하면 해당 뷰의 좌표계 내에서 해당 포인트를 제공하게 된다.

여기서는 코어 그래픽스 경로(path)를 사용해 앞에서 본 사각형을 그린다. 경로에는 적중 테스트를 수행하는 데 사용할 수 있는 ContainsPoint라는 함수가 있다. UITouch에서 이 함수로 다시 해당 포인트를 전달하면 사각형을 구성하는 해당 경로의 내부에 있는지 외부에 있는지를 알려준다. 해당 제목을 사용해 사용자에게 해당 결과를 보고한다(그림 3.12).

| 그림 3.12 | 사각형 적중 테스트

```
public override void TouchesBegan (NSSet touches, UIEvent evt)
{
    base.TouchesBegan (touches, evt);

    UITouch touch = touches.AnyObject as UITouch;

    if (touch != null) {
        PointF pt = touch.LocationInView (this);

        if (_path.ContainsPoint (pt, true)) {
            Title = "You touched the square";
        } else {
            Title = "You didn't touch the square";
        }
    }
}
```

☼ 요약

　Chapter 3에서는 iOS 개발의 두 가지 핵심 패턴인 MVC와 델리게이트를 살펴봤다. 인터페이스 빌더를 사용해 뷰와 컨트롤러를 포함하는 모노터치 애플리케이션을 구성하는 방법뿐만 아니라 코드로 이들을 생성하는 방법 또한 살펴봤다. 가속도계와 터치 지원을 포함하는 iOS의 기능 중 일부도 보았다. iOS에는 다양한 컨트롤을 포함해 많은 기능이 있다. 다음 챕터에서는 iOS SDK에서 제공하는 몇 가지 컨트롤과 기능을 살펴본다.

공통 iOS 클래스

iOS에는 애플리케이션을 만들 때 도움이 되는 컨트롤과 클래스가 많다. 사용자 인터페이스 요소는 이미 살펴본 버튼과 레이블에서부터 슬라이더, 프로그레스 뷰, 페이지 컨트롤 등을 포함해 다양하다. 음악 재생과 메일 전송 등의 다양한 시스템 기능을 추상화한 클래스도 있다. Chapter 4에서는 애플리케이션을 만들 때 사용할, 보다 일반적인 클래스들을 살펴본다.

사용자 인터페이스 뷰와 컨트롤

UIKit에는 다양한 `UIControl` 서브클래스가 있다. `UIControl` 자체는 `UIView`에서 파생되었고 사용자 인터페이스를 다루기 위해 여러 가지 이벤트를 추가했다. 우리는 이미 `UIButton` 클래스라는 컨트롤을 살펴봤다. UIKit은 추가적으로 많은 컨트롤을 포함하고 있다.

UISegmentedControl

`UISegmentedControl`은 기본적으로 뷰 내에 있는 탭 인터페이스 컨트롤이다. 이 컨트롤은 메뉴 구조를 생성하는 데 사용할 수도 있지만 주로 상호작용할 특정 하위 뷰 집합을 효과적으로 묶어서 지정하는 데 사용된다. 이 컨트롤은 몇 가지 버튼으로 구성되며 여러 세그먼트로 나뉜다. 각 버튼은 제목과 이미지를 가지며 해당 컨트롤 자체는 여러 스타일을 취할 수 있다.

`UISegmentedControl`을 생성하고 여기에 세그먼트를 추가하려면 간단히 각 세그먼트에 대해 원하는 제목을 생성자에 넘기면 된다. 예를 들면 다음은 각각의 제목 설정과 4개의 세그먼트를 갖는 `UISegmentedControl`을 생성하는 방법 중 하나다.

```
public partial class ControlDemoViewController : UIViewController
{
    UISegmentedControl _segmentedControl;
    ...
    public override void ViewDidLoad ()
    {
      base.ViewDidLoad ();
```

```
_segmentedControl = new UISegmentedControl(new object[]{"one",
        "two", "three", "four"});
_segmentedControl.Frame =
        new RectangleF (10, 10, View.Frame.Width - 20, 50);

View.AddSubview(_segmentedControl);
    }
}
```

 여기 예제에서 `ControlDemoViewController`라는 뷰 컨트롤러를 추가했다.

그림 4.1에서 기본 `UISegmentedControl` (`UISegmentedControlStyle.Plain`)의 결과를 볼 수 있다.

| 그림 4.1 | 기본 `UISegmentedControl`와 세그먼트 제목

ControlStyle을 UISegmentedControlStyle 열거형 값 중 하나로 설정하면 해당 컨트롤의 스타일을 변경할 수 있다. 언급한 것처럼 각 세그먼트에 대해 이미지 사용이 가능하다. 게다가 선택된 세그먼트와 색조를 쉽게 설정할 수 있다. 다음은 검은 색조의 bezeled 스타일에 첫 번째 세그먼트에 이미지 설정이 있고 "selected"로 설정한 화면이다(그림 4.2).

```
_segmentedControl = new UISegmentedControl (new object[] { "one",
"two", "three", "four" });
_segmentedControl.ControlStyle = UISegmentedControlStyle.Bezeled;
_segmentedControl.TintColor = UIColor.Black;
_segmentedControl.SetImage (UIImage.FromFile ("Star.png"), 0);
_segmentedControl.SelectedSegment = 0;
_segmentedControl.Frame = new RectangleF (10, 10,
View.Frame.Width - 20, 50);
```

| 그림 4.2 | UISegmented 컨트롤과 추가적인 사용자 지정

타이틀을 설정하는 것과 동일한 방식으로 생성자를 통해 이미지도 설정할 수 있다. 게다가 `SetTitle` 메서드를 통해 각각의 타이틀을 직접 설정할 수 있다. 생성자에 이미지와 타이틀을 함께 넣어 개체의 배열로 다뤄도 된다. 그림 4.2를 보면 동일한 `UISegementedControl`을 만들어 준다.

```
_segmentedControl = new UISegmentedControl (new object[] {
    UIImage.FromFile ("Star.png"), "two", "three", "four" });
_segmentedControl.ControlStyle = UISegmentedControlStyle.Bezeled;
_segmentedControl.TintColor = UIColor.Black;
_segmentedControl.SelectedSegment = 0;
_segmentedControl.Frame = new RectangleF (10, 10,
    View.Frame.Width - 20, 50);
```

선택된 세그먼트에 대한 변경을 처리할 때는 `ValueChanged` 이벤트를 등록한다. 해당 핸들러에서 현재 선택된 세그먼트를 기반으로 원하는 작업, 이를테면 특정 뷰를 숨기거나 상태를 변경하는 작업을 할 수 있다. 예를 들어 다음은 `UISegmented Control`의 하위 뷰로서 간단히 `UILabel`을 추가하고 여기에 선택된 세그먼트가 변할 때 해당 텍스트를 설정했다(그림 4.3).

```
string _text;
UILabel _testLabel;

...

_testLabel = new UILabel(){Frame = new RectangleF(10, 200, 100, 50)};

_segmentedControl = new UISegmentedControl (new object[] {
    UIImage.FromFile ("Star.png"), "two", "three", "four" });
_segmentedControl.ControlStyle = UISegmentedControlStyle.Bezeled;
_segmentedControl.TintColor = UIColor.Black;
_segmentedControl.Frame = new RectangleF (10, 10,
    View.Frame.Width - 20, 50);

_segmentedControl.ValueChanged += (o, e) => {
_selectedTitle = _segmentedControl.TitleAt
(_segmentedControl.SelectedSegment) ?? "Title not set";
_testLabel.Text = _text;
};
```

```
_segmentedControl.SelectedSegment = 0;
_segmentedControl.AddSubview(_testLabel);
```

| 그림 4.3 | UISegmentedControl의 ValueChanged 처리

UISlider

UISlider 컨트롤은 터치를 통해 슬라이더를 이동할 수 있다는 점만 제외하면 다른 플랫폼의 슬라이더 컨트롤과 유사하다. 슬라이더는 최소 및 최대, 초기 값으로 초기화할 수 있다. 그림 4.4에서 기본 슬라이더 모양을 볼 수 있다. 다음은 변경이 일어날 때 해당 값을 잡아서 슬라이더의 ValueChanged 이벤트에서 레이블의 텍스트에 할당하는 것이다.

```
UISlider _slider;
...
```

```
_slider = new UISlider { Frame = new RectangleF (10, 10,
    View.Frame.Width - 20, 50) };
_slider.MinValue = 0.0f;
_slider.MaxValue = 20.0f;
_slider.SetValue (10.0f, false);
_slider.ValueChanged += delegate {
    _text = _slider.Value.ToString ();
    _testLabel.Text = _text;
};
```

| 그림 4.4 | UISlider 기본 모양

사용자 지정으로 슬라이더에 Thumb 이미지와 Track 이미지, Min/Max 값 이미
지를 설정할 수도 있다 (그림 4.5).

```
_slider = new UISlider { Frame = new RectangleF (10, 10,
    View.Frame.Width - 20, 50) };
_slider.MinValue = 0.0f;
```

```
_slider.MaxValue = 20.0f;
_slider.SetValue (10.0f, false);

_slider.ValueChanged += delegate {
    _text = _slider.Value.ToString ();
    _testLabel.Text = _text;
};

// 슬라이더의 룩 앤 필을 조정한다
_slider.SetThumbImage (UIImage.FromFile("Thumb0.png"),
    UIControlState.Normal);
_slider.SetThumbImage (UIImage.FromFile("Thumb1.png"),
    UIControlState.Highlighted);
_slider.SetMaxTrackImage (UIImage.FromFile("MaxTrack.png"),
    UIControlState.Normal);
_slider.SetMinTrackImage (UIImage.FromFile("MinTrack.png"),
    UIControlState.Normal);
_slider.MaxValueImage = UIImage.FromFile("Max.png");
_slider.MinValueImage = UIImage.FromFile("Min.png");
```

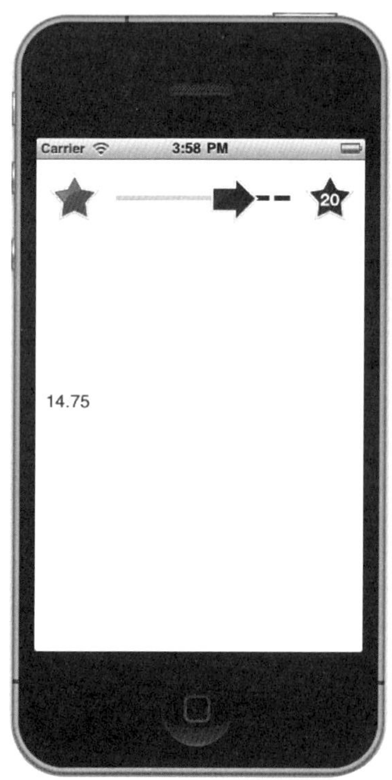

| 그림 4.5 | UISlider 룩 앤 필 사용자 정의

UISwitch

UISwitch 컨트롤은 on/off처럼 두 가지 상태를 토글하는 데 사용된다. 기본적으로 물리적인 on/off 스위치를 모방한 것이다. 이 컨트롤은 애플리케이션 설정에서 흔히 사용된다. 컨트롤 자체는 off 상태가 기본값이지만, SetState 메서드를 사용해 프로그래밍 방식으로 그 값을 설정할 수 있다. 이 때 첫 번째 매개 변수에는 on/off 값이 들어가고 두 번째는 처음에 해당 스위치를 off에서 on(초기값이 on으로 설정된 경우)으로 애니메이션할지 여부가 들어간다. 스위치 값의 변경을 잡아내려면 ValueChanged 이벤트를 처리하면 된다. 해당 스위치의 On 속성은 on/off 값을 포함하는 Boolean이므로, on일 때는 true가 된다. UISwitch는 결국 UIView더라도 항상 동일한 크기가 되도록 설계되었다. UISwitch 프레임의 위치를 설정할 수 있지만 크기는 무시된다. 그림 4.6에서 해당 값에 대한 변경 내용이 UILabel에 작성된 UISwitch를 볼 수 있다.

| 그림 4.6 | UILabel에 작성된 UISwitch 값

```
UISwitch _switch;
...
_switch = new UISwitch {Frame = new RectangleF (
    new PointF(10,10), SizeF.Empty)};
_switch.SetState (true, false);
_switch.ValueChanged += delegate {
    _text = _switch.On.ToString ();
    _testLabel.Text = _text;
};
```

UIPageControl과 UIScrollView

UIPageControl은 일반적으로 페이지를 가로로 넘기는 애플리케이션에서 현재 위치한 페이지를 지정하는 데 사용된다. 실제 페이지를 넘기는 동작은 UIScrollView로 구현되는데, 여기서 UIPageControl에서 일련의 점으로 된 표시를 통해 현재 페이지를 선택한다. 이런 구현은 iOS 기기의 홈 화면에서 애플리케이션 페이지 사이를 이동할 때 경험할 수 있다.

UIScrollView는 콘텐트가 너무 커서 화면의 지정된 영역에 맞추지 못하는 경우에 지원하며 가로 또는 세로, 아니면 두 방향 모두 스크롤할 수 있다. 이 컨트롤은 페이징 경험을 구현하기에 적합하다. 여기서 논리적인 페이지로 동작하는 각 뷰는 UIScrollView의 하위 뷰로 추가된다. UIScrollView에는 PageEnabled 속성이 있어 이를 true로 설정하면 각 페이지에 스크롤이 들어간다. 스크롤이 일어나게 하려면 UIScrollView의 ContentSize를 UIScrollView의 해당 프레임보다 더 크게 설정하면 된다. PageEnabled를 설정하면 UIScrollView에서는 내부적으로 물리적인 페이지 크기를 결정한다. 페이지로 동작하도록 추가한 모든 하위 뷰의 경우, 간단히 해당 스크롤 뷰의 콘텐트 크기 내에서 위치 오프셋을 적절하게 설정한다. 리스트 4.1은 기본 뷰를 추가한 예로, 각 페이지는 페이지 번호를 포함하는 하나의 레이블이 있으며 뷰를 왼쪽이나 오른쪽으로 밀면 페이지를 전환할 수 있다.

리스트 4.1 UIScrollView

```
public partial class PagingController : UIViewController
{
    UIScrollView _scroll;
```

```csharp
List<UIView> _pages;

int _numPages = 4;
float _padding = 10;
float _pageHeight = 400;
float _pageWidth = 300;

...

public override void ViewDidLoad ()
{
    base.ViewDidLoad ();

    View.BackgroundColor = UIColor.Black;

    _pages = new List<UIView> ();

    _scroll = new UIScrollView {
        Frame = View.Frame,
        PagingEnabled = true,
        ContentSize = new SizeF (
            _numPages * _pageWidth + _padding
            + 2 * _padding * (_numPages - 1),
            View.Frame.Height)
    };

    View.AddSubview (_scroll);

    for (int i = 0; i < _numPages; i++) {
        UIView v = new UIView ();
        v.Add( new UILabel{
            Frame = new RectangleF (100, 50, 100, 25),
            Text = String.Format ("Page {0}", i+1)}
        );

        _pages.Add (v);
        v.BackgroundColor = UIColor.Gray;

        v.Frame = new RectangleF (
            i * + _pageWidth + _padding + (2 * _padding * i),
            0, _pageWidth, _pageHeight);

        _scroll.AddSubview (v);
    }
}
```

현재 페이지를 추적하려면 UIPageControl을 사용하면 된다. 이 컨트롤은 일련의 점들을 보여주는데 점의 개수가 페이지 카운트를 나타내고 현재 페이지 번호는 강조된 점으로 표시했다. 컨트롤 자체는 해당 스크롤 뷰에 물리적으로 연결되지 않았으므로, 페이지 카운트에 대한 코드를 추가하고 현재 페이지를 추적하는 것은 여러분에게 달렸다. UIPageControl의 Pages 속성에서 페이지 카운트를 설정한다. 스크롤 뷰에서 현재 페이지에 대한 공식은 간단히 현재 오프셋으로 해당 스크롤 뷰의 ContentOffset 속성을 통해 사용할 수 있고, 이 속성은 페이지 너비로 나뉜다. UIPageControl에 이 부분을 설정하면 적절한 페이지에 맞춰 해당 점을 강조한다(그림 4.7).

| 그림 4.7 | UIScrollView와 UIPageControl을 사용한 페이징

```
public partial class PagingController : UIViewController
{
    UIPageControl _pager;
```

```
...

public override void ViewDidLoad ()
{
  ...

  _scroll.Scrolled += delegate {

          _pager.CurrentPage =
          (int)Math.Round(_scroll.ContentOffset.X/_pageWidth);
  };

  _pager = new UIPageControl();
  _pager.Pages = _numPages;
  _pager.Frame = new RectangleF(0, 420, View.Frame.Width, 50);

  View.AddSubview(_pager);
  }
}
```


UIKit에는 UIControl 서브클래스 외에 UIScrollView처럼 UIView에서 직접 파생된 많은 클래스가 있다. 다양한 정보를 보여주는 추가적인 클래스들은 광고와 웹 페이지, 지도, 표 등을 표시한다. 여기서는 이들 클래스 중 일부를 다룬다. UIMapView와 UITableView 같은 다른 클래스는 이후의 챕터에서 다룬다.

UIActivityIndicatorView

UIActivityIndicatorView는 작업 진행 상황을 쉽게 가늠하기 힘들 때 사용된다. 이는 해당 작업이 일어나는 동안 회전하는 원을 애니메이션하는 클래스다. 실제로 애니메이션을 표시하고 시작하려면 StartAnimating 메서드를 호출한다. 마찬가지로 애니메이션을 중지하고 activity indicator가 사라지게 하려면 StopAnimating을 호출한다. 수행하는 작업이 오랫동안 돌아가는 경우는 서로 다른 스레드에서 일어나야 한다는 것이 중요하다. 그렇지 않으면 주 스레드를 차단할 것이고 activity indicator는 절대 볼 수 없다. 리스트 4.2는 DoSomething 메서드에서 구현된 작업이 진행 중인지를 나타내기 위해 UIActivityIndicatorView를 생성하는 방법을 설명한다. 결과는 그림 4.8과 같다.

 `UIActivityIndicatorView` 구현

```
...

UIActivityIndicatorView _activityView;

public override void ViewDidLoad ()
{
    base.ViewDidLoad ();

    showActivityButton.TouchUpInside +=
        HandleShowActivityButtonTouchUpInside;
}

void HandleShowActivityButtonTouchUpInside (object sender, EventArgs e)
{
    _activityView = new UIActivityIndicatorView ();

    _activityView.Frame = new RectangleF (0, 0, 50, 50);
    _activityView.Center = View.Center;

    _activityView.ActivityIndicatorViewStyle =
        UIActivityIndicatorViewStyle.WhiteLarge;
    View.AddSubview (_activityView);
    _activityView.StartAnimating ();

    Thread t = new Thread (DoSomething);
    t.Start ();
}

void DoSomething ()
{
    Thread.Sleep (3000);

    using (var pool = new NSAutoreleasePool ()) {
        this.InvokeOnMainThread (delegate {
            _activityView.StopAnimating (); });
    }
}
```

| **그림 4.8** | UIActivityIndicatorView

UIProgressView

UIProgressView는 UIActivityIndicatorView와 마찬가지로 진행 중인 작업을 가리키는 데 사용된다. 하지만 UIProgressView는 수평 바의 위치를 채우는 방법으로 완료되는 작업의 비율을 표시하기 때문에 확정적이다. 진행 상태는 Progress 속성을 사용해 0과 1 사이의 부동 소수점 값을 지정하는데 여기서 1은 100% 완료를 가리킨다. 리스트 4.3은 UIProgressView를 사용해 진행 상황을 추적하는 작업의 예를 구현했으며 결과는 그림 4.9와 같다.

 UIProgressView의 예

```
...

UIProgressView _progressView;

void HandleShowActivityButtonTouchUpInside (object sender, EventArgs e)
{
    _progressView = new UIProgressView ();
    _progressView.Frame = new RectangleF (0, 0, View.Frame.Width - 20,
        100);
    _progressView.Center = View.Center;
    _progressView.Style = UIProgressViewStyle.Default;

    View.AddSubview (_progressView);

    Thread t = new Thread (DoSomethingElse);
    t.Start ();
}

void DoSomethingElse ()
{
    int n = 3;

    for (int i = 0; i < n; i++) {
        Thread.Sleep (1000);

        using (var pool = new NSAutoreleasePool ()) {

            this.InvokeOnMainThread (delegate {
                _progressView.Progress = (float)(i + 1) / n; });
        }
    }
}
```

| **그림 4.9** | UIProgressView

UIImageView

UIImageView는 앞서 Chapter 2 "모노터치와 iOS SDK"에서 사용했다. UIImage View의 목적은 화면에 UIImage를 나타내는 것이다. UIImageView의 가장 단순한 예는 Image 속성을 설정하고 하위 뷰를 통해 해당 화면에 뷰를 추가하는 것이다. 예를 들어 monkey.png라는 파일로 콘텐트를 만드는 프로젝트가 있다고 치자. 화면에 이 이미지를 채울 때(그림 4.10) 다음과 같은 코드를 사용한다.

```
UIImageView _imageView;
...
_imageView = new UIImageView ();
_imageView.Frame = new RectangleF(0,0,
    View.Frame.Width, View.Frame.Height);
_imageView.Image = UIImage.FromFile("monkey.png");
```

| 그림 4.10 | UIImage를 표시하는 UIImageView

해당 뷰에서 콘텐트를 배치하는 방법을 제어하려면(예를 들면, 해당 이미지의 가로/세로 비율), 다음처럼 ContentMode 속성을 사용한다.

```
_imageView = new UIImageView ();
_imageView.Frame = new RectangleF(0,0,
    View.Frame.Width, View.Frame.Height);
_imageView.Image = UIImage.FromFile("monkey.png");
imageView.ContentMode = UIViewContentMode.ScaleAspectFit;
```

이 코드에서 ContentMode를 ScaleAspectFit으로 설정했고, 이미지 레이아웃의 결과는 그림 4.11과 같다. 추가적으로 ContentMode에 대한 몇 가지 설정을 시험해서 원하는 대로 레이아웃을 제어해보자.

| 그림 4.11 | `UIImageView`의 `ContentMode`를 `ScaleAspectFit`로 설정

UIWebView

`UIWebView`는 애플리케이션에서 사용하는 WebKit 래퍼다. 이 클래스는 인터넷이나 로컬 리소스에서 HTML 콘텐트를 렌더링하는 데 사용한다. 사용 방법을 알아보기 위해 간단한 브라우저 애플리케이션을 만들어보자. 새로운 [Empty Project]를 생성하고 앞서 했던 방식으로 MainWindow.xib를 준비한 다음 iPhone View Controller를 추가하고 구성한다. 각각의 이름은 'LMT4-5'와 'SimpleBrowser Controller'로 한다. 대개 앱 시작 과정이 끝날 때 `SimpleBrowserController`의 뷰를 로드하는 단계를 거친 후 인터페이스 빌더에서 `SimpleBrowserViewController`를 열고 여기서 일부 작업을 수행한다.

이 웹 브라우저의 예에서는 뒤로 이동과 앞으로 이동, 새로고침 기능을 지원한다.

[Attribute Inspector]에서 UITextField에 대해 키보드 URL 입력을 URL 항목에 할당하고 "Go"라는 키를 반환 값으로 설정한다. UIToolbar에서 네비게이션 컨트롤도 모두 끼워넣는다. 그림 4.12에서 필요한 아웃렛 연결을 포함해 IB에서 모든 부분을 최종 설정한 부분을 보여준다.

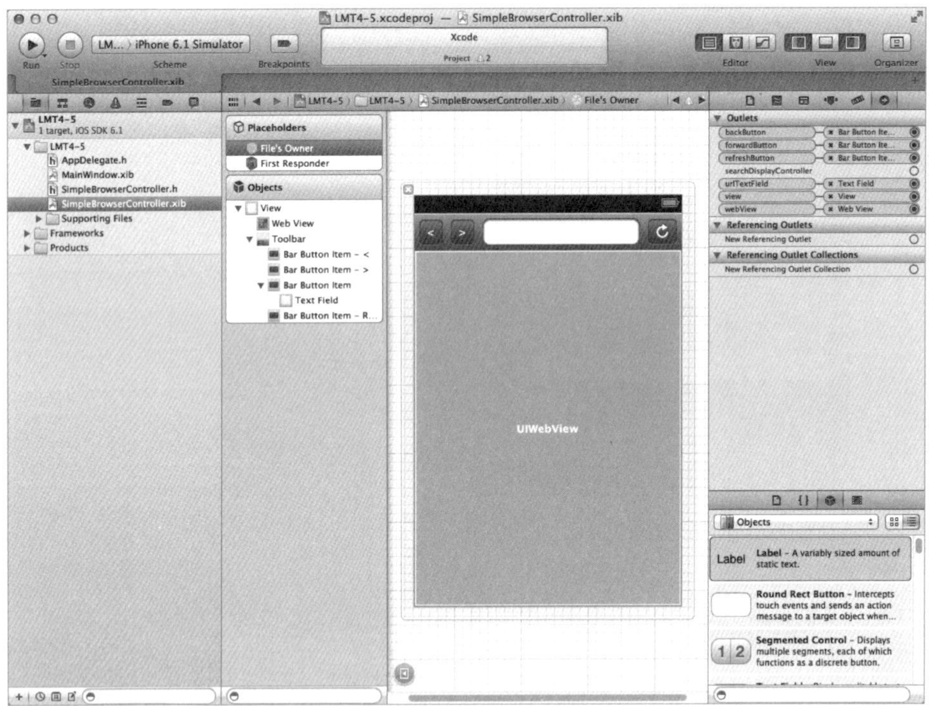

| 그림 4.12 | 인터페이스 빌더에서 SimpleBrowserController의 뷰

UITextField에서 입력한 URL을 통해 사용자가 키보드에서 Go를 선택할 때 웹 페이지를 탐색하게 하려 한다. 이를 위해 UITextField에서 ShouldReturn을 사용한다. ShouldReturn에 할당한 기능은 사용자가 입력한 URL에서 웹 페이지를 로드하는 데 사용하는 NSUrlRequest를 만든다. 키보드도 사라지도록 하려면 UITextField에서 ResignFirstResponder를 호출한다.

```csharp
urlTextField.ShouldReturn = textField =>
{
    textField.ResignFirstResponder ();
    string url = textField.Text;
    if (!url.StartsWith ("http"))
      url = String.Format ("http://{0}", url);
    NSUrl nsurl = new NSUrl (url);
    NSUrlRequest req = new NSUrlRequest (nsurl);
    webView.LoadRequest (req);
    return true;
};
```

UIWebView에는 LoadRequest 외에 페이지 히스토리를 통한 뒤로 이동과 앞으로 이동, 현재 페이지 다시 로드와 같은 내비게이션을 제어하는 다른 기능을 제공한다. 이들 기능은 각각 GoBack, GoForward, Reload 메서드로 구현되었다. 이 예제에서는 다음처럼 이들을 적합한 버튼에 연결한다.

```csharp
backButton.Clicked += delegate { webView.GoBack (); };
forwardButton.Clicked += delegate { webView.GoForward (); };
refreshButton.Clicked += delegate { webView.Reload ();
```

이들 코드 조각을 SimpleBrowserController의 ViewDidLoad 구현에 넣으면 웹 페이지를 탐색하고 스크롤할 수 있는 간단한 브라우저 애플리케이션이 만들어진다. 하지만 이렇게 구현한 부분은 핀치 줌을 지원하지 않으며 기본적으로 페이지가 화면에 꽉 차지 않는다. 확대/축소(zoom)와 페이지 맞춤 기능을 포함하려면, 간단히 ScalesPageToFit 속성을 true로 설정한다. 그림 4.13에서 결과 애플리케이션을 볼 수 있다.

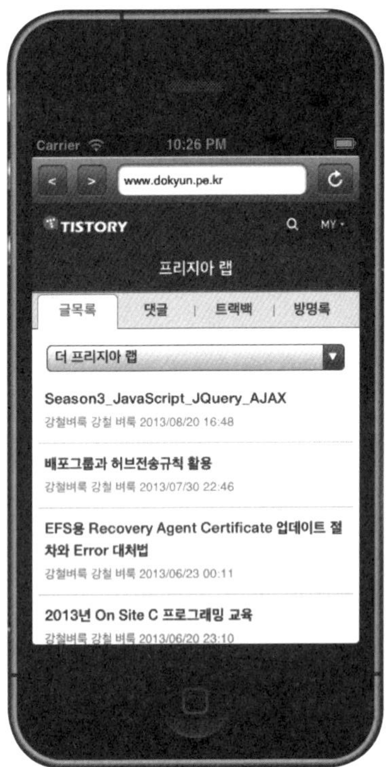

| 그림 4.13 | 간단한 브라우저 애플리케이션

ADBannerView

애플은 iOS 4부터 개발자가 쉽게 자신의 애플리케이션에 광고를 넣을 수 있는 iAds 프로그램을 소개했다. 광고를 포함하기 위해 사용하는 이 기술은 `ADBannerView`이며 `MonoTouch.iAd` 네임스페이스에 있다. iAds는 iOS 4.x 이상을 실행하는 모든 기기에서 지원된다. 처음에는 iPhone과 iPod Touch만 지원했으나 iOS 4.2부터는 아이패드도 지원한다.

이번 예제의 경우, 아이폰과 아이패드 모두에서 사용 가능한 범용 애플리케이션을 만든다. 이 범용 앱은 하나의 실행 파일로 아이폰과 아이패드 모두에 최적화된 자체 UI를 지원하는데, 아이폰만 대상으로 하면 아이패드에서는 픽셀이 배수가 되는 것과는 반대다. 이 책의 뒤에서 이 부분을 자세히 설명한다. 지금은 양쪽 기기에서

iAds를 보여주기 위한 범용 앱을 만들어본다.

Universal Window-based Project 템플릿을 사용해 'LMT4-6'이라는 이름으로 새로운 프로젝트를 생성한다. 두 개의 파일이 이 프로젝트에 추가된다. Main WindowIPad.xib 파일은 아이패드에서 앱을 실행할 때 사용되고 MainWindow IPhone.xib 파일은 아이폰에서 사용된다. 이들 파일과 함께 각 대상에 대해 별도 `AppDelegate` 파일이 있다.

Xamarin Studio의 프로젝트 메뉴에서 iPhone Simulator Target 옵션 설정으로 프로젝트를 위한 아이폰과 아이패드 시뮬레이터 간의 전환이 가능하다(그림 4.14).

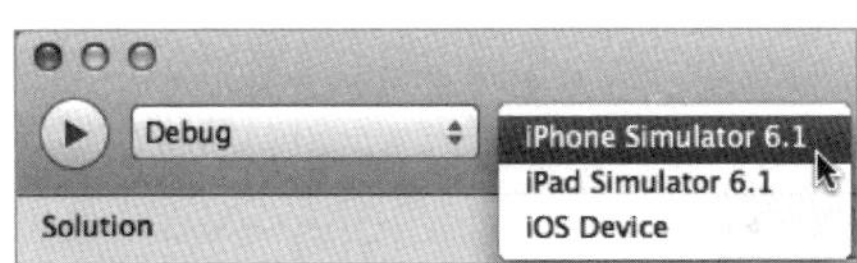

| 그림 4.14 | Xamarin Studio의 대상 시뮬레이터 변경

`ADBannerView` 작업은 다른 뷰에서의 작업과 별반 차이가 없다. 콜백을 위해 `ADBannerViewDelegate`나 추상화한 .NET 이벤트를 사용할 수 있다. 이 앱은 범용 앱이므로 아이폰 뷰와 컨트롤러에 아이패드 뷰와 컨트롤러를 추가해야 한다. 컨트롤러의 뷰를 화면에 추가하는 과정은 이전 예제와 동일하다. 이 과정에서 해당 컨트롤러를 MainWindow.xib에 추가하고 클래스와 xib 이름을 설정한 다음 `AppDelegate`에서 컨트롤러로 아웃렛을 연결하고 `FinishedLaunching`에서 컨트롤러의 뷰를 로드한다. 여기서 유일한 차이점은 아이폰 버전뿐만 아니라 다양한 클래스의 아이패드 버전 모두에 대해 작업을 해줘야 한다는 점이다.

뷰 컨트롤러의 경우 각각 `DemoADIPad`와 `DemoADIPhone`을 사용한다. IB를 사용해 `ADBannerView`를 각각의 뷰에 추가하고 `adBanner`라는 연결을 양쪽에 연결한다. 다른 추가 코드 전혀 없이 테스트 광고가 로드된다. 하지만 처리해줘야 할 두어 가지 작업이 있다.

먼저, 광고가 로드되지 않는 경우에는 해당 배너를 숨기는 처리를 해야 한다. 그후 광고가 성공적으로 로드되면 해당 배너가 보이도록 해야 한다. 각각의 상황을 처리하기 위해 `FailedToReceiveAd`와 `AdLoaded` 이벤트를 사용한다.

두 번째로 애플리케이션에서 여러 방향을 지원하고자 한다면 adBanner의 크기를 적절하게 조정해야 한다. 그렇지만 직접 크기를 조정해서는 안 된다. `Current ContentSizeIdentifier`를 설정해 암시적으로 크기를 조정해야 한다. `RequireSize Identifiers` 속성을 통해 필요한 방향도 지정해야 하는데 기본값은 가로/세로다. 이 속성은 어떤 배너 뷰 이미지가 실제로 다운로드 될지를 제어한다. 예를 들어 애플리케이션에서 여러 방향을 지원하지 않는다면 광고 콘텐츠를 조정해 필요한 광고 이미지만 다운로드할 수 있다.

여기서 가로/세로 방향에 대한 뷰 회전을 지원하기 위해 간단히 `ShouldRotateTo InterfaceOrientation`을 재정의해 결과로 true를 반환한다. 앞서 기술한 코드에서 `ADBannerView`의 `currentContentSizeidentifier`를 설정하려면 `WillRotate`를 재정의하고 회전될 방향에 대한 적절한 값을 설정한다. 리스트 4.4에서는 아이폰에 대한 컨트롤러 구현과 동일한 아이패드 구현을 나타냈다. 결과적으로 앱은 아이패드와 아이폰 시뮬레이터 양쪽에서 실행된다. 그림 4.15에서 `ADBannerView`를 터치할 때 가져오는 테스트 광고를 볼 수 있다.

리스트 4.4 **리스트 4.4** iAD를 지원하는 뷰 컨트롤러 구현

```csharp
public partial class DemoADIPhone : UIViewController
{
    ...
    public override void ViewDidLoad ()
    {
        base.ViewDidLoad ();
        adBanner.AdLoaded += (s, e) => {
            Console.WriteLine ("Ad Loaded");
            ((ADBannerView)s).Hidden = false;
        };

        adBanner.FailedToReceiveAd += delegate(object sender,
            AdErrorEventArgs e)
        {
            Console.WriteLine("Ad failed to load. Error code = {0}",
            e.Error.Code);
            ((ADBannerView)sender).Hidden = true;
        };
    }

    public override void WillRotate (
        UIInterfaceOrientation toInterfaceOrientation, double duration)
    {
        base.WillRotate (toInterfaceOrientation, duration);
        if ((toInterfaceOrientation ==
                UIInterfaceOrientation.LandscapeLeft) ||
            (toInterfaceOrientation ==
                UIInterfaceOrientation.LandscapeRight))
        {
            adBanner.CurrentContentSizeIdentifier =
                    ADBannerView.SizeIdentifierLandscape;
        }
        else
        {
            adBanner.CurrentContentSizeIdentifier =
                ADBannerView.SizeIdentifierPortrait;
        }
    }

    public override bool ShouldAutorotateToInterfaceOrientation
    (UIInterfaceOrientation toInterfaceOrientation)
    {
        return true;
    }
}
```

| 그림 4.15 | ADBannerView와 테스트 광고 표시

✳ 디바이스 기능

iOS 디바이스에는 다양한 기능이 있다. 예를 들어 아이폰에서는 카메라로 사진을 찍고 비디오를 촬영하는 기능부터 전자 메일을 보내고 음악을 재생하는 기능까지 상당히 많은 기능을 수행할 수 있다. 대부분의 시스템에서는 애플리케이션에서 디바이스의 다양한 내장 컨트롤러를 통합해서 사용할 수 있다.

MFMailComposeViewController

`MonoTouch.MessageUI` 네임스페이스의 `MFMailComposeViewController`를 사용해 iOS에서 지원하는 애플리케이션 내에서 전자 메일을 보내는 내장 기능을 다룰 수

있다. 간단하게 해당 디바이스에서 CanSendMail 속성을 사용해 메일 전송을 할 수 있는지 체크하고, 결과가 true라면 MFMailComposeViewController를 불러온다. 이 컨트롤러의 속성을 통해 첨부를 추가하고(AddAttachmentData 메서드 사용) 메시지 본문을 설정하며, 수신자를 참조로 추가하는 작업 등을 처리하고 HTML 메일을 보낸다. MFMailComposeViewController를 설정하고 해당 뷰를 나타낸 다음 Finished 이벤트에 대한 구독이나 MFMailComposeViewControllerDelegate의 Finished 가상 함수 재정의로 완료 결과를 청취할 수 있다. 콜백에서 MFCompose ResultEventArgs를 통해 결과 개체와 에러 개체, 컨트롤러 자체를 다시 얻게 되어 완료 상태를 나타내고 해당 컨트롤러를 해제하는 데 사용할 수 있다. 그림 4.16에서 리스트 4.5의 코드를 사용해 전자 메일의 메시지 본문에서 문자열을 보내는 간단한 예를 볼 수 있다.

| 그림 4.16 | MFMailComposeViewController로 전자메일 보내기

 MFMailComposeViewController 예제

```csharp
MFMailComposeViewController _mail;
...

public override void ViewDidLoad ()
{
    base.ViewDidLoad ();

    mailButton.TouchUpInside += (o, e) =>
    {
        if (MFMailComposeViewController.CanSendMail) {
        _mail = new MFMailComposeViewController ();
        _mail.SetToRecipients (new string[] { "person1@foo.com",
            "person2@foo.com" });
        _mail.SetCcRecipients (new string[] { "person3@foo.com" });
        _mail.SetBccRecipients (new string[] { "person4@foo.com" })
        _mail.SetMessageBody ("body of the email" , false);
        _mail.SetSubject ("test email" );
        _mail.Finished += HandleMailFinished;
        this.PresentModalViewController(_mail, true);

        } else {
        var alert = new UIAlertView("Mail Alert",
            "Mail Not Sent" , null, "Mail Demo", null);
        alert.Show();
        }
    };
}

void HandleMailFinished (object sender, MFComposeResultEventArgs e)
{
    if (e.Result == MFMailComposeResult.Sent)
    {
        var alert = new UIAlertView("Mail Alert", "Mail Sent",
            null, "Mail Demo", null);
        alert.Show();
    }
    e.Controller.DismissModalViewControllerAnimated(true);
}
```

MPMediaPickerController와 MPMusicPlayerController

iPod 라이브러리에서 오디오를 선택하고 재생하기 위해 각각 MPMediaPicker
Controller와 MPMusicPlayerController를 사용한다. MPMediaPicker

Controller는 아이팟 애플리케이션과 같은 시스템 뷰를 사용해 아이팟 라이브러리의 뷰를 나타내지만, 이 뷰는 애플리케이션 내에 존재한다. 컬렉션에서 항목을 질의하고 선택하는 데 이 뷰를 사용한다.

사용자가 선택한 항목을 결정하려면 MPMediaPickerControllerDelegate를 구현한다. 이 델리게이트의 MediaItemsPicked 메서드는 MPMediaItemCollection으로 사용자가 선택한 항목을 받는다. MPMediaItem은 미디어 항목에 관한 메타데이터를 캡슐화한 것이다. 예를 들면 아티스트와 타이틀 정보 등을 포함한다고 보면 된다. 이를 사용하면 앱에 해당 항목의 메타데이터를 표시할 수 있다.

음악을 재생하려면 MPMusicPlayerController를 사용한다. 이 컨트롤러에는 재생할 항목의 대기열이 있다. 따라서 항목을 재생하려면 간단히 대기열에 항목을 추가하고 나서 Play 메서드를 호출하면 된다. MPMusicPlayerController에는 SetQueue 메서드가 있어서 보내진 MPMediaItemCollection을 함께 MPMediaPickerControllerDelegate에 전달할 수 있다. 일시정지나 중지와 같은 수행 동작으로 재생을 제어하고 볼륨을 조절하는 메서드도 있어 애플리케이션 내에서 오디오 플레이어 기능을 쉽게 구현할 수 있다.

실습을 위해 간단한 음악 플레이어를 만들어 보자. 앞서 했던 방식대로 새로운 [Empty Project] 애플리케이션과 MainWindow.xib를 만든 다음 MusicDemoController라는 컨트롤러와 뷰를 추가하고 늘 하던 대로 시작 시 뷰가 로드되도록 연결한다. 이 예제의 경우 노래 선택을 위한 아이팟 라이브러리 열기 및 재생, 중지, 일시정지 뿐만 아니라 볼륨 조절을 지원한다. 레이블을 넣어 노래의 아티스트와 타이틀도 표시한다. 그림 4.17에서 다양한 연결을 가진 IB의 애플리케이션 사용자 인터페이스를 볼 수 있다.

볼륨 컨트롤용 슬라이더를 사용하고 UIToolbar 클래스를 통해 툴바에 여러 가지 버튼을 추가한다. 바 버튼 항목의 경우 [Attribute Inspector]에서 적절한 식별자를 설정해 아이콘을 지원한다. 사용자가 Action 식별자로 표시된 열기 버튼을 선택할 때(그림 4.17의 가장 왼쪽), MPMediaPickerController를 오픈한다. 노래를 선택한 후 해당 피커를 닫고 아티스트와 타이틀 메타데이터를 채운다.

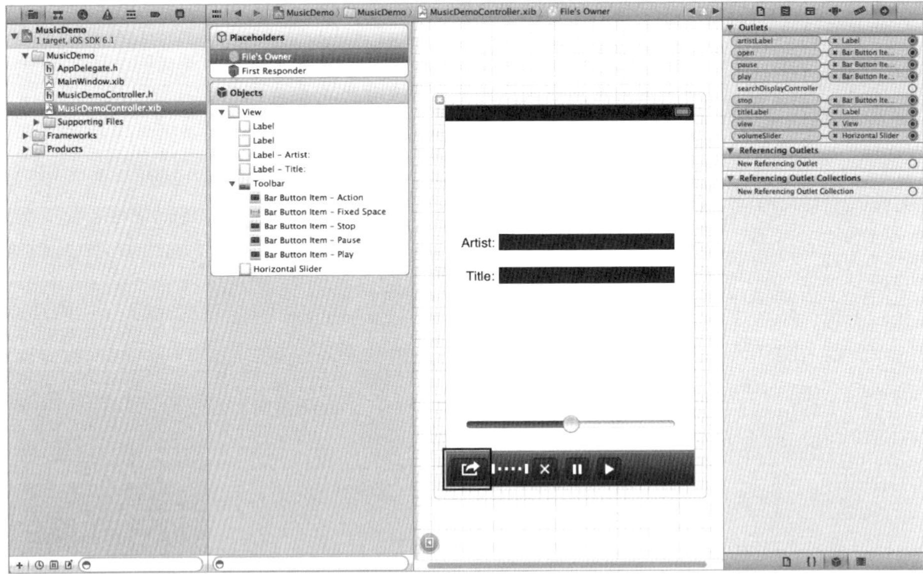

| 그림 4.17 | 인터페이스 빌더의 MusicDemoController 뷰

> **Note** 이 예제는 디바이스에서만 동작한다.

이제 MPMusicPlayerController에서 해당 노래를 대기열에 넣었으므로 재생 및 일시 정지, 중지 그리고 볼륨 조절을 할 수 있게 되었다. 리스트 4.6은 이런 동작이 가능하도록 모든 부분을 완성한 MusicDemoController의 구현을 보여준다.

리스트 4.6 MusicDemoController 구현

```
public partial class MusicDemoController : UIViewController
{
    // 편의상 생성자 생략

    MPMusicPlayerController _musicPlayer;
    MPMediaPickerController _mediaController;
    MediaPickerDelegate _mpDelegate;

    public override void ViewDidLoad ()
```

```
    {
        base.ViewDidLoad ();

        _musicPlayer = new MPMusicPlayerController ();
        _musicPlayer.Volume = volumeSlider.Value;
        _mediaController = new MPMediaPickerController
            (MPMediaType.MPMediaTypeMusic);
        _mediaController.AllowsPickingMultipleItems = false;
        _mpDelegate = new MediaPickerDelegate (this);
        _mediaController.Delegate = _mpDelegate;

        volumeSlider.ValueChanged += delegate {
            _musicPlayer.Volume = volumeSlider.Value; };

        open.Clicked += (o, e) => {
            this.PresentModalViewController(_mediaController, true); };

        play.Clicked += (o, e) => { _musicPlayer.Play (); };

        pause.Clicked += (o, e) => { _musicPlayer.Pause (); };

        stop.Clicked += (o, e) => { _musicPlayer.Stop (); };
    }

    public class MediaPickerDelegate : MPMediaPickerControllerDelegate
    {
        MusicDemoController _viewController;

        public MediaPickerDelegate (MusicDemoController viewController) :
base()
        {
            _viewController = viewController;
        }

        public override void MediaItemsPicked (MPMediaPickerController
sender, MPMediaItemCollection mediaItemCollection)
        {
            _viewController._musicPlayer.SetQueue
                (mediaItemCollection);

            _viewController.DismissModalViewControllerAnimated (true);

            MPMediaItem mediaItem = mediaItemCollection.Items[0];

            //See MPMediaItem.h for various string property names
            //(Search for MPMediaItem.h in Mac Spotlight)
```

```
        string artist =
            mediaItem.ValueForProperty ("artist" ).ToString ();
        string title =
            mediaItem.ValueForProperty ("title" ).ToString ();

        _viewController.artistLabel.Text = artist;
        _viewController.titleLabel.Text = title;
    }

    public override void MediaPickerDidCancel
        (MPMediaPickerController sender)
    {
        _viewController.DismissModalViewControllerAnimated (true);
    }
  }
}
```

 MonoTouch의 이후 버전에서는 `MPMediaItem.ArtistProperty`와 같은 실제 NSString
필드를 노출할 것이므로 MPMedialtem.h에서 검색할 필요가 없다.

주소록

iOS에서는 시스템 주소록에 저장한 데이터와 상호작용하는 기능도 지원한다. 주
소록 데이터는 전화기와 연락처, 메일 애플리케이션에서 공통으로 액세스한다. 아
이팟 데이터와의 많은 상호작용처럼 애플리케이션 내에서도 주소록에 비슷하게 액
세스한다.

주소록은 ABAddressBook 클래스로 모델링되었다. 이 클래스를 사용해 다음처럼
연락처 목록의 사람과 전화번호와 전자메일 주소와 같은 연결된 데이터를 나타내는
개체를 열거할 수 있다.

```
ABAddressBook ab = new ABAddressBook ();
ABPerson[] people = ab.GetPeople ();

foreach (ABPerson person in people) {
    Console.WriteLine("{0} {1}", person.FirstName, person.LastName);

    var phones = person.GetPhones ();

    if (phones.Count > 0) {
```

```
        foreach(var phone in phones)
        Console.WriteLine (" {0}, {1}", phone.Label, phone.Value);
    }
  }
```

ABAddressBook을 직접적으로 사용해 접근하는 방식 외에 `ABPeoplePickerNavig`
`ationController`를 사용하면 스톡 사용자 인터페이스를 통해 주소록과의 상호작
용이 가능하다. 이를 사용하면 간단히 주소록에서 연락처를 선택하거나 연락처 세부
내용을 탐색할 수 있다. 연락처 선택을 처리하려면 `SelectPerson` 이벤트에 등록해
야 한다. 이벤트 핸들러 내에서 이벤트 핸들러에 전달된 `ABPeoplePickerSelectPer`
`sonEventArgs` 매개 변수의 `Continue` 속성을 설정해 연락처 세부 내용을 탐색하도
록 선택할 수 있다. `Continue`를 true로 설정하면 사람을 선택하고 연락처 세부정보
탐색이 가능해진다. 기본 설정은 false로 간단히 연락처를 선택하고 나서 해당 컨트
롤러를 해제한다. `event` 매개 변수에는 `Person` 속성도 있는데, 이는 `ABPerson`이다.
따라서 `Person` 속성을 사용해 앞서 했던 것처럼 전화번호와 같은 추가 정보를 가져
온다. 리스트 4.7은 `ABPeoplePickerNavigationController`를 사용해 연락처를 선
택하고 뷰에 해당하는 사람의 정보를 추가하는 작업뿐만 아니라 해당 연락처의 번호
로 전화를 거는 예를 보여준다.

리스트 4.7 `ABBeoplePickerNavigationController`**를 사용하는 예**

```
...
ABPeoplePickerNavigationController _peoplePicker;
ABPerson _person;
string _phoneNumber;

public override void ViewDidLoad ()
{
    base.ViewDidLoad ();
    _peoplePicker = new ABPeoplePickerNavigationController ();

    showPeoplePicker.TouchUpInside += delegate {
        this.PresentModalViewController (_peoplePicker, true); };

    _peoplePicker.Cancelled += delegate {
        this.DismissModalViewControllerAnimated (true); };
```

```csharp
        _peoplePicker.SelectPerson += delegate(object sender,
            ABPeoplePickerSelectPersonEventArgs e) {

            // Continue를 true로 설정하면 연락처의 세부사항을 탐색할 수 있지만
            // 이 경우에는 아래 해당 컨트롤러를 해제하지 않는다.
            //
            //e.Continue = true;

            _person = e.Person;

            nameLabel.Text = String.Format ("{0} {1}" , _person.FirstName,
                _person.LastName);

            var phones = _person.GetPhones ();

            if (phones.Count > 0) {
                //just using the first phone for demo
                _phoneNumber = phones[0].Value;
                phoneLabel.Text = _phoneNumber;
            } else {
                _phoneNumber = String.Empty;
            }

            this.DismissModalViewControllerAnimated (true);
        };

        callPerson.TouchUpInside += delegate {

            if (!String.IsNullOrEmpty (_phoneNumber)) {

                NSUrl phoneUrl = new NSUrl (String.Format ("tel:{0}" ,
                    EscapePhoneNumber (_phoneNumber)));

                if (UIApplication.SharedApplication.CanOpenUrl (phoneUrl))
                    UIApplication.SharedApplication.OpenUrl (phoneUrl);
            }
        };
    }

string EscapePhoneNumber (string phoneNum)
{
    return phoneNum.Replace (" ", "-").Replace ("(", "")
        .Replace (")", "");
}
```

여기서 새로운 `ABPeoplePickerNavigation` 컨트롤러를 생성하고 `showPeople Picker`라는 `UIButton`의 `TouchUpInsideEvent`에 응답하는 모달 뷰를 표시했다. 사용자가 한 사람을 선택하면 `SelectPerson` 이벤트 핸들러에서 해당 선택을 처리하면서 그 사람의 이름과 주소록의 첫 번째 전화번호를 레이블에 채운 다음 해당 컨트롤러를 해제한다. 사용자가 `callPerson`이라는 또 다른 버튼을 터치할 때 전화번호에 대한 시스템 URL 스키마를 사용해 `NSUrl`을 생성한다. 이 스키마와 함께 `NSUrl`을 `OpenUrl` 메서드에 전달하면 폰 애플리케이션이 시작되고 그 번호로 전화를 건다.

> **Note** iOS에는 전화 외에 SMS 텍스트와 아이튠즈, 지도와 같은 몇 가지 다른 URL 스키마가 있다. 더 자세한 내용은 Apple URL Scheme Reference를 참조하자.

UIImagePickerController

`UIImagePickerController`는 디바이스의 사진 라이브러리와 앨범에 저장된 파일에서 이미지와 비디오를 선택하는 것뿐만 아니라 카메라에서 직접 이미지와 비디오를 캡처(이미지나 비디오 캡처가 가능한 디바이스의 경우)하는 기능을 지원한다. 라이브러리 선택을 위한 스톡 사용자 인터페이스나 요청하는 시나리오와 해당 디바이스에서 사용 가능한 미디어 타입에 기반을 둔 카메라 상호작용에 콘트롤러의 뷰를 맞춘다. 그 후 애플리케이션에서 이미지나 비디오를 사용할 수 있는 `UIImagePicker ControllerDelegate`에 콜백을 보낸다.

> **Note** 카메라와 비디오 지원은 실제 디바이스에 따라 다르다. 아이폰 5와 가장 최근의 아이팟 터치와 같은 더 새로운 디바이스는 양쪽을 다 지원한다.

이미지와 비디오를 선택하거나 캡처하는 프로세스는 `UIImagePickerController`를 사용할 때와 비슷하다. 간단히 해당 컨트롤러를 생성하고 원본과 미디어 타입을 설정한다. 원본 타입은 해당 디바이스에서 선택하는 미디어와 카메라로 캡처하는 것을 구별한다. 이 미디어 타입에서 이미지나 비디오, 또는 양쪽 모두를 선택하는지 캡처하는지를 결정한다. 디바이스 포토 라이브러리에서 미디어를 선택할 때, 설정한 미디어 타입으로 인해 콘텐트 목록에서 이미지와 비디오를 적절하게 필터링하게 된

다. 마찬가지로 카메라에서 캡처할 때 해당 미디어 타입에서 카메라 뷰를 비디오나
사진 캡처 모드로 지시하거나 이미지와 비디오 미디어 타입 모두를 설정한다면 이들
간의 전환을 위한 토글 버튼을 나타낸다.

예제를 살펴보자. 다음은 라이브러리에서 미디어를 선택하거나 카메라로 미디어
를 캡처하는 작업 사이의 사용자 선택이 가능한 액션 시트를 연다. 사진 선택이나 캡
처에 따라 `UIImagePickerController`를 닫고 `UIImageView`에서 결과 이미지를 보
여준다. 비디오의 경우 첫 번째 프레임 이미지를 미리 보여주고 `MPMediaPlayer`
`Controller`를 사용한 비디오 재생을 시작하는 버튼을 제공한다. 그림 4.18은 리스
트 구현에 대한 IB의 설정을 나타낸다.

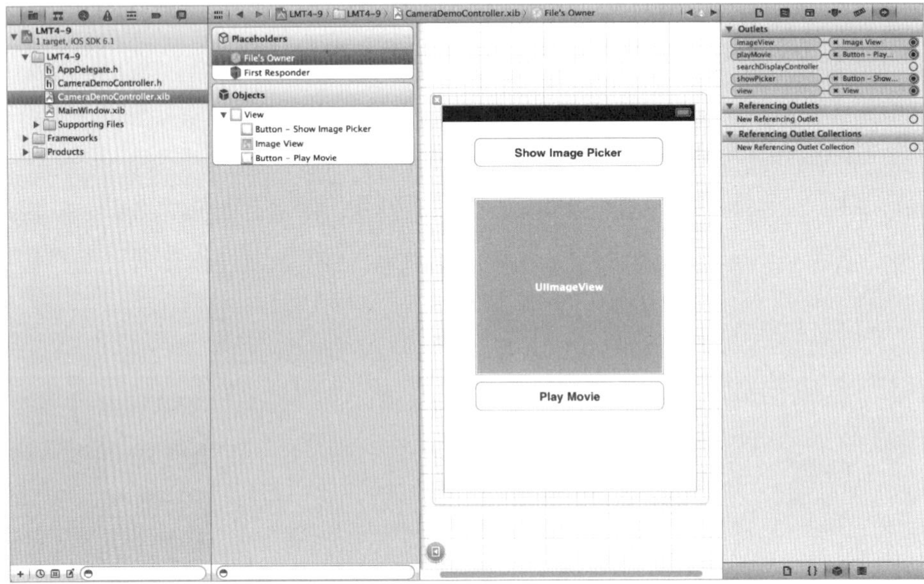

| 그림 4.18 | 인터페이스 빌더의 CameraDemoController

리스트 4.8 사진이나 비디오를 위한 `UIImagePickerController` 사용

```
public partial class CameraDemoController : UIViewController
{
    UIImagePickerController _picker;
    PickerDelegate _pickerDel;
    UIActionSheet _actionSheet;
```

```csharp
MPMoviePlayerController _mp;
// 생성자 ...

public override void ViewDidLoad ()
{
    base.ViewDidLoad ();
    _picker = new UIImagePickerController ();
    _pickerDel = new PickerDelegate (this);
    _picker.Delegate = _pickerDel;

    _actionSheet = new UIActionSheet ();
    _actionSheet.AddButton ("Library");
    _actionSheet.AddButton ("Camera");
    _actionSheet.AddButton ("Cancel");
    _actionSheet.CancelButtonIndex = 2;
    _actionSheet.Delegate = new ActionSheetDelegate (this);

    showPicker.TouchUpInside += delegate {
        _actionSheet.ShowInView (this.View); };

    playMovie.Hidden = true;

    playMovie.TouchUpInside += delegate {
        if (_mp != null) {
            View.AddSubview (_mp.View);
            _mp.SetFullscreen (true, true);
            _mp.Play ();
        }
    };
}

class ActionSheetDelegate : UIActionSheetDelegate
{
    CameraDemoController _controller;
    public ActionSheetDelegate (CameraDemoController controller)
    {
        _controller = controller;
    }

    void ShowPicker (UIImagePickerControllerSourceType sourceType)
    {
        if (!UIImagePickerController
            .IsSourceTypeAvailable (sourceType)) {

        var alert = new UIAlertView ("Image Picker",
            "Source type not available", null, "Close");
```

```csharp
                alert.Show ();

            } else {

                _controller._picker.SourceType = sourceType;

                string[] availableMediaTypes = UIImagePickerController
                        .AvailableMediaTypes (sourceType);
                string[] requestedMediaTypes = new string[] {
                        "public.image", "public.movie" };
                List<string> mediaTypes = new List<string> ();

                foreach (string mediaType in requestedMediaTypes) {
                        if (availableMediaTypes.Contains (mediaType))
                        mediaTypes.Add (mediaType);
                }

                _controller._picker.MediaTypes = mediaTypes.ToArray ();

                _controller.PresentModalViewController
                        (_controller._picker, true);
            }
        }

        public override void Clicked (UIActionSheet actionSheet,
            int buttonIndex)
        {
            switch (buttonIndex) {
            case 0:
                ShowPicker (UIImagePickerControllerSourceType
                    .PhotoLibrary);
                break;
            case 1:
                ShowPicker (UIImagePickerControllerSourceType
                    .Camera);
                break;
            }
            actionSheet.DismissWithClickedButtonIndex (buttonIndex,
                true);
        }

    }

    class PickerDelegate : UIImagePickerControllerDelegate
    {
        CameraDemoController _controller;
```

```csharp
        public PickerDelegate (CameraDemoController controller)
        {
            _controller = controller;
        }

        public override void FinishedPickingMedia
            (UIImagePickerController picker, NSDictionary info)
        {
            picker.DismissModalViewControllerAnimated (true);

            string mediaType = info[new NSString
                ("UIImagePickerControllerMediaType")].ToString ();
            UIImage img = null;

            if (mediaType == "public.image") {

                img = (UIImage)info[new NSString
                    ("UIImagePickerControllerOriginalImage")];
                _controller.playMovie.Hidden = true;

            } else if (mediaType == "public.movie") {

                NSUrl videoUrl = (NSUrl)info[new NSString
                    ("UIImagePickerControllerMediaURL")];
                _controller._mp =
                    new MPMoviePlayerController (videoUrl);
                img = _controller._mp.ThumbnailImageAt (0,
                    MPMovieTimeOption.NearestKeyFrame);
                _controller.playMovie.Hidden = false;
            }

            if (img != null)
            _controller.imageView.Image = img;
        }
    }
}
```


액션 시트의 경우 라이브러리나 카메라 중 하나를 선택하거나 취소하는 버튼을 추
가하고 액션 시트의 대리자에서 해당 선택을 처리한다. 디바이스마다 기능이 다양하
기 때문에 UIImagePickerController의 IsSourceTypeAvailable 메서드를 사용해
특정 원본 타입이 사용 가능한지를 확인해야 한다. 원본 타입이 사용 가능하면
UIImagePickerController의 MediaTypes 속성에 할당된 문자열 배열에서 이들을

설정함으로써 가능한 미디어 형식에 전달할 수 있다. 일단 이 작업이 끝나면 이전에 할당된 `UIImagePickerController`의 대리자로 `UIImagePickerController`를 나타낼 수 있다.

`UIImagePickerController`로 표시된 뷰는 앞서 언급한 설정에 따라 달라진다. 비디오나 이미지를 선택하거나 캡처했다면 결과 미디어는 `UIImagePickerControllerDelegate`의 `FinishedPickingMedia` 메서드를 통해 획득할 수 있다. 이 미디어 형식은 `UIImagePickerControllerMediaType` 키를 통해 이 메서드로 전달된 `NSDictionary`에서 사용 가능하다. 이 키를 사용해 이미지나 비디오 후처리를 위한 적절한 코드를 실행할 수 있다.

여기서는 간단하게 `ImageView`에서 이미지를 표시하거나 비디오의 경우는 미리보기 이미지를 표시한다. 미리보기 이미지는 `MPMoviePlayerController`의 `ThumbnailImageAt` 메서드를 사용해 해당 비디오에서 추출할 수 있고 이 이미지를 선택한 후 해당 비디오를 재생하는 데 사용할 수도 있다.

☀ 요약

iOS에는 애플리케이션을 생성하기 더 쉽게 만들어주는 다양한 클래스를 담고 있다. Chapter 4에서는 사용자 인터페이스 기능을 제공하는 많은 공통 클래스의 일부와 카메라와 같은 디바이스 기능을 추상화한 보다 복잡한 뷰 컨트롤러를 살펴봤다. 살펴본 것처럼 iOS의 대부분의 클래스는 유사한 패턴을 따르고 있어 추가 기능을 보다 쉽게 배울 수 있다. 경우에 따라서는 이들 클래스에 다른 작업이 조금 더 필요하지만 일반적으로 기본 디자인 원칙이 여전히 적용된다. Chapter 5에서 많은 iOS 애플리케이션 시나리오에서 사용되는 클래스인 `UITableViewController`와 `UINavigationController`를 다룬다.

테이블과 내비게이션

테이블은 iOS SDK의 기본 사용자 인터페이스 요소이며 데이터의 목록을 나타내는 데 사용된다. 앱 스토어의 수많은 애플리케이션뿐만 아니라 애플의 iOS 디바이스에 기본 탑재한 몇 가지 애플리케이션에서도 사용된다. Chapter 5에서는 테이블 중심의 애플리케이션을 만드는 방법과 내비게이션 기반 시나리오에 테이블을 적용하는 방법을 살펴본다. 오픈 소스 MonoTouch.Dialog 프로젝트도 소개하고 그런 애플리케이션을 간단히 생성하는 방법을 논의한다.

UITableView와 UITableViewController

테이블 중심의 사용자 인터페이스를 생성하는 데 사용되는 기본 클래스가 `UITableView`와 `UITableViewController`이다. Chapter 5에서는 이들 클래스 이면의 개념을 소개하고 애플리케이션에서 어떻게 사용되고 실행되는지 설명한다.

테이블의 사용 목적

테이블은 애플리케이션의 데이터 목록을 나타낼 때 사용하며 UIKit의 `UITableView`를 통해 구현한다. 통상 전체 스크린을 사용자 정의 방식으로 다루는 게임 시나리오 뿐만 아니라 대부분의 애플리케이션에서 테이블을 사용한다. 실제로 많은 애플리케이션을 전적으로 테이블을 이용해 만든다. `UITableView`에서는 활용할 수 있는 몇 가지 스톡 디자인을 함께 제공한다. 테이블은 사용자 정의 개발이 용이해, 해당 스톡 지원이 목적에 잘 맞지 않는 경우에도 애플리케이션의 룩 앤 필을 제어할 수 있다. 그림 5.1에서는 `UITableView`를 사용한 애플리케이션의 예를 보여준다.

`UITableView` 클래스는 데이터의 프레젠테이션을 담당한다. `UIView`의 서브클래스이므로 MVC 패턴에서 뷰에 해당한다. `UITableView`에서는 모델에서 채우는 데이터 원본에 대한 책임을 위임한다. Objective-C에서 데이터 원본은 `UITableViewDataSource` 프로토콜을 따르는 클래스다. 테이블의 여러 행에서 하나의 행을 선택하는 행위처럼 `UITableView`에서 일어나는 동작에 대응하려면 `UITableView`에서

`UITableViewDelegate` 프로토콜의 구현에 메시지를 보내야 한다. 컨트롤러의 경우 UIKit에는 `UITableViewController`라는 클래스가 포함되어 있는데, 여기에는 이미 `UITableViewController` 자체에 설정된, 앞서 언급한 두 가지 프로토콜이 있는 뷰로 설정한 `UITableView`가 들어있다.

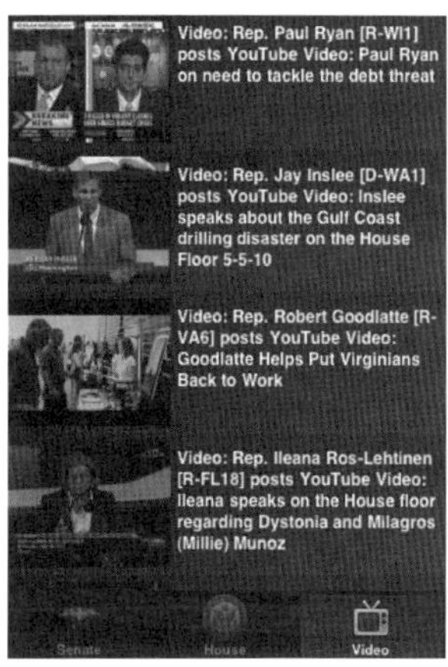

| 그림 5.1 | `UITableView`를 사용하는 애플리케이션

`UIViewController`를 직접 `UITableView`용 컨트롤러로 사용하고 테이블과 델리게이트, 데이터 원본을 수작업으로 설정할 수도 있다.

C# 인터페이스의 메커니즘에는 Objective-C 프로토콜에서 제공하는 선택적인 방법이 부족하기 때문에 모노터치에서는 Objective-C 프로토콜을 여러 클래스에서 정의했다. 따라서 모노터치에서 `UITableView`를 위해 델리게이트와 데이터 원본 두 가지가 다 존재하는 `UITableViewController`의 기본 동작을 바로 얻지 못한다.

기술적으로 서브클래싱과 `Export` 특성을 사용해 델리게이트와 데이터 원본이 될 수 있다.

모노터치의 일반적인 디자인 패턴은 `UITableViewController` 서브클래스 내에서 데이터 원본과 델리게이트에 대한 중첩 클래스를 생성하는 것이다. 편의상 모노터치는 `UITableViewSource`라는 단일 클래스로 데이터 원본과 델리게이트를 래핑하고 있어 `UITableViewController`에서 중첩 클래스만 생성하면 된다. 이제 예제를 통해 이러한 개념을 설명하면서 `UITableView`의 스톡 기능과 관련 클래스를 소개한다.

UITableView에서 데이터 표시하기

고객 정보를 보여주는 애플리케이션을 만들어보자. 여기서 목적상 고객 정보에는 성과 이름, 선택적으로 노트 부분을 작성할 수 있다. Chapter 5를 진행하면서 이 클래스를 조금씩 개선해갈 것이다. 그림 5.2에서 애플리케이션 클래스 다이어그램을 볼 수 있다.

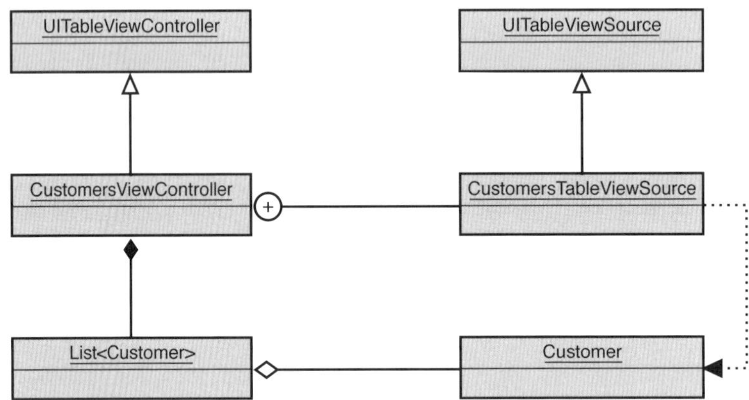

| 그림 5.2 | 고객 뷰어를 위한 초기 클래스 다이어그램

새로운 모노터치 [iPhone]−[Empty Project]를 생성하고 이름은 'LMT5−1'로 정한다(앞서 소개한 방식으로 MainWindow.xib를 만들고 필요한 아웃렛을 연결한다. 이후로는 [Empty Project] 프로젝트를 생성한다는 말은 이 단계까지 완료한 상태를 말한다). 프로젝트에 `UITableViewController`를 생성하는 데 사용할 새로운 클래스를 추가하고 이름을 `CustomersViewController`로 붙인다. 이 클래스는 `UITable VideViewController`에서 파생된다.

```
using System;
using MonoTouch.UIKit;
```

```
namespace LMT51
{
    public class CustomersViewController : UITableViewController
    {
      public CustomersViewController ()
      {
      }
    }
}
```

UITableViewController에서 파생되면 자체 뷰 용도로 UITableView를 갖는 UIViewController를 제공한다. Objective-C에서 이 클래스는 UITableView를 위한 델리게이트와 데이터 원본으로도 사전 구성된다. 모노터치에서 두 개의 중첩된 클래스를 생성하고 TableView에서 Delegate와 Datasource 속성을 설정하거나 결합된 UITableViewSource를 사용할 수 있다. 다음처럼 후자의 방식으로 UITableViewSource를 서브클래싱한 CustomersTableViewSource라는 중첩된 클래스를 생성해보자.

```
...
class CustomersTableViewSource : UITableViewSource
{
}
```

이제 UITableViewController의 TableView.Source 속성을 통해 접근하는 UITableView의 소스를 이 클래스의 인스턴스를 가리키도록 설정해야 한다. 이렇게 하는 것은 일반적으로 두 가지 이유 때문에 좋은 관례는 아니다. 먼저 코코아 터치에서 뷰는 요구 시에 생성된다. 다중 뷰 애플리케이션에서, 이는 프레젠테이션을 위해 필요할 때까지는 뷰를 생성하는 오버헤드를 발생시키지 않는다는 것을 의미한다. 두 번째 뷰 컨트롤러는 메모리에서 유지된다고 해서 뷰 컨트롤러의 뷰가 존재해야 한다는 것을 의미하지는 않는다. 뷰가 표시되지 않으면 뷰의 메모리가 회수될 수 있다. 메모리가 얼마 남지 않으면 현재 표시되지 않은 뷰를 가진 뷰 컨트롤러에서는 해당 뷰를 해제한다. 뷰가 표시되어야 할 때는 ViewDidLoad가 다시 호출된다. 뷰 컨트롤러의 생성자에서 해당 뷰에 대한 코드를 구현했다면, 그 코드는 다시 실행되지 않는다. 그러므로 뷰의 인스턴스용으로 한 번 필요한 `UITableView`의 모든 초기화를 수행하는 최적의 장소는 `ViewDidLoad`다.

```
public override void ViewDidLoad ()
{
    base.ViewDidLoad ();
    TableView.Source = new CustomersViewController ();
}
```

`CustomersViewController`는 데이터에 대한 참조를 유지한다. `CustomersTableViewSource`에서 테이블에 Objective-C `UITableViewDataSource` 프로토콜에 바인딩한 `UITableView`의 추상화를 통해 표시할 데이터를 알려준다. 최소한 나타내는 행의 수와 각 행에서 표시하는 데이터가 반환된다.

> **Tip** 모노터치에서는 `UITableViewDataSource`에서 Objective-C 프로토콜 추상화에 필요한 메서드를 만들어 실수로 생략하지 못하게 했다.

행의 수에 대해서는 `RowsInSection` 메서드를 구현해야 한다. 이 메서드는 적절한 수의 행을 생성하는 데 사용된다. `UITableViewCell`로 표시되는 각 행에 넣을 개체를 얻으려면 역시 `GetCell`을 구현해야 한다. 기본적인 구현 단계는 다음과 같다.

1. `model` 클래스를 생성한다.
2. `UITableViewController`의 서브클래스에 모델 컬렉션을 추가한다.
3. `UITableViewController`를 해당 데이터 원본에 전달한다.
4. 해당 컬렉션의 항목 수를 반환하기 위한 `RowsInSection`을 구현한다.
5. 해당 컬렉션의 각 항목으로 캡슐화된 데이터에 대한 `UITableCell`을 반환하는 `GetCell`을 구현한다.

모델의 경우 `Customer` 클래스가 필요하다. 리스트 5.1에서 `Customer`라는 클래스를 만들어 해당 코드를 포함시켰다.

```csharp
using System;
namespace LMT51
{
    public class Customer
    {
        string _fName;
        string _lName;

        public string FName {
            get { return this._fName; }
            set { _fName = value; }
        }

        public string LName {
            get { return this._lName; }
            set { _lName = value; }
        }

        public Customer (string fName, string lName)
        {
            _fName = fName;
            _lName = lName;
        }

        public string Note { get; set; }
    }
}
```

다음으로 List<Customer>를 CustomersViewController에 추가한다. 이 목록은
CustomersViewController를 생성할 때 고객으로 채운다. 이 부분은 필수적인 부
분이기 때문에 역시 다음처럼 생성자에 추가한다.

```csharp
public class CustomersViewController : UITableViewController
{
    List<Customer> Customers { get; set; }

    public CustomersViewController (List<Customer> customers)
    {
      Customers = customers;
    }
  ...
```

CustomersTableViewSource에서 해당 뷰 컨트롤러에 대한 참조를 전달하는 이유
는 행의 수와 각 고객을 얻어 UITableViewCell에서 나타내기 위해 customers를 액
세스해야 하기 때문이다.

```
class CustomersTableViewSource : UITableViewSource
{
    CustomersViewController _vc;

    public CustomersTableViewSource (CustomersViewController vc)
    {
      _vc = vc;
    }
...
```

RowsInSection의 구현에는 해당 목록에서 customers의 수를 반환하는 작업만 필
요하다. 지금은 section 매개 변수를 무시한다. 곧 이 부분을 다룰 것이다.

```
public override int RowsInSection (UITableView tableview, int section)
{
    return _vc.Customers.Count;
}
```

GetCell 메서드는 해당 행들이 화면에 나타날 때 테이블의 각 행에 대해 한 번 호
출된다. 여기서 하고자 하는 것은 NSIndexPath를 통해 전달된 인덱스 정보를 사용
해 적절한 Customer 개체를 꺼내와 그 데이터를 UITableViewCell에 채우는 것이
다. NSIndexPath에는 행과 섹션이라는 두 가지 정보가 있다. UITableView에서는
여러 개의 섹션을 가질 수 있으며, 각각은 자체 데이터 목록을 나타낸다.
UITableView에서는 각 섹션의 각 행에 대해 DataSource를 요청한다. 여기서는 하
나의 섹션만 가지고 있으므로, 해당 행에만 신경을 쓰면 된다.

Note 이 챕터 뒷부분의 "다중 섹션 추가하기"에서 여러 섹션을 포함하는 예제를 구현한다.

UITableView에서 요청한 해당 행(하나 이상이면 주어진 섹션)에 대한 UITableView 셀을 얻으려면 다음을 수행해야 한다.

1. 전달된 indexPath에서 해당 행을 얻는다.
2. 이 행에 해당하는 고객을 가져온다.
3. UITableView 셀을 얻어오거나 생성한다.
4. 해당 셀에 고객 데이터(또는 갖고 있는 모델 개체)를 채운다.
5. 해당 셀을 반환한다.

셀을 얻기 위해 이전에 생성한 셀을 재사용하거나 새로운 셀을 생성한다. 리소스를 아끼려면 해당 테이블을 스크롤함에 따라 셀이 화면을 이동할 때 UITableViews에서 생성된 셀을 캐시에 추가한다. 이 방식으로 셀은 재사용될 수 있다. 사용자가 테이블을 스크롤할 때 표시되어야 하는 셀에 대한 DataSource를 요청한다. GetCell 구현에서 더 이상 보이지 않는 셀의 캐시에서 간단히 셀을 요청하고 새로운 데이터로 그 셀을 채우는데, 쓸 수 있는 셀이 없는 경우만 새로운 셀을 생성한다. 테이블에는 잠재적으로 여러 종류의 셀이 포함될 수 있기 때문에 서로 다른 데이터를 나타내거나 해당 프레젠테이션을 변경하려면 셀의 종류를 가리키는 식별자로 셀을 생성해야 사용자가 스크롤할 때 필요에 따라 재사용할 수 있는 적절한 셀의 종류를 가져올 수 있다. 이 예제에서는 현재 고객의 데이터를 나타내는 한 종류의 셀뿐이므로 이 자체가 유일한 식별자다.

리스트 5.2에서 GetCell 구현을 포함하는 CustomersTableViewSource를 볼 수 있다. 여기서는 이전에 생성한 셀을 가져오거나 새로운 셀을 생성하는데, 어떤 경우든 적절한 고객 데이터를 가져와서 채우는 동작을 한다.

리스트 5.2 GetCell을 구현하는 CustomersTableViewSource

```
class CustomersTableViewSource : UITableViewSource
{
    CustomersViewController _vc;
    const string CUSTOMER_CELL = "customerCell";
```

```csharp
public CustomersTableViewSource (CustomersViewController vc)
{
    _vc = vc;
}

public override int RowsInSection (UITableView tableview,int section)
{
    return _vc.Customers.Count;
}

public override UITableViewCell GetCell (UITableView tableView,NSIndexPath indexPath)
{
    int row = indexPath.Row;

    UITableViewCell cell =
        tableView.DequeueReusableCell (CUSTOMER_CELL);
    if (cell == null)
        cell = new UITableViewCell
            (UITableViewCellStyle.Default, CUSTOMER_CELL);

    Customer aCustomer = _vc.Customers[row];

    cell.TextLabel.Text = String.Format ("{0} {1}",
        aCustomer.FName, aCustomer.LName);

    return cell;
}
}
```

UITableViewCell 생성자에 대한 두 번째 인수를 주목하자. 이 인수는 해당 셀을 고객 셀로 식별하기 위해 문자열 상수로 넘기는 곳으로, 나중에 재사용을 위해 UITableView의 DequeueReuseableCell 메서드를 사용해 가져올 수 있다.

테이블을 사용하려면 고객을 생성하고 해당 컨트롤러에 추가해야 한다. 일반적으로 로컬 저장소 같은 외부 저장소를 호출하거나 웹 서비스를 통해 호출한다. 이 예제에서는 간단히 코드로 몇 명의 고객을 생성한다. 다음의 코드를 AppDelegate의 FinishedLaunching 메서드에 추가해 샘플 Customer 개체를 갖는 CustomersViewController를 생성한다.

```
CustomersViewController _customersVC;

public override bool FinishedLaunching (UIApplication app,
    NSDictionary options)
{
    _customersVC = new CustomersViewController (new List<Customer> {
    new Customer ("Jane", "Doe"),
    new Customer ("Joe", "Smith") });

    window.AddSubview (_customersVC.View);

    window.MakeKeyAndVisible ();

    return true;
}
```

> **Note** 가비지 수집의 대상이 되지 않도록 `CustomersViewController`에 대한 참조를 유지한다.

애플리케이션을 실행하면 고객의 이름으로 채워져 생성된 테이블을 볼 수 있다. 해당 셀의 모습은 셀을 생성할 때 요청한 셀 스타일로 지정한다. 리스트 5.2에서 `UITableViewCell` 생성자에 대한 첫 번째 인자가 원하는 셀의 스타일이 어떤 것인지를 지정하고 있다. 애플의 `UITableViewCell` 클래스는 4가지 다른 스타일을 지원한다(선호하는 스타일로 변형하기 위해 이 클래스를 서브클래싱할 수도 있다. "사용자 지정 셀로 테이블 변형하기"에서 스타일을 원하는 대로 만져볼 것이다). 이제 `UITableViewCell` 부분과 `UITableViewCellStyle`을 사용해 모양을 조정하는 방법을 알아보자.

UITableViewCell의 구성 요소와 스타일

`UITableViewCells`은 `ContentView`와 `AccessoryView`라는 두 개의 뷰로 이루어져 있다. `AccessoryView`는 선택에 대한 체크 부호와 같은 이미지를 사용해 해당 행에 동작이 일어나는 방식이나 마스터/세부 시나리오에서 상세 내용 공개, 마스터/세부 탐색 시나리오에서 사용할 수 있는 것 외에 각 행이 나타내는 개체의 더 상세한 내용을 가리키는 [자세히] 버튼을 나타낸다. `ContentView`는 `TextLabel`과 `DetailTextLabel`, 선택

사항인 `ImageView`라는 3개의 하위 뷰로 이뤄져있으며 `ContentView`의 레이아웃과 표
시는 `UITableViewCellStyle` 열거형으로 조정한다(그림 5.3).

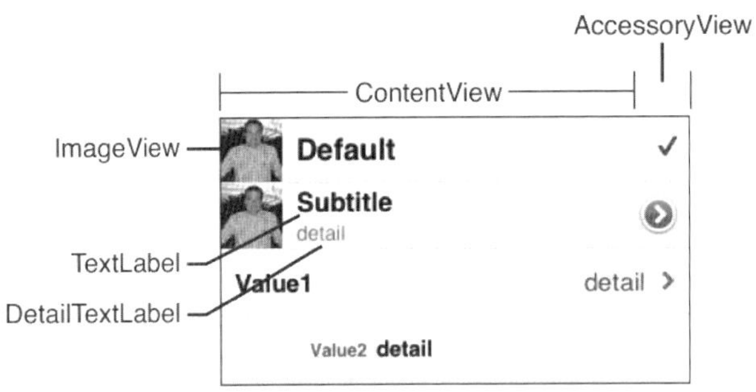

| 그림 5.3 | `UITableViewCell` 구성 요소와 스타일

다시 예제로 돌아가서 다양한 셀 스타일을 고려한 셀 재사용을 보여주기 위해 경
우에 따라 서로 다른 스타일을 보여주도록 셀을 변경해보자. 이름 아래 고객에 관한
추가 텍스트를 선택적으로 보여주는 부분을 추가한다. `Customer` 클래스의 `Note` 속
성을 사용해 이 데이터를 담아 놓는다.

`Customer` 개체를 생성한 `AppDelegate`의 코드를 변경해 경우에 따라 노트를 채운
다. 작업 코드의 예는 다음과 같다.

```
public override bool FinishedLaunching (UIApplication app,
    NSDictionary options)
{
    _customersVC = new CustomersViewController (new List<Customer> {
    new Customer ("Jane", "Doe"),
    new Customer ("Joe", "Smith"),
    new Customer ("Steve", "Jones") {Note = "Send email" },
    new Customer ("Alice", "Smith") {Note = "New customer"}
});
...
```

이제 우리가 하고자 하는 일은 `UITableViewCellStyleSubtitle`의 스타일이 있는
셀을 사용해 노트가 있는 고객을 지원하면서 노트가 없는 고객을 위한
`UITableViewCellStyleDefault`도 유지하는 작업이다. 리스트 5.3과 같이 새로운

GetCell 구현에서 노트가 있는지를 확인하고 그 노트를 사용해 셀 스타일 간의 전환에 이어 노트에 DetailTextLabel.Text를 채운다.

리스트 5.3 서로 다른 셀 스타일을 갖는 GetCell 구현

```
const string CUSTOMER_CELL = "customerCell";
const string CUSTOMER_CELL_WITH_NOTE = "customerCellWithNote";
...

public override UITableViewCell GetCell (UITableView tableView,
    NSIndexPath indexPath)
{
    UITableViewCell cell;

    int row = indexPath.Row;

    Customer aCustomer = _vc.Customers[row];

    if (String.IsNullOrEmpty (aCustomer.Note)) {
        cell = DequeueOrCreateCell (tableView,
            UITableViewCellStyle.Default, CUSTOMER_CELL);
    } else {
        cell = DequeueOrCreateCell (tableView,
            UITableViewCellStyle.Subtitle, CUSTOMER_CELL_WITH_NOTE);
        cell.DetailTextLabel.Text = aCustomer.Note;
    }

    cell.TextLabel.Text = String.Format ("{0} {1}",
    aCustomer.FName,aCustomer.LName);

    return cell;
}

UITableViewCell DequeueOrCreateCell (UITableView tableView,
    UITableViewCellStyle cellStyle, string cellIdentifier)
{
    UITableViewCell cell;
    cell = tableView.DequeueReusableCell (cellIdentifier);
    if (cell == null)
        cell = new UITableViewCell (cellStyle, cellIdentifier);
    return cell;
}
```

앱을 실행하면 동일한 테이블 내에서 두 가지 다른 스타일의 셀을 볼 수 있다(그림 5.4).

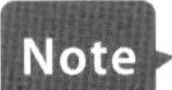

Note 다른 스타일이 적용된 셀 간의 구별에 사용된 동일한 접근 방법을 `UITableViewCell`의 서브클래스인 서로 다른 셀을 구분하는 데도 사용할 수도 있다.

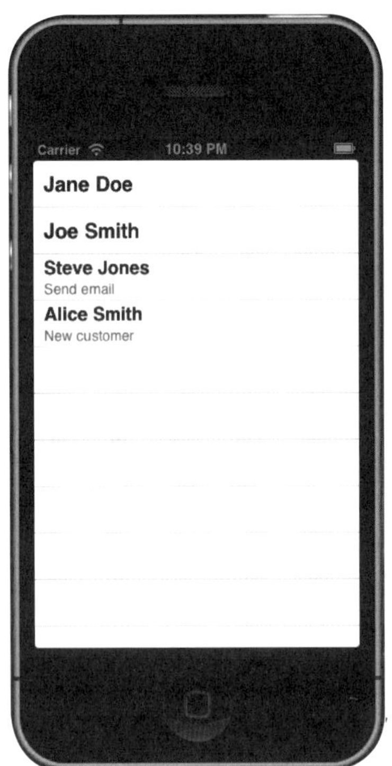

| 그림 5.4 | `UITableViewShowing` 다중 셀 스타일

테이블과 내비게이션 사용하기

테이블은 데이터의 계층을 탐색하는 데 아주 적합하다. `UITableViewDelegate` 프로토콜(`UITableViewSource` 클래스에서 모노터치에 의해 추상화됨)과 `UINavigationController`의 조합을 통해 이 기능을 모든 애플리케이션에 추가할 수 있다. 상세 보기 또한 테이블 셀에 나타낸 데이터의 콘텐츠를 편집하는 일반적인 방식이다.

이제 그림 5.5와 같이 고객 정보 앱에 고객의 콘텐츠(성과 이름, 노트)를 편집하는 두 번째 뷰를 추가해보자.

| 그림 5.5 | 상세 편집 보기가 있는 고객정보 앱

첫 번째로 추가할 것은 새로운 뷰와 해당 상세 뷰에 대한 컨트롤러다. 새로운 iPhoneView Controller를 `CustomerDetailViewController`라는 이름으로 프로젝트에 추가한다. 인터페이스 빌더에서 성과 이름, 노트용 3개의 `UITextFields`를 추가하고 각각에 대한 아웃렛을 [file's owner]에 연결한다. 또한 인터페이스 빌더에서 각 `UITextField`에 대해 [Return Key]를 "Next"로 설정한다. 이제 IB의 뷰는 그림 5.6과 같아야 한다.

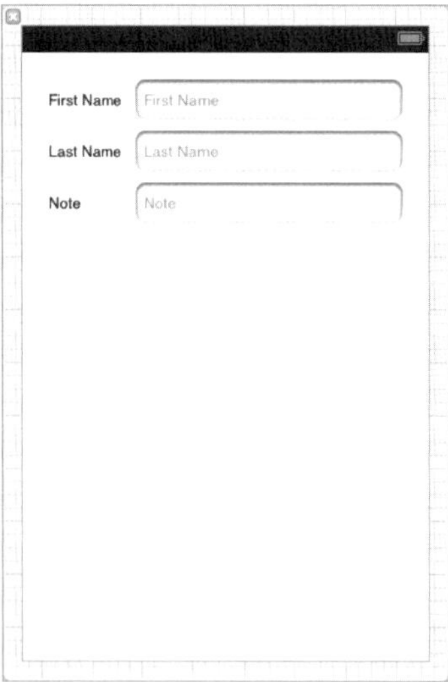

| 그림 5.6 | CustomerDetailsViewController.xib의 뷰

뷰가 로드될 때 `UITextField`에서 포커스를 받으면 키보드가 나타나야 한다. 키보드의 엔터 키를 누르면 텍스트 필드 간에 다음으로 이동하는 기능도 필요하다. 이들 기능을 완성하기 위해 리스트 5.4의 코드를 `CustomerDetailViewController`의 `ViewDidLoad` 메서드에 추가한다.

리스트 5.4 `CustomerDetailViewController`의 `FirstResponder` 코드

```
public override void ViewDidLoad ()
{
    base.ViewDidLoad ();

    firstNameTextField.BecomeFirstResponder ();

    firstNameTextField.ShouldReturn += (tf) =>
    {
        lastNameTextField.BecomeFirstResponder ();
        return true;
    };

    lastNameTextField.ShouldReturn += (tf) =>
    {
        noteTextField.BecomeFirstResponder ();
```

```
        return true;
    };

    noteTextField.ShouldReturn += (tf) =>
    {
        firstNameTextField.BecomeFirstResponder ();
        return true;
    };
}
```

CustomerDetailViewController는 단일 고객에 대한 뷰를 관리할 것이므로 역시 Customer의 인스턴스를 사용한다. 다음처럼 컨트롤러에 대한 생성자에 고객을 포함시키자.

```
public partial class CustomerDetailViewController : UIViewController
{
    Customer _customer;
    ...
    public CustomerDetailViewController (Customer c) :
      base("CustomerDetailViewController" , null)
    {
      Initialize ();
      _customer = c;
    }
...
```

목적은 CustomerDetailViewController를 생성해서 Customer 인스턴스로 채우고, CustomerViewController의 테이블 뷰에서 행이 선택될 때 해당 행의 뷰를 보여주는 것이다. UINavigationController 클래스를 사용해 이 작업을 수행한다.

UINavigationController는 관련 데이터의 다양한 뷰를 나타내기 위해 설계된 UIViewController들의 스택을 관리하는 클래스다. UINavigationController 자체로도 UIViewController이기 때문에 뷰를 가진다. UIViewControllers를 스택에 넣거나 스택에서 빼낼때 , 해당 스택의 맨 위에 있는 해당 컨트롤러의 뷰는 컨트롤러 스택을 탐색하는 사용자를 위한 UINavigationBar를 포함하는 또 다른 하위 뷰와 함께 UINavigationController 뷰의 하위 뷰에서 표시된다(그림 5.7).

처음 UINavigationController를 생성할 때 해당 스택에는 아무것도 추가되지 않으므로 뷰 컨트롤러를 스택에 추가해야 한다. 첫 번째 뷰 컨트롤러는 UINavigation Controller의 RootViewController이며 항상 표시되어야 한다. 여기서는 CustomersViewController를 RootViewController로 만들고자 한다. Customers ViewController 인스턴스를 처음 생성한 AppDelegate의 FinshedLaunching 메서드를 수정해 UINavigationController에서 CustomersViewController를 래핑하고 UINavigationController의 뷰를 해당 윈도우에 추가한다(리스트 5.5).

| 그림 5.7 | UINavigationController의 구성

리스트 5.5 CustomersViewController를 UINavigationController에 추가하기

```
public partial class AppDelegate : UIApplicationDelegate
{
    UINavigationController _navController;
    CustomersViewController _customersVC;

    public override bool FinishedLaunching (UIApplication app,
        NSDictionary options)
    {
```

```
        _customersVC = new CustomersViewController (
        new List<Customer> {
            new Customer ("Jane", "Doe"),
            new Customer ("Joe", "Smith"),
            new Customer ("Steve", "Jones"){
                Note = "Send email"},
            new Customer ("Alice", "Smith"){
                Note = "New customer"}
        });

        _navController = new UINavigationController (_customersVC);

        window.AddSubview (_navController.View);

        window.MakeKeyAndVisible ();

        return true;
    }
}
```

이 코드를 실행하면 이전처럼 CustomersViewController의 뷰가 나타나지만 이 번에는 UINavigationController 뷰의 하위 뷰가 된다. 상단의 푸른색 바가 UINavigationBar이며 또한 UINavigationController 뷰의 하위 뷰이다. UINavigationBar가 어떻게 콘텐츠로 채워지는지 곧 알게 되겠지만, 먼저 새로운 내비게이션 컨트롤러를 이용해 고객이 선택될 때 CustomerDetailViewController 의 뷰를 나타내보자.

CustomersTableViewSource에서 여러 행 중 하나를 선택할 때 해당 테이블 뷰에서 호출하는 RowSelected를 구현한다. RowSelected 메서드 내에서 Customer DetailViewController를 생성하고 해당 내비게이션 컨트롤러의 스택에 집어넣는다.

```
class CustomersTableViewSource : UITableViewSource
{
    CustomersViewController _vc;
    CustomerDetailViewController _customerDetail;
    ...

    public override void RowSelected (UITableView tableView,
      NSIndexPath indexPath)
    {
```

```
            Customer selectedCustomer = _vc.Customers[indexPath.Row];

            _customerDetail =
                    new CustomerDetailViewController (selectedCustomer);

            _vc.NavigationController.PushViewController (
                    _customerDetail, true);
        }
        ...
    }
```

CustomersViewController의 NavigationController 속성에 액세스하는 방법에 주목하자. UINavigationController에 참가함으로써(스택에 추가된다는 의미), UIViewController의 NavigationController 속성은 추가한 UINavigation Controller 인스턴스를 가리킨다. 다루고 있는 내비게이션 컨트롤러에 대한 참조로 PushViewController를 호출해 해당 스택의 맨 위에 새로운 뷰 컨트롤러(이 경우는 CustomerDetailViewController)를 추가할 수 있다. 해당 내비게이션 컨트롤러의 스택에 집어넣을 때, CustomerViewController의 뷰는 UINavigation Controller 뷰의 하위 뷰에서 표시된다. animated 인수를 true로 설정하면 뷰가 가로로 슬라이딩 된다. 우리는 CustomerDetailViewController의 뷰에서 전달된 Customer 개체에 대한 데이터를 표시하고자 한다. 이제 뷰가 로드될 때를 처리해보자.

```
public override void ViewDidLoad ()
{
    base.ViewDidLoad ();
    ...
    firstNameTextField.Text = _customer.FName;
    lastNameTextField.Text = _customer.LName;
    noteTextField.Text = _customer.Note;
}
```

이제 프로젝트를 빌드하고 실행해보자. 행을 하나 선택하면 CustomerDetailView Controller의 뷰가 밀려 움직이고 다양한 텍스트 필드에는 알맞은 고객 데이터로 채워진다. UINavigationBar의 왼쪽에는 CustomerDetailViewController 뷰가 표 시될 때 [Back] 버튼도 나타난다. 이 버튼을 선택하면 CustomersViewController

뷰로 돌아간다.

UINavigationBar는 앞서 언급한 것처럼 UINavigationController 뷰의 하위 뷰
이다. 하지만 UINavigationBar의 하위 뷰에는 직접 액세스하지 않는다. 대신 모든
UIViewController는 NavigationItem(UINavigationItem 형식)이라는 속성을 갖는
다. UINavigationItem의 목적은 실행하는 동안 UINavigationBar를 이루는 UI를 제
공하는 것이다. UINavigationBar가 그려질 준비가 되었을 때, TitleView와
LeftBarButtonItem, RightBarButtonItem이라는 세 가지 속성을 위해
UINavigationController 스택의 맨 위에서 해당 컨트롤러에 대한 NavigationItem
을 찾아본다. 이들을 사용해 NavigationBar는 스스로를 알맞게 나타낼 수 있다. 예
를 들어 CustomerDetailViewController.ViewDidLoad의 하단에 다음의 코드를 추
가해보자.

```
UILabel redLabel = new UILabel ();
redLabel.Frame = new System.Drawing.RectangleF (0, 0, 150, 44);
redLabel.TextAlignment = UITextAlignment.Center;
redLabel.Font = UIFont.BoldSystemFontOfSize (20);
redLabel.BackgroundColor = UIColor.Red;
redLabel.TextColor = UIColor.White;
redLabel.Text = "I am the title";
this.NavigationItem.TitleView = redLabel;
```

이제 애플리케이션을 실행하고 고객 상세 정보를 탐색할 때 NavigationBar에는
"I am the title"이라는 문자열을 담은 끔찍한 붉은 색 레이블이 표시된다.
NavigationBar는 NavigationItem에서 TitleView를 찾은 다음 채운다.

하려는 작업이 TitleView의 타이틀용 문자열을 설정하는 것이라면 간단히
UIViewController의 Title 속성을 설정하면 된다. 게다가 Title 속성을 설정하면
"Back"이라는 문자열이 아니라 해당 스택에서 다음 컨트롤러의 타이틀로 LeftBar
ButtonItem의 텍스트를 채운다. 예를 들면 CustomersViewController.View
DidLoad()에서 다음 라인을 추가해 해당 타이틀을 설정한다.

```
this.Title = "Customers";
```

이렇게 설정하면 `CustomersViewController` 뷰가 표시될 때 `NavigationBar` 뿐
만 아니라 `CustomerDetailViewController` 뷰가 표시될 때 `LeftBarButtonItem`에
도 타이틀을 "Customers"로 설정한다(그림 5.8).

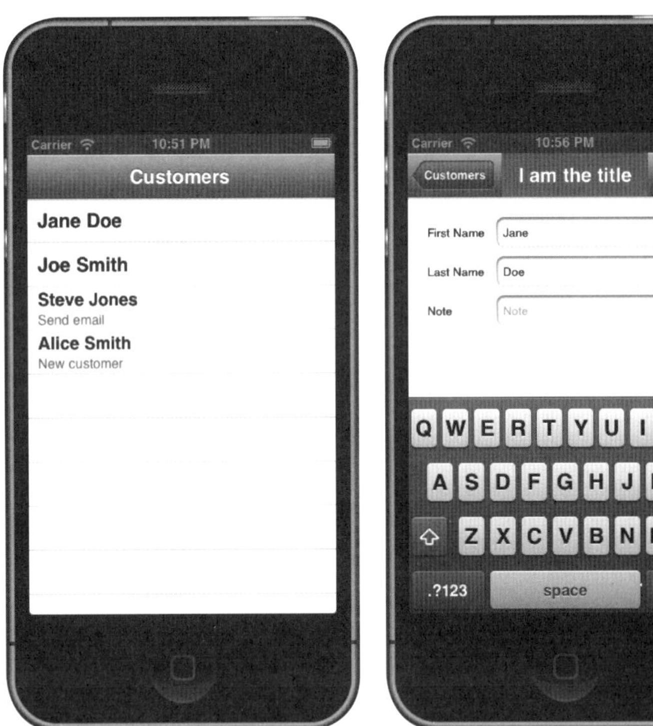

| 그림 5.8 | `CustomersViewController.Title` 설정 결과

> **Note** 실제로 `LeftBarButtonItem`과 `RightBarButtonItem`은 표시되는 뷰가 아니라
> `NavigationItem` 자체처럼 `UINavigationBar`에서 렌더링되는 버튼을 위한 컨테이너이다.
> 모노터치에서는 이들을 멋지게 추상화했으며 심지어 .NET 스타일 클릭 이벤트까지도 제공
> 한다.

지금까지 고객의 정보를 편집하는 뷰를 나타내는 두 번째 뷰 컨트롤러 `Customer`
`DetailViewController`를 준비했지만, 변경을 저장하고 `Customer` 개체로 돌아가
는 코드를 추가하지는 않았다.

이 예제에서 모든 변경을 커밋하고 `CustomersViewController`로 돌아가서 테이블에 갱신된 고객 데이터를 보여 주도록 `NavigationBar`의 `RightBarButtonItem`에 [Save] 버튼을 추가해보자.

`NavigationBar`의 다른 것과 마찬가지로 `NavigationItem`을 통해 [Save] 버튼을 추가할 수 있다. 이 경우에는 `RightBarButtonItem`을 사용한다. UIKit에는 `UINavigationBars`(와 `UIToolBars`)에서 사용하기 위한 몇 가지 스톡 버튼을 담고 있다. 모노터치에서는 `UIBarButtonSystemItem` 열거형을 통해 이들을 사용할 수 있게 만들었다. [Save] 버튼을 생성하는 다음의 코드를 `CustomerDetailView Controller`에 추가하자.

```
UIBarButtonItem _saveButton;
...
public override void ViewDidLoad ()
{
    base.ViewDidLoad ();
    _saveButton = new UIBarButtonItem (UIBarButtonSystemItem.Save);
    _saveButton.Clicked += Handle_saveButtonClicked;
    this.NavigationItem.RightBarButtonItem = _saveButton;
    ...
}
```

[Save] 버튼을 선택하면 고객 개체를 업데이트하고 다시 이전 화면으로 돌아가서 해당 테이블에 새로운 데이터를 표시하고자 한다. 고객을 업데이트하기 위해 다음의 코드처럼 간단히 `Clicked` 이벤트 핸들러에서 관련 속성을 채운 다음 `UINavigation Controller`의 `PopViewControllerAnimated` 메서드를 호출해 `CustomersView Controller`로 돌아간다.

```
void Handle_saveButtonClicked (object sender, EventArgs e)
{
    _customer.FName = firstNameTextField.Text;
    _customer.LName = lastNameTextField.Text;
    _customer.Note = noteTextField.Text;
    this.NavigationController.PopViewControllerAnimated (true);
}
```

`CustomersViewController`로 돌아가서 해당 뷰가 나타날 때 테이블에서 새로이 갱신된 데이터가 보이도록 다음과 같이 `TableView.ReloadData()`를 호출한다.

```
public override void ViewWillAppear (bool animated)
{
    base.ViewWillAppear (animated);
    TableView.ReloadData ();
}
```

> **Note** 이 코드는 전체 테이블에서 매번 데이터를 다시 로드하게 만들므로 실제로 변경이 일어났을 때만 다시 로드하는 것이 좋다.

앱을 실행하고 고객을 선택한 다음 데이터를 약간 변경해보자. [Save]를 선택하면 변경된 내용이 메모리의 `Customer` 개체에 커밋되고 테이블에 표시된다.

UITableView의 내장 편집 지원

지금까지 테이블에 데이터를 표시하고 상세 보기를 통해 데이터를 나타내고 변경하는 방법을 살펴봤다. `UITableView` 클래스는 몇 가지 훌륭한 기능과 내장 사용자 인터페이스 기능을 포함해 셀과 관련된 데이터의 추가 및 삭제, 순서 재정렬에 대한 지원을 함께 제공한다. 이 기능을 이용하기 위해 `UITableView`의 `Editing` 속성을 설정해야 한다. 이 속성을 설정하면 해당 테이블을 편집 모드로 전환하는데, 이 과정에서 코드를 전혀 작성하지 않고도 각 행의 왼쪽에 삭제 아이콘으로 표준 삭제 인터페이스를 표시하게 된다(그림 5.9). 삭제 아이콘을 선택하면 이미 여러 아이폰 앱에서 본 것처럼 [Delete] 버튼이 각 행의 오른쪽에 표시된다.

물론 삭제 동작을 하는 코드를 추가하지 않았기 때문에 실제로는 아무것도 삭제되지 않지만, 이런 일반적인 UI 기능을 무료로 쓸 수 있다니 멋지지 않은가. 편집할 때 고객 행을 조작하려면 `UITableViewSource`에 추가적인 메서드를 구현해야 한다. 먼저 테이블의 행을 편집할 수 있는 버튼을 `NavigationBar`에 추가한 뒤 `Customers TableViewSource`에 필요한 구현을 추가한다.

| 그림 5.9 | UITableView와 Editing 속성을 true로 설정

UIBarButtonItem을 생성하고 NavigationItem의 RightBarButtonItem 설정에서 TableView.Editing을 true와 false를 토글하도록 clicked 이벤트를 처리한다. 우리 컨트롤러가 UINavigationController의 일부이기 때문에 보다 쉬운 방법이 있다. 이는 일반적인 시나리오이기 때문에 UIKit에는 내장 편집 버튼이 있다. NavigationItem의 BarButtonItem 중 하나를 간단히 컨트롤러의 내장 EditButton Item으로 설정하면 코드를 추가로 작성하지 않고도 해당 테이블의 편집 상태를 토글할 수 있는 버튼이 된다.

```
public override void ViewDidLoad ()
{
    base.ViewDidLoad ();
    this.Title = "Customers";
```

```
this.NavigationItem.RightBarButtonItem = this.EditButtonItem;
...
```

이렇게 무료로 사용 가능한 더 많은 UI 기능이 있다는 사실을 다시 한 번 확인했다. 하지만 실제로 변경하려면 약간의 코드를 작성해야 한다. 이제 하나의 행과 기본 `Customer` 개체를 삭제해보자. 삭제를 하려면 `UITableViewSource`에서 `CommitEditingStyle`을 구현해야 한다. 다음과 같은 코드로 이 부분의 스텁 구현을 `CustomersTableViewSource`에 추가하고 애플리케이션을 실행해보자.

```
public override void CommitEditingStyle (UITableView tableView,
UITableViewCellEditingStyle editingStyle, NSIndexPath indexPath)
{
}
```

스윕 제스처를 모든 행에 적용하면 [Delete] 버튼이 왼쪽에 표시된다. `Commit EditingStyle`만으로 동작 중에 스윕 제스처를 일으켰다. 이만하면 훌륭하지 않은가? 이제 삭제를 수행하기 위해 메서드를 구현해야 한다. 다음 코드를 추가해 기본 고객 데이터와 함께 테이블의 행을 삭제 처리한다.

```
public override void CommitEditingStyle (UITableView tableView,
UITableViewCellEditingStyle editingStyle, NSIndexPath indexPath)
{
    if(editingStyle == UITableViewCellEditingStyle.Delete){
      _vc.Customers.RemoveAt (indexPath.Row);
      tableView.DeleteRows (new NSIndexPath[]{indexPath},
            UITableViewRowAnimation.Middle);
    }
}
```

행을 삭제하는 과정은 다음의 세 단계를 거친다.

1. 편집 작업 요청이 삭제되었는지 확인한다.
2. 해당 기본 데이터에서 해당 행을 제거한다.
3. 테이블에서 해당 행을 삭제한다.

비슷한 방식으로 테이블의 행 순서를 재정렬하는 기능도 구현할 수 있다. 이 부분을 가능하게 하려면 또 다른 `UITableViewSource` 메서드 `MoveRow`를 구현해야 한다. 앞서 `CommitEditingStyle`에서 했던 것처럼 다음의 빈 `MoveRow` 메서드의 구현을 `CustomersTableViewSource` 클래스에 추가한다.

```
public override void MoveRow (UITableView tableView, NSIndexPath
sourceIndexPath,
NSIndexPath destinationIndexPath)
{
}
```

준비가 되었다면 애플리케이션을 실행하고 [Edit] 버튼을 선택해보자. 이 메서드를 바로 사용하면 각 행의 오른편에 [move row] 아이콘이 나타난다. 이 아이콘을 선택하고 테이블의 새로운 위치로 드래그 앤 드롭하여 해당 행을 테이블의 새로운 위치에 삽입한다(그림 5.10).

UI는 전적으로 이런 경우에 맞도록 신경 쓴 것이다. 지원 데이터 모델에서 다음과 같이 해당 행을 적절하게 옮기는 `MoveRow`를 구현하는 처리만 신경 쓰면 된다.

```
public override void MoveRow (UITableView tableView, NSIndexPath
sourceIndexPath,NSIndexPath destinationIndexPath)
{
    Customer c = _vc.Customers[sourceIndexPath.Row];
    _vc.Customers.RemoveAt (sourceIndexPath.Row);
    _vc.Customers.Insert (destinationIndexPath.Row, c);
}
```

이제 해당 행을 이동할 때 연결된 Customer 개체 역시 목록 뒤쪽으로 이동된다. 해당 행을 재정렬하고 목록을 보여주기 위해 상세 뷰를 탐색한 다음 다시 행 목록으로 돌아가면 테이블의 데이터가 다시 로드되는데 이것이 작성한 코드의 결과다.

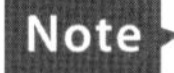

앱을 닫고 백그라운드 처리를 끝낸 후 다시 앱을 실행해보면 원래 목록이 다시 나타나는데 그것은 메모리에서만 변경했기 때문이다. 이 책의 뒷부분에서 변경을 영구적으로 유지하는 방법을 살펴볼 것이다.

| 그림 5.10 | 테이블의 행을 드래그 앤 드롭해서 재정렬하기

　테이블의 행을 삭제하고 재정렬하는 방법을 살펴봤다. 이 스토리를 완성하기 위해 완전히 새로운 고객 행을 생성하고 테이블에 추가하는 방법을 살펴보자. 새로운 행을 추가하기 위해 편집 모드로 들어갈 때 "add customer" 행을 테이블에 생성하는 접근 방법을 취한다. UITableView에서는 UITableViewEditingStyle을 통해 행 삽입 동작을 트리거하는 행에 대한 내장 지원 기능을 제공한다. Insert의 UITableView EditingStyle로 행을 생성함으로써, 테이블이 편집 상태가 될 때 행 추가를 나타내는 녹색의 더하기 아이콘을 포함하는 셀을 다시 얻게 된다. 이 경우 주요 차이점은 삭제와 재정렬의 경우와는 대조적으로 해당 행은 데이터를 포함하지 않고 새로운 데이터 행의 추가를 일으킬 목적으로만 존재한다는 것이다. 따라서 추가되는 행을 위한 "공간 만들기"에 특별한 처리를 해야 하며 행 재 정렬 지원 여부도 고려해야 한다. 편집 상태가 될 때 고객 추가 행을 구현하는 기본 단계는 다음과 같다.

1. "Add Row" 기능을 위해 해당 테이블에 새로운 행을 추가한다.

2. 새로운 행을 수용하는 행 카운트를 증가시킨다.

3. 이 여분의 행에 대해 UITableViewEditingStyle을 Insert로 설정한다.

4. 해당 여분의 행에 대한 셀을 생성하고 선호하는 디자인을 사용한다.

5. 행 재정렬이 지원되면 해당 여분의 행에 대해 재정렬을 사용안함 처리한다(이 여분의 행은 데이터를 나타내지 않기 때문이다).

6. 행 재정렬을 지원한다면 여분의 행을 지나쳐 드롭하지 못하도록 한다(실제 데이터 컬렉션의 상한 값을 넘을 수 있기 때문이다. 이 경우는 고객 목록이다).

7. [Add Row] 버튼이 선택될 때 새로운 데이터 개체(Customer)를 생성하고 지원 저장소(고객 목록)에 추가한다.

8. 새로운 행을 삽입해 새로운 데이터 개체를 나타낸다.

편집하지 않을 때는 이전과 동일한 작업을 수행하며 고객 목록에 있는 데이터에 대해서만 행을 추가한다. 편집하지 않을 때 필요한 추가적인 단계는 추가적인 "Add Row"를 제거하는 작업뿐이다.

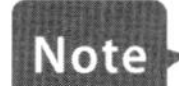

Note 툴바에서처럼 UI의 어느 곳에나 [Add Row] 버튼을 둘 수 있으며 새로운 고객의 데이터를 생성하기 위해 상세 뷰를 탐색하고 목록에 추가한 뒤 반환된 테이블을 다시 로드할 수 있다. 이런 것이 보통 더 적합한 경험이기도 하다(예를 들면 아이폰에서 제공하는 메모 애플리케이션). 이 예제는 인라인으로 UIKit에서 제공하는 삽입 편집 스타일을 표시하고 있지만, 가능한 외부 추가 버튼/뷰 접근 방식을 사용하는 편이 더 좋다.

[Add Row]를 수용할 새로운 행을 추가하기 위해 UITableViewController에서 SetEditing을 재정의할 수 있다. 편집 버튼을 위한 clicked 이벤트 핸들러에서 이를 처리하고 싶을 수도 있지만 이는 테이블이 편집 모드로 들어가는 것을 막는다. SetEditing은 편집 상태가 바뀔 때마다 호출되므로 편집이 끝날 때 여기서 여분의 행을 제거할 수도 있다.

```
public override void SetEditing (bool editing, bool animated)
{
```

```
      base.SetEditing (editing, animated);
      (TableView.Source as CustomersTableViewSource).IsEditing = editing;

      if (editing) {
        TableView.InsertRows (new NSIndexPath[] {
                NSIndexPath.FromRowSection (Customers.Count, 0) },
                UITableViewRowAnimation.None);
      } else {
        TableView.DeleteRows (new NSIndexPath[] {
                NSIndexPath.FromRowSection (Customers.Count, 0) },
                UITableViewRowAnimation.None);
      }
  }
```

다음 코드에서 CustomersTableViewController의 IsEditing 속성을 설정했다.
편집시에 알맞은 여분의 행이 없어 스윕으로 삭제가 일어나는 경우와 테이블의 편집
상태를 확인할 때 발생할 수 있는 행 카운트 불일치의 경우 때문에 일어날 수 있는
앱 크래시를 이 속성으로 방지한다.

```
public bool IsEditing { get; set; }

public CustomersTableViewSource (CustomersViewController vc)
{
    IsEditing = false;
    _vc = vc;
}
```

새로운 행을 추가했으므로 편집할 때 행 카운트를 하나 올려 해당 행을 위한 공간
을 만들어야 한다.

```
public override int RowsInSection (UITableView tableview, int section)
{
    int c = _vc.Customers.Count;

    if (_vc.TableView.Editing && IsEditing) {
      c++;
    }
    return c;
}
```

이들 단계를 통해 여분 행은 얻었지만 여전히 적절한 편집 스타일과 행 자체를 생성해야 한다. `UITableViewSource`에는 각 행에 대한 `UITableViewEditStyle`을 설정하기 위해 재정의할 수 있는 `EditingStyleForRow` 메서드가 있다. Insert 스타일인 추가된 [Add Row]를 제외하고 모든 행을 Delete 스타일로 만들고자 할 경우 다음과 같은 코드를 사용한다.

```
public override UITableViewCellEditingStyle EditingStyleForRow
    (UITableView tableView, NSIndexPath indexPath)
{
    UITableViewCellEditingStyle editingStyle;

    if (indexPath.Row < _vc.Customers.Count) {
      editingStyle = UITableViewCellEditingStyle.Delete;
    } else {
      editingStyle = UITableViewCellEditingStyle.Insert;
    }
    return editingStyle;
}
```

`GetCell`에서 다른 모든 행을 생성하는 특별한 [Add Row]를 생성하고 행 추가 목적임을 셀 콘텐츠에 명확하게 한다(여기서는 편의상 문자열로 변경한다). 다음 단원에서 전체적으로 사용자 지정 셀을 생성하는 방법에 관해 다룬다.

```
public override UITableViewCell GetCell (UITableView tableView,
NSIndexPath indexPath)
{
    UITableViewCell cell;

    int row = indexPath.Row;

    if (row == _vc.Customers.Count) {
      cell = new UITableViewCell ();
      cell.TextLabel.Text = "Add Customer" ;
    } else {

      Customer aCustomer = _vc.Customers[row];

      if (String.IsNullOrEmpty (aCustomer.Note)) {
            cell = DequeueOrCreateCell (tableView,
```

```
                        UITableViewCellStyle.Default, CUSTOMER_CELL);
        } else {
                cell = DequeueOrCreateCell (tableView,
                        UITableViewCellStyle.Subtitle,
                        CUSTOMER_CELL_WITH_NOTE);
                cell.DetailTextLabel.Text = aCustomer.Note;
        }

        cell.TextLabel.Text = String.Format ("{0} {1}",
                aCustomer.FName, aCustomer.LName);
    }
    return cell;
}
```

고객 개체의 순서 다시 매기기를 지원하기 때문에 이 부분을 고려해야 한다. [Add Row]를 이동하는 기능을 제거하고 [Add Row]를 벗어나 드롭이 일어나는 것을 막기 위해 `CustomersTableViewSource`에서 `CanMoveRow`와 `CustomizeMoveTarget`을 각각 구현한다.

```
public override bool CanMoveRow (UITableView tableView, NSIndexPath
indexPath)
{
    return (indexPath.Row != _vc.Customers.Count);
}

public override NSIndexPath CustomizeMoveTarget (UITableView tableView,
NSIndexPath sourceIndexPath, NSIndexPath proposedIndexPath)
{
    NSIndexPath targetIndexPath;

    if (proposedIndexPath.Row == _vc.Customers.Count) {
      targetIndexPath =
            NSIndexPath.FromRowSection (proposedIndexPath.Row - 1, 0);
    } else {
      targetIndexPath = proposedIndexPath;
    }
    return targetIndexPath;
}
```

지금까지 이 모든 작업은 한 이유는 새로운 고객을 추가하기 위해서이다. 따라서

CommitEditingStyle 구현에서 새로운 Customer 개체를 생성하고 새 행을 삽입해 편집 스타일을 확인할 때 표시되게 한다. UITableViewEditingStyle은 여기서 Insert와 같기 때문에 새 [Add Row]가 선택된 다음 새로운 고객을 생성할 수 있다. 데모이기 때문에 고객 정보에 임의의 데이터를 넣어볼 것이다.

```
public override void CommitEditingStyle (UITableView tableView,
UITableViewCellEditingStyle editingStyle, NSIndexPath indexPath)
{
    // 편집 작업이 삭제인지 확인
    if (editingStyle == UITableViewCellEditingStyle.Delete) {

        // 기본 데이터에서 해당 고객 제거
        _vc.Customers.RemoveAt (indexPath.Row);

        // tableView에서 연결된 행 제거
        tableView.DeleteRows (new NSIndexPath[] { indexPath },
            UITableViewRowAnimation.Middle);

    } else if (editingStyle == UITableViewCellEditingStyle.Insert) {

        _vc.Customers.Add (new Customer ("First", "Last"));
        tableView.InsertRows (new NSIndexPath[] {
            NSIndexPath.FromRowSection (_vc.Customers.Count - 1, 0) },UITable
ViewRowAnimation.None);
    }
}
```

이제 앱을 실행하고 [Edit]을 선택해보자. 새로운 고객을 생성할 테이블을 선택하고 거기서 대화식으로 새로운 행을 생성한다. (실제로는 새로운 고객을 쉽게 생성하는 것이 좋다.)

☀ **UITableView를 입맛대로**

스톡 테이블 스타일은 대부분의 시나리오에 잘 맞지만, 종종 각 셀의 모양을 전체적으로 조정해야 할 경우가 있다. 또한 테이블의 데이터를 여러 섹션으로 나타내야 할지도 모른다. 이제 이러한 시나리오를 어떻게 구현할지 살펴보자.

사용자 지정 셀을 갖는 사용자 정의 테이블

스톡 테이블 스타일을 전체적으로 변경해보고 싶다면 좋은 소식이 있다. `UITable`
`ViewCell`을 아주 쉽게 파생시켜 자신만의 사용자 지정 셀을 작동시킬 수 있다.

고객 셀을 생성해 고객을 표시해보자. 조금 더 흥미를 더하기 위해 `Customer` 클래
스에 속성을 추가해 해당 고객에 대한 선호도를 표시해보자. 이 속성을 사용해 선호
하는 고객에 대해 각 셀에서 그래픽을 표시한다(그림 5.11).

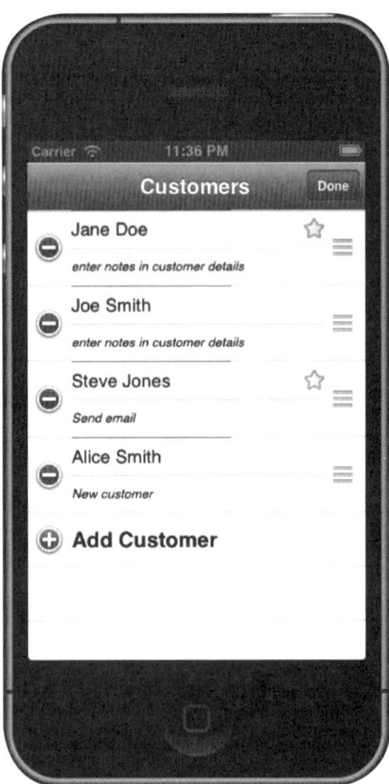

| 그림 5.11 | 사용자 지정 셀을 가진 `UITableView`

사용자 지정으로만 이미지를 표시한다면 기본 또는 부제(subtitle) 셀 스타일에서
`UITableViewCell.ImageView`를 설정하면 잘 동작한다. 하지만 이 같은 간단한 경우도
사용자 지정 셀을 이용하면 레이아웃처럼 원하는 대로 제어할 수 있다.

리스트 5.6은 새로운 `Customer` 클래스를 보여준다.

```csharp
using System;

namespace LMT52
{
    public class Customer
    {
        string _fName;
        string _lName;

        public string FName {
            get { return this._fName; }
            set { _fName = value; }
        }

        public string LName {
            get { return this._lName; }
            set { _lName = value; }
        }

        public Customer (string fName, string lName)
        {
            _fName = fName;
            _lName = lName;
            IsFavorite = false;
        }

        public string Note { get; set; }

        public bool IsFavorite { get; set; }
    }
}
```

고객 데이터를 나타내기 위해 사용자 지정 셀을 생성하려면, UITableViewCell을 상속받아야 한다. 셀에서 필요로 하는 모든 하위 뷰를 해당 서브클래스의 생성자에서 생성한다. 이들 뷰는 왼쪽의 액세서리 뷰나 오른쪽의 셀 재정렬 아이콘과 간섭하지 않도록 UITableViewCell의 ContentView에 하위 뷰로 추가된다. 이 방식은 셀이 화면에 표시되어야 할 때 ContentView.Bounds에 관한 모든 것을 배치할 수 있어서 편집하는 동안 UIAccessoryView를 고려해 동적으로 조정한다.

셀 레이아웃을 요청할 때 UITableView에서 LayoutSubviews를 호출한다. 그러므로 여기가 필요한 메서드 이름을 불러 낼, 즉 모든 하위 뷰를 배치할 최적의 장소다. Customer 개체에서 모든 속성을 설정할 수 있는 곳이기도 해서 여기서 해당 셀 클래스의 속성을 만들 수 있다. 리스트 5.7에서 CustomerCell 구현을 나타냈다.

리스트 5.7 CustomerCell 클래스

```
public class CustomerCell : UITableViewCell
{
    UILabel _nameLabel;
    UILabel _noteLabel;
    UIImageView _newCustomerIcon;
    UIFont _noteFont;

    public Customer Customer { get; set; }

    public CustomerCell (Customer customer, string reuseIdentifier) :
        base(UITableViewCellStyle.Default, reuseIdentifier)
    {
        this.Customer = customer;

        _nameLabel = new UILabel ();
        _noteLabel = new UILabel ();
        _newCustomerIcon = new UIImageView ();
        _noteFont = UIFont.ItalicSystemFontOfSize(12.0f);

        this.ContentView.AddSubview (_nameLabel);
        this.ContentView.AddSubview (_noteLabel);
        this.ContentView.AddSubview (_newCustomerIcon);
    }

    public override void LayoutSubviews ()
    {
        base.LayoutSubviews ();
        _nameLabel.Text = String.Format ("{0} {1}", Customer.FName,
            Customer.LName);
        _noteLabel.Font = _noteFont;
        _noteLabel.Text = String.IsNullOrEmpty (Customer.Note) ?
            "enter notes in customer details" : Customer.Note;
        _newCustomerIcon.Image = Customer.IsFavorite ? UIImage.FromFile
            ("Favorite.png") : null;

        RectangleF b = ContentView.Bounds;

        float leftPadding = 10.0f;
        float rightPadding = 10.0f;
```

```
        float totalPadding = leftPadding + rightPadding;
        float iconWidth = b.Height / 2;
        float iconHeight = b.Height / 2;

        RectangleF nameRect = new RectangleF (b.Left + leftPadding,
            b.Top, b.Width/1.5f - totalPadding, b.Height / 2);

        _nameLabel.Frame = nameRect;

        RectangleF noteRect = new RectangleF (b.Left + leftPadding,
            b.Top + b.Height / 2, b.Width - totalPadding,
            b.Height / 2);

        _noteLabel.Frame = noteRect;

        RectangleF imageRect = new RectangleF (b.Right - iconWidth,
            b.Top, iconWidth, iconHeight);

        _newCustomerIcon.Frame = imageRect;
    }
}
```


셀의 사용자 인터페이스 속성 설정을 완전히 캡슐화했기 때문에 `CustomersTable`
`ViewSource`에서 코드 호출은 셀 속성 설정을 담당해야 할 필요가 없다는 점에서 다
소 단순화될 수 있다. `CustomerCell`은 고객정보를 채우고 나타내는 방법을 알고 있
다. 리스트 5.8은 새로운 `CustomerCell` 클래스를 사용하는 `CustomersTableView`
`Source.GetCell`의 변경 내용을 강조했다.

리스트 5.8 `CustomerCell` **클래스를 사용한** `CustomersTableViewSource`

```
public override UITableViewCell GetCell (UITableView tableView,
NSIndexPath indexPath)
{
    UITableViewCell cell;

    int row = indexPath.Row;

    if (row == _vc.Customers.Count) {
        cell = new UITableViewCell ();
        cell.TextLabel.Text = "Add Customer";
    } else {
        Customer aCustomer = _vc.Customers[row];
```

```
        cell = tableView.DequeueReusableCell (CUSTOMER_CELL);
        if (cell == null)
            cell = new CustomerCell(aCustomer, CUSTOMER_CELL);
        else
            (cell as CustomerCell).Customer = aCustomer;
    }

    return cell;
}
```

CustomersTableViewSource에서 행의 높이를 변경할 수 있고 모든 위치 코드를 ContentView.Bounds라는 함수로 만들었기 때문에 CustomerCells는 여전히 적절하게 배치된다(리스트 5.9).

리스트 5.9 셀 높이를 제어하는 GetHeightForRow **구현**

```
public override float GetHeightForRow (UITableView tableView,
NSIndexPath indexPath)
{
    float h;
    if(indexPath.Row == _vc.Customers.Count){
        h = 50.0f;
    }
    else{
        h = 70.0f;
    }
    return h;
}
```

다중 섹션 추가하기

지금까지 사용한 예제에는 섹션이 하나 있는 테이블이 들어있다. UITableViews에서는 여러 개의 섹션을 생성하는 기능도 지원한다. 이 부분을 설명하기 위해 새로운 예제를 하나 만들어보자.

이 예제를 통해 인터페이스 빌더를 사용하여 UITableViewController를 생성하고 거기서 다양한 테이블 뷰의 속성을 설정하는 방법을 살펴보자.

새로운 아이폰 프로젝트를 생성하고 인터페이스 빌더에서 MainWindow.xib를 연 다음 UITableViewController를 생성하고 IB에서 UITableView를 구성한다. 그 뒤 다시 Xamarin Studio로 돌아가 기본 모델을 채우고 해당 섹션과 행을 생성한다.
IB에서 `UITableViewController`를 추가하는 단계는 다음과 같다.

1. [Library]에서 MainWindow.xib로 `UITableViewController`를 추가한다.
2. `UITableViewController`의 클래스를 Xamarin Studio에서 추가할 클래스의
   이름(이 경우 `SectionTableViewController`)으로 설정한다.
3. `SectionTableViewController` 형식의 AppDelegate에서 `SectionController`
   이라는 아웃렛을 생성한다.
4. 단계 1과 2에서 추가한 `SectionTableViewController`에 해당 아웃렛을 연결
   한다.
5. `UITableView` 스타일을 `Grouped`로 설정한다.

그림 5.12에서는 이들 단계를 완료하고 `TableView`의 배경을 기본값 이외의 다른
것으로 설정한 후의 인터페이스 빌더를 볼 수 있다.

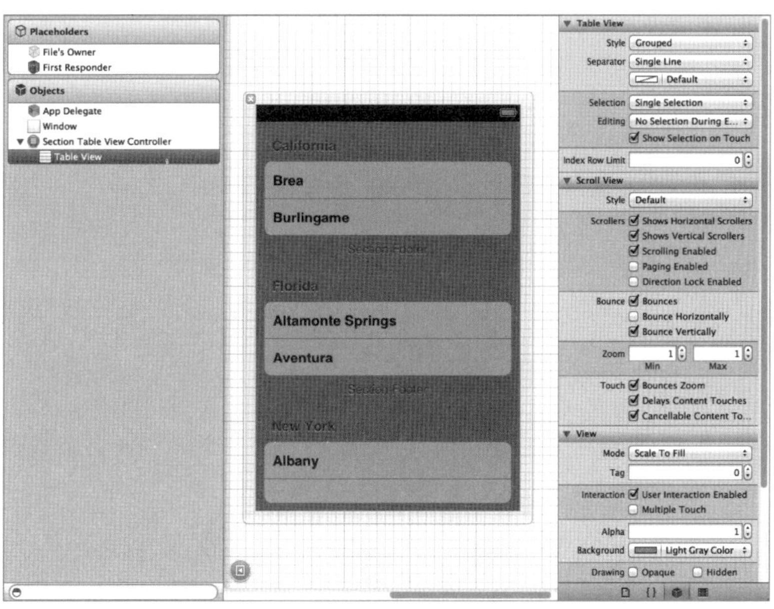

| 그림 5.12 | 인터페이스 빌더에서 `UITableViewController` 추가하기

인터페이스 빌더에서 모든 것을 추가했다면 Xamarin Studio로 전환해서 `SectionTableViewController`에 대한 클래스를 추가하고 `UITableViewController`의 서브클래스로 만든다. 이 클래스는 IB에서 생성되기 때문에 `RegisterAttribute`로 꾸며 Objective-C 런타임에 이 클래스를 등록해야 한다. `IntPtr`을 취하는 생성자도 제공해야 한다.

```
[Register("SectionTableViewController")]
public class SectionTableViewController : UITableViewController
{
    public SectionTableViewController (IntPtr p) : base (p) {}

    ...
}
```

다중 섹션을 구현하려면 `UITableViewSource`의 `NumberSections`을 재정의해 원하는 섹션의 수를 반환하고 `GetCell`을 통해 적합한 지원 저장소에서 각 섹션에 대한 해당 셀을 원하는 스타일로 반환해야 한다. 이 예제에서는 편의상 각 섹션당 하나씩 두 개의 문자열 목록을 사용한다. `RowsInSections`에서는 각 섹션에 알맞은 행 카운트도 반환해야 한다. 리스트 5.10에서 `SectionTableViewController`의 구현을 볼 수 있다.

리스트 5.10 여러 섹션을 지원하는 `UITableViewController`

```
using System;
using System.Collections.Generic;
using MonoTouch.UIKit;
using MonoTouch.Foundation;

namespace LMT53
{
    [Register("SectionTableViewController")]
    public class SectionTableViewController : UITableViewController
    {
        public List<string> SectionOneList { get; set; }
        public List<string> SectionTwoList { get; set; }

        public SectionTableViewController (IntPtr p) : base (p) {}
```

```csharp
public override void ViewDidLoad ()
{

    base.ViewDidLoad ();

    this.TableView.Source = new SectionSource (this);
}

class SectionSource : UITableViewSource
{
    const string SECTION_ONE_CELL = "sectionOneCell";
    const string SECTION_TWO_CELL = "sectionTwoCell";

    SectionTableViewController _controller;

    public SectionSource (
        SectionTableViewController controller)
    {
        _controller = controller;
    }

    public override int NumberOfSections (
        UITableView tableView)
    {
        return 2;
    }

    public override int RowsInSection (
        UITableView tableview, int section)
    {
        if (section == 0) {
            return _controller.SectionOneList.Count;
        } else {
            return _controller.SectionTwoList.Count;
        }
    }

    public override UITableViewCell GetCell (
        UITableView tableView,
        MonoTouch.Foundation.NSIndexPath indexPath)
    {
        UITableViewCell cell;

        if (indexPath.Section == 0) {
            cell = tableView.DequeueReusableCell (
                SECTION_ONE_CELL);
```

```
                if (cell == null)
                    cell = new UITableViewCell (
                        UITableViewCellStyle.Value1,
                        SECTION_ONE_CELL);
                cell.TextLabel.Text =
                    _controller.SectionOneList[indexPath.Row];
                cell.DetailTextLabel.Text =
                    "this is a section 1 cell";

            } else {
                cell = tableView.DequeueReusableCell (
                    SECTION_TWO_CELL);

                if (cell == null)
                    cell = new UITableViewCell (
                        UITableViewCellStyle.Value2,
                        SECTION_TWO_CELL);

                cell.TextLabel.Text =
                    _controller.SectionTwoList[indexPath.Row];
                cell.DetailTextLabel.Text =
                    "this is a section 2 cell";
            }

            return cell;
        }
    }
}
```

이제 `SectionViewController`를 사용할 수 있다. `AppDelegate`에서 `SectionTableViewController`로 `sectionController`라는 아웃렛을 연결했으므로 다음처럼 `AppDelegate.FinishedLaunching`에서 그 연결을 사용해 `SectionTableViewController`의 인스턴스를 액세스하고 약간의 샘플 데이터로 목록을 채운 다음 해당 윈도우에 이 목록을 추가한다.

```
public override bool FinishedLaunching (UIApplication app, NSDictionary
options)
{
    List<string> list1 = new List<string> { "one", "two" };
    List<string> list2 = new List<string> { "three", "four" };
```

```
        sectionController.SectionOneList = list1;
        sectionController.SectionTwoList = list2;

        window.AddSubview (sectionController.View);
        window.MakeKeyAndVisible ();

        return true;
    }
```

그림 5.13은 결과 앱의 모습이다.

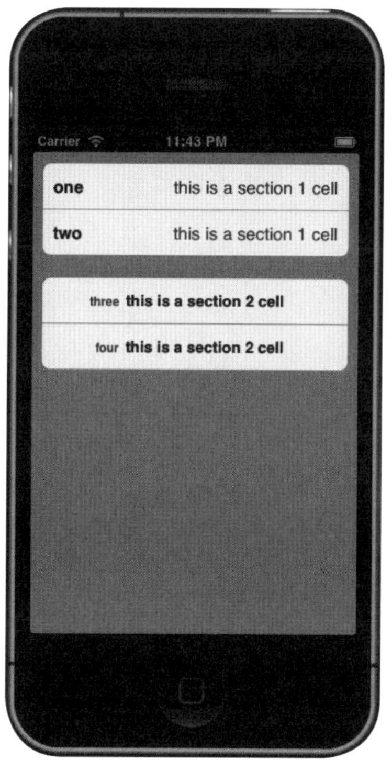

| 그림 5.13 | 다중 섹션으로 UITableView 그룹 생성

MonoTouch.Dialog

살펴본 것처럼 아이폰에서 테이블 중심의 사용자 인터페이스를 만드는 다양한 클래스는 확장성이 꽤 좋다. 미겔 데 이카사(Miguel de Icaza)는 테이블 중심 애플리케이션을 생성하는 데 수반되는 다양한 메커니즘을 추상화하는 노력으로 Mono Touch.Dialog라는 놀라운 오픈소스 프로젝트를 만들었다. Chapter 5의 범위를 넘어서기는 하지만 간단히 언급 정도는 해야겠다.

클래스를 생성하고 다양한 특성으로 이 클래스를 꾸미면 쉽게 테이블 중심의 UI를 만들어낼 수 있다. 예를 들면 다음의 클래스는 특성이 정의된 몇 가지 MonoTouch.Dialog를 보여준다.

```
public class Customer
{
    [Section("Customer Name")]

    [Entry("Enter first name")]
    public string FirstName;

    [Entry("Enter last name")]
    public string LastName;

    [Section("More Customer Details")]

    [Entry("Enter customer note")]
    public string Note;

    [Checkbox]
    public bool IsFavorite = true;
}
```

MonoTouch.Dialog를 사용해 이 클래스를 테이블 중심 UI로 만드는 데는 다음처럼 세 줄의 코드를 쓰면 된다.

```
Customer c = new Customer ();
BindingContext b = new BindingContext (null, c, "Create a Customer");
DialogViewController dvc = new DialogViewController (b.Root);
```

DialogViewController가 UITableViewController의 서브클래스이기 때문에 뷰는 다음의 전형적인 방식으로 사용자 인터페이스에 추가된다.

```
window.AddSubview (dvc.View);
```

결과는 그림 5.14와 같은 사용자 인터페이스다. 이 예제는 `MonoTouch.Dialog`로 수행할 수 있는 작업을 겉핥기로만 본 것이 아니다. 다음의 웹 사이트에서 이 프로젝트를 보다 자세히 살펴볼 수 있다.

http://github.com/migueldeicaza/MonoTouch.Dialog

| 그림 5.14 | `MonoTouch.Dialog`로 생성한 사용자 인터페이스

☀ 요약

이번 챕터에서는 테이블 중심 사용자 인터페이스를 생성하는 토대를 쌓았다. 많은 기능들이 UITableView와 UITableViewController, UINavigationController 클래스에서 지원되며, 이들을 함께 다루면 아이폰에서 겪은 많은 애플리케이션 경험을 만들어 낼 수 있다. 다음 챕터에서 UIKit 같은 고수준의 프레임워크를 만든 보다 저수준의 그래픽과 애니메이션 서브시스템을 살펴본다.

그래픽과 애니메이션

iOS는 QuartzCore 프레임워크의 두 부분인 코어 그래픽스(Core Graphics)와 코어 애니메이션(Core Animation)을 통해 2D 드로잉과 애니메이션을 각각 지원한다. 코드에서 가장 진보된 일부 드로잉 애플리케이션에 비할만한 기능을 사용해 벡터 그래픽과 비트맵 이미지, PDF 문서를 만들수 있다. 좌표 공간을 변환해서 화면에 보이는 것을 회전하거나 크기를 조정할 수도 있고 좌표를 이동할 수도 있고 거의 대부분을 애니메이션 처리할 수 있다. 사실 이번 챕터에서 배울 코어 애니메이션은 실제로 UIKit의 많은 부분의 기초를 이룬다.

코어 그래픽스

Quartz2D로도 알려진 코어 그래픽스는 iOS의 2D 드로잉 스택이다. 코어 그래픽스로 벡터 그래픽과 비트맵 이미지를 그릴 수 있고 심지어 PDF 문서도 조작할 수 있다. 코어 그래픽스에서는 많은 드로잉 기능을 제공하기 때문에 애플리케이션에 표시되는 것을 정확히 제어할 수 있다.

코어 그래픽스 기본

코어 그래픽스는 디바이스와 해상도에 독립적이다. 그러므로 아이폰용으로 작성한 코드는 아이패드와 아이팟 터치 등에서 대체로 잘 동작한다. 코어 그래픽스를 사용할 때 부동 소수점 단위로 측정한 기하학적 위치로 작업하기 때문에 픽셀에 관한 걱정은 하지 않아도 된다. 기하 도형을 그리려면 베지어(Bezier) 곡선과 선, 패스, 원호와 같은 기본 형식을 사용해 점을 어떻게 연결할지 기술하고 채움과 스트로크 특성을 지정한 뒤 시스템에 기하 도형을 그리도록 요청한다.

코어 그래픽스를 사용하는 드로잉은 루프 처리를 실행하면서 수명 주기를 시작한다. 뭔가를 그리기 위해 한 덩어리의 코드를 작성할 때, 아무것도 바로 그려지지 않는다. 루프 실행을 통한 각 이터레이션 동안 해당 시스템은 그려져야 할 뷰를 확인하고 그리기를 수행하는 해당 뷰뿐만 아니라 이들 뷰의 하위 뷰를 위한 `drawRect:` 메서드를 호출한다. 모노터치는 `drawRect:`를 `UIView`의 Draw 메서드에 바인딩한다.

따라서 사용자 지정 드로잉 코드를 시작하고자 UIView를 서브클래싱하고 Draw를 재정의할 수 있다. 이벤트 루프가 순환할 때 Draw 메서드가 Objective-C 런타임의 결과로 호출되어 drawRect: 메시지를 해당 뷰에 보낸다.

Draw 메서드는 다시 그려야 할 필요가 있는 모든 뷰에 호출된다. 뷰 하나를 뷰 계층 구조에 추가할 경우 암시적으로 표시되어야 하므로 Draw 메서드가 호출된다. 나중에 언제고 뷰를 다시 그려야 한다면 SetNeedsDisplay 메서드를 호출해야 한다. 예를 들어 한 뷰의 일부 속성을 변경하면서 다시 그려야 된다면 해당 속성의 세터(setter)에서 SetNeedsDisplay를 호출한다.

이제 화면에 별을 그리는 예제를 만들어 보자. Xamarin Studio를 열고 'LMT6-1'이라는 이름으로 새로운 프로젝트를 생성한다. 새로운 iPhone View Controller를 StarViewController라는 이름으로 추가하고 이 컨트롤러에 대한 뷰를 제공하기 위해 UIView를 서브클래싱한 StarView라는 새로운 클래스를 추가한다. IB를 통해 해당 컨트롤러의 인스턴스를 만들고 나서 UIViewController를 MainWindow.xib에 추가하고 해당 클래스와 nib 이름을 StarViewController로 설정한다. StarViewController를 가리키는 starViewController라는 아웃렛도 AppDelegate에 추가한다. StarViewController.xib 파일에서 해당 뷰의 클래스를 StarViewController로 변경한다. IB에서 모든 부분을 설정하고 다시 Xamarin Studio로 돌아가서 AppDelegate의 FinishedLaunching 메서드에서 다음처럼 StarViewController의 뷰를 추가한다.

```
window.AddSubview (starViewController.View);
```

Note 애플리케이션의 초기 구조를 설정하는 방법을 다시 살펴보고 싶다면 Chapter 3 "뷰와 뷰 컨트롤러"를 살펴보자.

Objective-C 런타임에서 StarView 클래스에 관해 알게 하려면 RegisterAttribute로 설정한 다음 적절한 이름(여기서는 StarView)을 넘겨야 한다. 이 뷰는 xib에서 생성되므로 다음과 같이 IntPtr을 취하는 생성자도 제공해야 한다.

```
[Register("StarView")]
public class StarView : UIView
```

```
    {
    public StarView (IntPtr p) : base(p) {}
    ...
    }
```

적절한 StarView 클래스가 준비되면 이제 Draw 메서드의 재정의에 드로잉 코드를
추가할 차례다. 시스템에서는 이벤트 루프 처리를 할 때 런타임에서 Draw를 호출한
다. 드로잉을 수행하려면 다음의 작업 순서를 따라야 한다.

1. 그래픽스 컨텍스트를 얻어온다.
2. 드로잉 특성을 설정한다.
3. 드로잉 프리미티브에서 기하 도형을 생성한다.
4. Draw 또는 Stroke 메서드를 호출한다.

리스트 6.1는 Draw 메서드를 재정의하고 구현한 것이다.

리스트 6.1 별 생성을 위한 Draw 메서드 재정의

```
public override void Draw (RectangleF rect)
{
    base.Draw (rect);

    // 그래픽스 컨텍스트 얻기
    CGContext gctx = UIGraphics.GetCurrentContext ();

    // 드로잉 특성 설정
    gctx.SetLineWidth (4);
    UIColor.Blue.SetFill ();
    UIColor.Red.SetStroke ();

    // 기하 도형 생성
    var path = new CGPath ();

    PointF origin = new PointF (rect.GetMidX (),
                    rect.GetMinY () + 10);

    path.AddLines (new PointF[] {
        origin,
```

```
        new PointF (origin.X + 35, origin.Y + 80),
        new PointF (origin.X - 50, origin.Y + 30),
        new PointF (origin.X + 50, origin.Y + 30),
        new PointF (origin.X - 35, origin.Y + 80) });

    path.CloseSubpath ();

    // 그래픽스 컨텍스트에 기하도형을 추가하고 그린다
    gctx.AddPath (path);
    gctx.DrawPath (CGPathDrawingMode.FillStroke);
}
```

리스트 6.1에서 먼저 현재 그래픽스 컨텍스트를 얻는데, `UIView`의 경우에는
`UIView` 자체를 생성하는 그래픽스 컨텍스트다. 그래픽스 컨텍스트에는 채움과 스트
로크 색, 패스 기하 도형, 선 너비 등의 드로잉에 필요한 모든 상태가 포함되어 있다.
게다가 `UIView`와 같은 드로잉 대상과 드로잉을 수행하는 모든 명령을 포함한다. 화
면뿐만 아니라 PDF와 비트맵 이미지와 같은 다른 대상에 그리는 그래픽스 컨텍스트
를 사용할 수 있다.

그래픽스 컨텍스트를 얻게 되면 원하는 모든 드로잉 특성을 설정하는 데 사용할
수 있다. 여기서는 별과 스트로크, 채움 색을 구성하는 스트로크에 사용되는 선 너비
를 설정한다.

다음으로 `CGPath`를 생성하고 여기에(이 경우는 선) 프리미티브를 추가해 그릴 기
하 도형을 생성한다. `CGPath`는 그릴 기하 도형을 정의한다. 패스가 정의되면 해당
그래픽스 컨텍스트에 추가하고 `FillStroke`라는 `CGPathDrawingMode`를 갖는
`DrawPath` 메서드를 호출해서 그림 6.1과 같이 그리게 된다. `CGPathDrawingMode`는
그래픽스 컨텍스트의 현재 상태를 정의하는데 여기에는 색상과 스트로크 크기, 패스
가 포함된다.

| 그림 6.1 | 코어 그래픽스로 그린 `StarView`

    드로잉의 복잡성이 증가하면 코어 그래픽스의 많은 기능을 활용해야 한다. 하지만 제시된 간단한 예제와 유사한 기본 패턴이 주로 사용되고 필요한 부분을 여기에 더 하면 된다. 예를 들면 점선과 색상으로 선형 그라데이션 효과를 주는 별을 그리려면 파선용 그래픽스 컨텍스트에 상태를 추가하고 그라데이션을 위한 다른 명령을 내린다. 그라데이션의 생성에 관한 추가 상세 정보가 있지만 역시 패턴은 동일하다. 즉, 그래픽스 컨텍스트에 상태를 추가하고 그 위에 그리도록 명령을 내리는 것이다. 파선과 그라데이션으로 표시한 별에 대한 코드는 리스트 6.2와 같다.

리스트 6.2 파선과 그라데이션으로 그린 별

```
public override void Draw (RectangleF rect)
{
    base.Draw (rect);
```

```csharp
// 그래픽스 컨텍스트를 가져온다
CGContext gctx = UIGraphics.GetCurrentContext ();

// 드로잉 특성을 설정한다.
gctx.SetLineWidth (4);
UIColor.Red.SetStroke ();

// 파선으로 선을 그린다.
gctx.SetLineDash (3, new float[] {6,2});

// 기하 도형을 생성한다
var path = new CGPath ();

PointF origin = new PointF (Bounds.GetMidX (),
                                        Bounds.GetMinY () + 10);

path.AddLines (new PointF[] {
    origin,
    new PointF (origin.X + 35, origin.Y + 80),
    new PointF (origin.X - 50, origin.Y + 30),
    new PointF (origin.X + 50, origin.Y + 30),
    new PointF (origin.X - 35, origin.Y + 80) });

path.CloseSubpath ();

RectangleF starBoundingBox = path.BoundingBox;

// 기하 도형을 그래픽스 컨텍스트에 추가하고 그린다.
gctx.AddPath (path);
gctx.DrawPath (CGPathDrawingMode.Stroke);

gctx.AddPath (path);
gctx.Clip();

float[] locations = { 0.0f, 1.0f };
float[] components = { 1.0f, 0.0f, 0.0f, 1.0f,
                       0.0f, 0.0f, 1.0f, 1.0f };

using (var rgb = CGColorSpace.CreateDeviceRGB())
{
    CGGradient gradient = new CGGradient (rgb, components,
        locations);

    PointF gradientStart = new PointF(starBoundingBox.Left,
        starBoundingBox.Top);
    PointF gradientEnd = new PointF(starBoundingBox.Right,
        starBoundingBox.Bottom);
```


그래픽과 애니메이션

```
gctx.DrawLinearGradient(gradient, gradientStart, gradientEnd,
    CGGradientDrawingOptions.DrawsBeforeStartLocation);
    }
}
```

리스트 6.2를 보면 그래픽스 컨텍스트에 SetLineDash를 호출해 선을 파선으로 설정한다. 패스를 그리도록 명령을 내린 후 이 패스는 그래픽스 컨텍스트에서 제거된다. 이제 해당 별 안에 그라데이션을 그려 넣어야 한다. 그래픽스 컨텍스트에서 Clip 메서드를 사용하면 그래픽스 컨텍스트 상태에서 현재 패스를 드로잉을 위한 클리핑 패스로 사용하도록 드로잉 명령(그라데이션을 그리는 명령)을 내린다. 따라서 별을 나타내는 패스를 다시 그래픽스 컨텍스트에 추가하고 Clip을 호출한다. 이제 그라데이션을 생성하고 그려야 하는데 이 부분은 CGGradient로 표시한다. 그라데이션 색은 각각 해당 구성요소와 위치 배열을 사용해 CGGradient 내에서 정해진 위치에 지정한다. 그라데이션 시작과 끝 위치로 별의 경계 상자를 사용한 후 DrawLinearGradient 를 호출해 클리핑한 별의 패스에 빨간색에서 파란색으로 그라데이션을 적용다. 그림 6.2에서 결과를 볼 수 있다.

Draw 메서드로 전달된 사각형은 다시 그려야 하는 영역을 나타낸다. 뷰에 특히 복잡한 드로잉 코드가 있다면 이 사각형 내에서 다시 그려야할 것만 뷰에서 그려지게 제한하므로 드로잉 성능을 개선한다.

리스트 6.2를 보면 뷰 코드 내에서 돌아가기 때문에 그리는 영역에 대한 기준으로 뷰의 Bounds를 사용했다. Bounds에서는 Frame과는 대조적으로 Bounds와 해당 뷰의 중심점에서 파생된 고유한 좌표계 내에서 뷰의 크기를 나타낸다는 것을 상기하자. 변환 행렬이 Bounds가 계산되기 전에 적용되기 때문에 Bounds를 사용하면 해당 뷰에 적용될지 모르는 모든 변환을 고려한 탄력적인 드로잉 코드를 유지할 수 있다.

예를 들어, 뷰에(테스트용으로 FinishedLaunching에) 20도 회전을 적용하면 다음과 같다.

```
starViewController.View.Transform = CGAffineTransform.MakeRotation
((float)Math.PI / 9.0f); // 라디안으로 측정한 각
```

| **그림 6.2** | 파선과 선형 그라데이션으로 그린 별

이제 앱을 실행해보면 회전된 좌표계를 기준틀로 별이 그려진 것을 확인할 수 있
다(그림 6.3). IB에서 뷰의 배경을 연한 회색으로 설정해 발생하는 동작을 더 잘 볼
수 있게 했다.

이 경우 다음의 코드 라인에서 볼 수 있는 것처럼 Bounds 대신 Frame을 사용하면
해당 별의 맨 윗부분이 잘려나간다(그림 6.4).

```
PointF origin = new PointF (Frame.GetMidX (), Frame.GetMinY () + 10);
```

이 프레임은 최소 사각형을 나타내기 위해 해당 뷰를 완전히 아우르는 상위 뷰의
좌표계에서 Bounds와 뷰의 중심점에서 파생된다. 이 경우 결과 Frame은 해당 화면
의 상단에서 끝나는데 패스의 첫 번째 포인트에 대한 y값이 결과가 원하는 것보다

적다. 변환을 고려해 일반적으로 외부적으로 뷰를 생성할 때와는 대조적으로
Bounds를 사용하고자 하는 뷰 내에서 작업할 때가 Frame을 설정하는 경우다.

| 그림 6.3 | StarView에 적용된 회전

Frame을 외부적으로 설정할 때도 해당 뷰의 내부는 여전히 Bounds와 중심점을 계산하고
실제로 Frame을 저장하지 않는다.

| 그림 6.4 | Frame 사용으로 드로잉이 잘린 모습

이미지 그리기

코어 그래픽스에서는 이미지를 직접 그리는 기능도 지원한다. 통상 화면에 비트맵 이미지를 나타내고자 한다면 UIKit에서 `UIImageView`와 `UIImage` 클래스를 사용하면 이미지를 쉽게 얻을 수 있다. 하지만 이미지가 표시되는 방식을 더 자세히 제어하려면 코어 그래픽스로 이미지를 직접 그릴 수도 있다.

코어 그래픽스로 이미지를 그릴 때도 힘든 작업이 있다면 UIKit을 사용하면 편리하다. 예를 들어 `CGImage`를 얻으려면 모든 코어 그래픽스 호출에서 사용할 기본 `CGImage`를 위해 `UIImage`를 요청하면 된다.

우선 코어 그래픽스를 사용해 화면에 이미지를 그려보자. 이전에 했던 작업과 동일하게 새로운 프로젝트를 생성하고 이름을 'LMT6-2'로 지정한 다음 이번만 뷰 컨트롤러와 후속 `UIView`에서 각각 `CustomImageViewController`와 `CustomImageView`를 서브클래싱한다(반면에 앞에서는 이들을 `StarViewController`와 `StarView`라고 했다).

다시 `UIView`의 서브클래스인 `CustomImageView`의 `Draw` 메서드에서 작업한다. `Content`의 빌드 액션을 사용해 프로젝트에 이미지를 추가한다(빌드할 때 이미지 파일이 앱 번들에 포함된다). 아무 이미지나 사용해도 되고 책의 샘플 코드에서 제공하는 monkey.jpg를 가져다 써도 된다.

언급한 것처럼 UIKit을 사용해 드로잉을 위한 `CGImage`를 얻는다. `UIImage` 클래스에는 `UIImage`를 생성하는 `FromFile` 메서드가 있다. `UIImage`를 얻게 되면 `CGImage` 속성을 사용해 다음처럼 기본 `CGImage`를 얻는다.

```
[Register("CustomImageView")]
public class CustomImageView : UIView
{
    CGImage _monkeyImage;
    public CustomImageView (IntPtr p) : base(p)
    {
      _monkeyImage = UIImage.FromFile Ⅱ ("monkey.JPG").CGImage;
    }
    ...
}
```

`CGImage`를 그리려면 그래픽스 컨텍스트에서 `DrawImage` 함수를 호출하고 이 함수에 `CGImage`와 그리는 범위를 정의한 사각형에 넘겨야한다.

```
public override void Draw (RectangleF rect)
{
    base.Draw (rect);
    CGContext gctx = UIGraphics.GetCurrentContext ();
    gctx.DrawImage (rect, _monkeyImage);
}
```

이 코드를 사용한 앱을 실행하면 해당 이미지가 스크린에 렌더링된다. 하지만 그림 6.5와 같이 거꾸로 뒤집히게 되는데 코어 그래픽스가 이미지 그리기에 사용하는 좌표계의 원점은 왼쪽 하단에 있지만 UIKit은 원점이 왼쪽 상단에 있기 때문이다.

UIImage는 자동으로 역 좌표계를 처리하므로 UIImage.Draw나 UIImageView와 마찬가지로 UIKit으로 이미지를 표시한다면 여기에 대해 염려하지 않아도 된다.

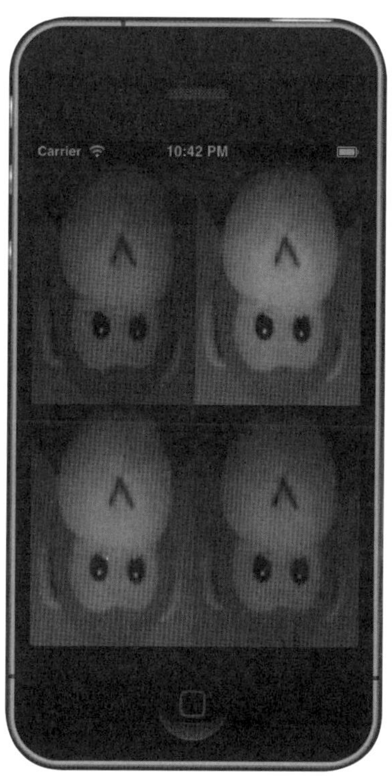

| 그림 6.5 | 좌표계 때문에 이미지가 뒤집힌 모습

이 부분은 변환을 통해 쉽게 바로잡을 수 있다. 우리는 이미 UIView를 회전하는 UIKit 변환의 예를 살펴봤다. 이 경우는 y 방향으로 모든 것을 역전시키고 원점을 왼쪽 상단으로 이동하려고 한다. 이 작업은 디바이스 독립 사용자 공간과 실제 디바이스 픽셀 간의 매핑을 제공하는 현재의 변환 행렬을 조작해서 수행할 수 있다. 코어 그래픽스는 그래픽스 컨텍스트에서 헬퍼 함수를 통해 현재 변환 행렬에 대한 액세스를 제공한다. 그래픽스 컨텍스트의 함수인 RotateCTM과 ScaleCTM, TranslateCTM을 각각 사용해 회전과 크기 조정, 좌표 이동을 적용할 수 있다.

y 방향으로 좌표계를 역전시키고 원점을 왼쪽 상단으로 이동하려면 다음과 같이
−1 스케일 변환과 경계 높이의 마이너스 y 방향 이동을 적용한다.

```
public override void Draw (RectangleF rect)
{
    base.Draw (rect);

    CGContext gctx = UIGraphics.GetCurrentContext ();

    gctx.ScaleCTM (1, -1);
    gctx.TranslateCTM (0, -Bounds.Height);

    gctx.DrawImage (rect, _monkeyImage);
}
```

이렇게 적절한 위치에 변경을 적용하고 나면 이미지가 올바르게 표시된다(그림
6.6).

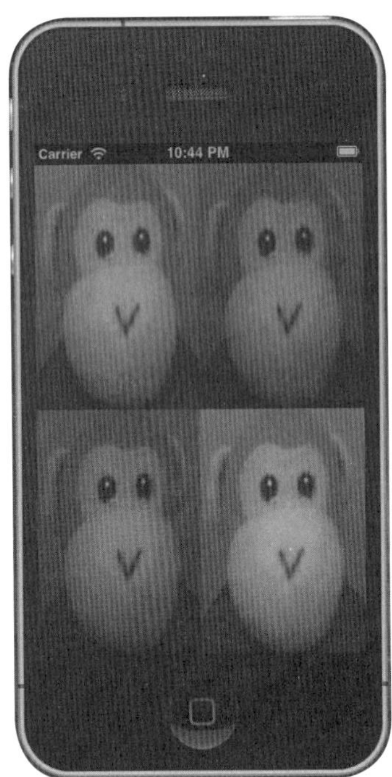

| 그림 6.6 | Transform을 사용해 표시된 이미지

Draw 메서드에서 이미지를 UIView에 그리는 것 외에 해당 뷰에서 제공하는 그래픽스 컨텍스트를 사용해 비트맵 이미지 컨텍스트에 직접 그릴 수도 있다. 이 기술을 사용해 사용자 상호작용에 따라 메모리에 그리거나 타임스탬프처럼 이미지에 런타임 데이터를 달 수 있다.

예를 들어 메모리 내 비트맵 지원 저장소를 사용해 그래픽스 컨텍스트에 이미지를 그려보자. 이 부분을 단순하게 유지하고 UIButton을 추가해 이미지 그리기가 발생하면 UIImageView에서 이미지를 표시하게 만든다. IB에서 항상 하던 대로 이들을 추가하고 양쪽에 대한 아웃렛을 연결한다. 버튼 아웃렛(원숭이 그림을 다루는 관계로)은 addBanana라는 이름으로, 해당 이미지의 뷰 아웃렛은 간단히 iv로 한다. 버튼의 TouchUpInside 이벤트에 대한 핸들러에서 런타임에 이미지를 그리는 코드를 추가한다.

첫 번째로 해야 할 일은 비트맵 지원 저장소로 그래픽스 컨텍스트를 생성하고 이를 현재 컨텍스트로 만드는 것이다. 이 작업에는 UIGraphics.BeginImageContext를 호출하고 나중에 얻을 이미지의 크기를 인수로 넣는다. 이렇게 호출하고 나서 늘 하듯이 그리기 코드를 작성한다. GetCurrentContext에 대한 호출은 방금 생성한 그래픽스 컨텍스트를 제공한다. 그리기 코드를 모두 작성하고 나면 간단히 UIGraphics.GetImageFromCurrentImageContext를 호출해 그린 것을 나타내줄 UIImage를 얻어온 다음 UIGraphics.EndImageContext를 호출해 초기 BeginImageContext 호출로 생성한 그리기 환경을 정리한다. 여기서는 UIImage를 UIImageView용 이미지로 설정한다. 리스트 6.3에서는 동적 바나나 구현을 볼 수 있다.

리스트 6.3 __코드로 이미지 그리기__

```
// 메모리 내 비트맵 지원 저장소로 그래픽스 컨텍스트 생성
UIGraphics.BeginImageContext (new SizeF (100.0f, 100.0f));

// 그래픽스 컨텍스트를 가져온다.
CGContext gctx = UIGraphics.GetCurrentContext ();

// 그리기 특성을 설정한다
gctx.SetLineWidth (5);
UIColor.Brown.SetStroke ();
UIColor.Yellow.SetFill ();
```

```
// 기하 도형 생성
var path = new CGPath ();
path.AddArc (0, 0, 50, 0, (float)Math.PI / 2, false);
path.CloseSubpath ();

// 그래픽스 컨텍스트에 기하 도형을 추가하고 그리기
gctx.AddPath (path);
gctx.DrawPath (CGPathDrawingMode.FillStroke);

// 컨텍스트에서 UIImage를 가져온다
UIImage bananaImage = UIGraphics.GetImageFromCurrentImageContext ();

// 정리
UIGraphics.EndImageContext ();

// UIImage 사용
iv.Image = bananaImage;
```

앱을 실행하고 버튼을 터치하면 바나나처럼 보이는 이미지가 화면에 추가된다(그림 6.7).

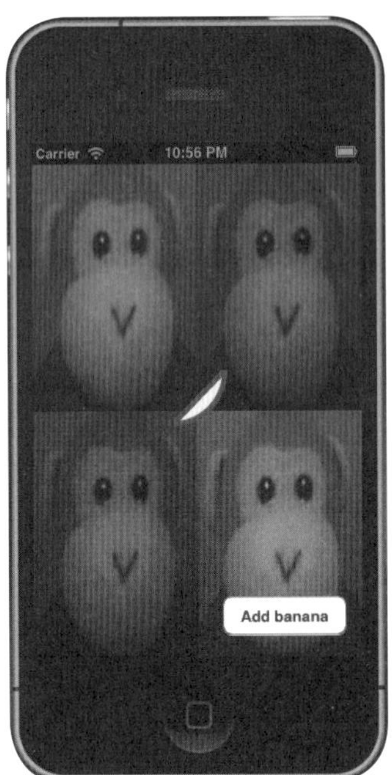

| 그림 6.7 | 화면에 동적으로 추가된 UIImage

PDF 그리기

화면과 비트맵에 그릴 수 있는 것처럼 코어 그래픽스를 사용해 PDF를 그릴 수도 있다. 메모리 저장소나 파일을 지원하는 PDF 그래픽스 컨텍스트로 작업하는 옵션이 있다. PDF 그리기를 시작하고 끝내는 두 줄의 코드나 직접 비트맵을 그릴 때처럼 좌표계의 역전 처리 외에 다른 곳에서 사용한 것처럼 동일한 코어 그래픽스 그리기 루틴을 사용한다.

새로운 예제를 통해 먼저 메모리에 PDF를 생성하고 전자메일 첨부로 보내는 작업을 해보고 나서 역시 PDF를 파일로 여는 데모를 학습해보자.

새로운 프로젝트 이름은 'LMT6-3'로 생성하고 `SendPDFController`라는 [View Controller with View]를 추가한다. 이 앱은 텍스트를 입력할 텍스트 뷰가 있어 시작할 때 이 컨트롤러의 뷰를 로드한다. 툴바 버튼을 선택하면 텍스트 뷰의 텍스트를 PDF 문서에 넣고 전자메일에 첨부한다. 따라서 컨트롤러의 경우 전자메일을 보내기 위해 `UIBarButtonItem`을 포함하는 `UIToolbar`와 함께 `UITextView`가 필요하다. `UITextView`를 first responder로 만들어 포커스를 받을 때 키보드를 열도록 컨트롤에 키보드 공간의 위치를 잡는다. IB의 디자이너는 그림 6.8과 같다.

그래픽과 애니메이션

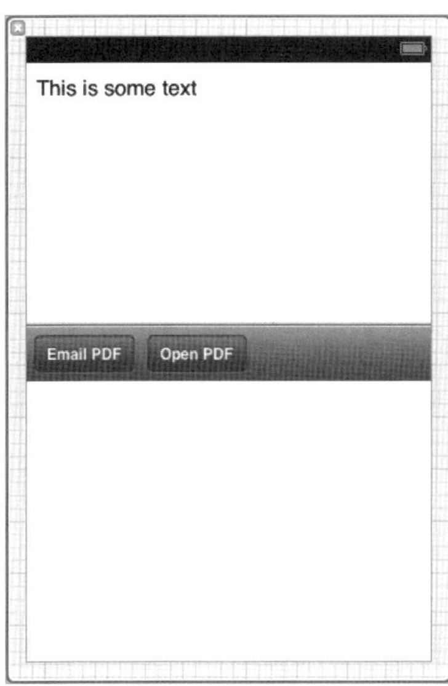

| 그림 6.8 | 인터페이스 빌더의 `SendPDFController` 뷰 레이아웃

텍스트 뷰에서 입력한 텍스트를 액세스해야 하기 때문에 해당 텍스트 뷰를 위한 아웃렛을 `UIToolbar`에 추가한다(툴바의 항목을 통해 코드에서 버튼을 액세스한다). `UIViewController`도 MainWindow.xib에 추가하고 `AppDelegate`에서 늘 하던 대로 클래스 이름과 nib 이름, 아웃렛을 설정해 앱이 시작될 때 `AppDelegate` 클래스에 코드를 추가할 수 있게 한다. `sendPDFController`라는 컨트롤러에 대한 아웃렛의 이름을 부여했으므로, `FinishedLaunching`의 코드는 다음과 같이 된다.

```
public override bool FinishedLaunching (UIApplication app,NSDictionary
options)
{
    window.AddSubview (sendPDFController.View);

    window.MakeKeyAndVisible ();

    return true;
}
```

`UITextView`에 포커스를 설정하고 키보드를 열기 위해 `UITextView`를 first responder로 설정해야 한다는 점을 상기하자. SendViewController.xib.cs에서 `ViewDidLoad`를 재정의하고 해당 텍스트 뷰에서 `BecomeFirstResponder`를 호출하면 동작하도록 만든다. 모든 앱 연결을 처리했으므로 이제 텍스트 뷰에서 해당 텍스트를 메모리상의 PDF에, 그리고 전자메일 첨부로 보내는 코드를 작성한다.

이 경우는 `UIView`에서 생성한 그래픽스 컨텍스트가 아니라 메모리 지원 그래픽스 컨텍스트에 그리기 때문에 해당 코드는 재정의된 뷰의 `Draw` 메서드에서 돌아가지 않는다. 또한 그래픽스 컨텍스트를 사용하기 전에 스택에 PDF 드로잉을 위한 그래픽스 컨텍스트를 집어넣기 위해 몇 가지 작업을 해야 한다. 보다 복잡한 앱에서는 재사용을 위해 별도의 클래스에 이 코드를 유지하고 싶을 수 있지만 편의상 컨트롤러의 메서드에 이 코드를 추가하자. 다음의 시그니처를 갖는 `CreatePDF`라는 메서드를 생성한다.

```
NSData CreatePDF (string text, float w, float h)
```

전달되는 해당 텍스트는 PDF에 작성하기 원하는 내용이며 여기에 PDF의 너비와 높이가 같이 제공된다. 이 메서드는 PDF 데이터를 갖고 있는 `NSData`를 반환하며, 이것을 메일 첨부를 생성하는 데 사용한다.

PDF 컨텍스트를 생성하려면 다음의 코드처럼 `UIGraphics.BeginPDFContext`를 호출하고 PDF의 크기와 `NSMutableData`로 생성한 버퍼를 넘기면 된다.

```
NSData CreatePDF (string text, float w, float h)
{
    NSMutableData data = new NSMutableData ();
    UIGraphics.BeginPDFContext (data,
      new RectangleF (0, 0, w, h), null);
    ...
}
```

PDF 컨텍스트를 생성했다면 PDF를 작성하기 위한 모든 그래픽스 호출은 개별 페이지에 대해 세분화된다. 이 코드는 `BeginPDFPage`에 대한 호출로 분리되는데 이 함수는 PDF에서 새로운 페이지 드로잉을 시작할 때마다 호출된다. 실제 드로잉 코드는 지금까지 살펴본 다른 코어 그래픽스와 같다. 게다가 PDF 드로잉 역시 왼쪽 하단을 원점으로 보기 때문에 현재 변환 행렬을 조작해서 처리할 수 있다. PDF를 다 작성했다면 `EndPDFContent`를 호출하고 버퍼에서 PDF 바이트를 담게 된다(리스트 6.4).

리스트 6.4 동적으로 PDF 생성하기

```
NSData CreatePDF (string text, float w, float h)
{
    NSMutableData data = new NSMutableData ();
    UIGraphics.BeginPDFContext (data,
        new RectangleF (0, 0, w, h), null);

    UIGraphics.BeginPDFPage ();
```

```
        CGContext gctx = UIGraphics.GetCurrentContext ();
        gctx.ScaleCTM (1, -1);
        gctx.TranslateCTM (0, -25f);
        gctx.SelectFont ("Helvetica", 25f, CGTextEncoding.MacRoman);
        gctx.ShowText (text);

        UIGraphics.EndPDFContent ();
        return data;
}
```

이제 다른 버퍼로 쓸 수 있는 PDF 데이터로 무엇이든 할 수 있다. 툴바 버튼 클릭
이 일어날 때 내장 `MFMailComposeController`를 사용해 이 데이터를 발송할 메일에
첨부하면서 첨부에 대한 MIME 타입을 `text/x-pdf`로 설정한다(리스트 6.5).

리스트 6.5 전자메일에 PDF 첨부하기

```
toolbar.Items[0].Clicked += (o, s) =>
{
    string text = tv.Text;
    NSData pdfData = CreatePDF (text, 500f, 700f);

    if (MFMailComposeViewController.CanSendMail) {
        _mail = new MFMailComposeViewController ();
        _mail.SetMessageBody (tv.Text, false);
        _mail.AddAttachmentData (pdfData, "text/x-pdf", "test.pdf");
        _mail.Finished += HandleMailFinished;
        this.PresentModalViewController (_mail, true);
    } else {
        UIAlertView alert = new UIAlertView ("App",
            "Could not send mail.", null, "OK", null);
        alert.Show ();
    }
};

void HandleMailFinished (object sender, MFComposeResultEventArgs e)
{
    if (e.Result == MFMailComposeResult.Sent) {
        UIAlertView alert = new UIAlertView ("App",
            "PDF file attached to outgoing mail.", null, "OK", null);
        alert.Show ();
    } else if (e.Result == MFMailComposeResult.Failed) {
        UIAlertView alert = new UIAlertView ("App",
            "Could not send mail.", null, "OK", null);
```

```
        alert.Show ();
    }

    e.Controller.DismissModalViewControllerAnimated (true);
}
```

이제 앱을 실행하고 약간의 텍스트를 입력하면 앱 내에서 전자메일 첨부로 발송할
수 있다. 그림 6.9는 애플리케이션과 결과인 PDF 문서를 보여준다.

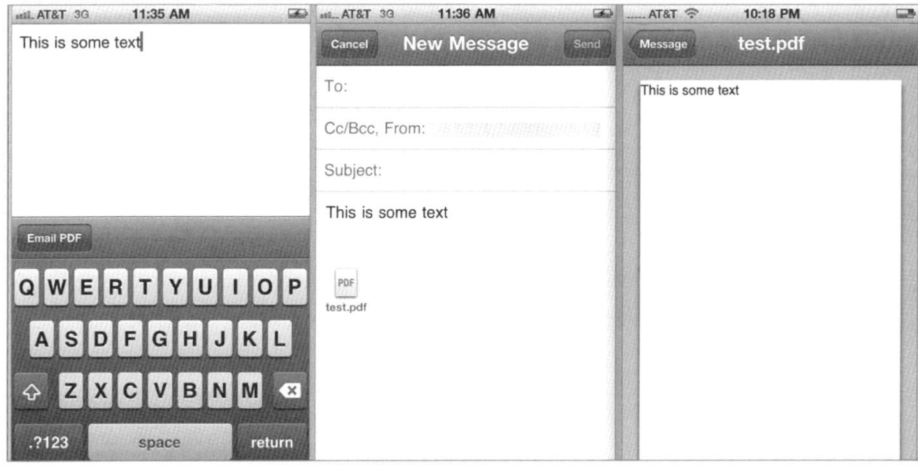

| 그림 6.9 | 전자메일을 통해 보낸 동적으로 생성된 PDF

코어 그래픽스는 파일 지원 PDF 그래픽스 컨텍스트도 제공한다. 이를 사용하면
PDF 문서를 나타내는 저수준의 제어가 가능하다. 예를 들면 앞서 했던 것처럼 `UIView`
서브클래스를 제공해서 PDF 문서를 화면에 그릴 수 있다. 이제 한 번 해보자.

Note 아주 세세한 제어가 필요치 않다면 `UIWebView`는 꽤 쓸만한 PDF 문서 표시 기능을 지원
한다.

앞서 이미지 예제에서 했던 것과 똑같이 `PDFViewController`라는 이름의 새로운
View Controller with View와 `PDFView`라는 클래스를 추가하고 `PDFView`를 해당 컨
트롤러의 뷰로 연결한다. 예상했겠지만 첫 번째로 해야 할 작업은 다음과 같이 해당

뷰에서 제공하는 현재 그래픽스 컨텍스트를 가져오고 PDF가 거꾸로 뒤집혀 역방향
으로 그려지지 않도록 현재 변환 행렬을 뒤집는 것이다.

```
public override void Draw (RectangleF rect)
{
    base.Draw (rect);

    CGContext gctx = UIGraphics.GetCurrentContext ();
    gctx.TranslateCTM (0, Bounds.Height);
    gctx.ScaleCTM (1, -1);
    ...
}
```

지금부터는 기존 PDF 문서를 화면에 그리는 부분을 살펴볼 것이므로 코드에서 해
당 문서를 표시하는 부분이 필요하다. 코어 그래픽스에는 이런 목적에 맞는
CGPDFDocument 클래스가 있다. 로컬 파일이나 URL에서 CGPDFDocument를 로드한
다. 여기서는 sample.pdf라는 로컬 파일을 사용하지만, 원하는 다른 PDF 문서를
사용해도 된다. 이 파일은 앱이 만들어질 때 애플리케이션 번들에 포함되도록
Content의 빌드 형식으로 프로젝트에 포함되어야 한다. CGPDFDocument 외에 페이
지 번호와 문자열 주석에 대한 두 가지 속성을 추가한다(문자열 주석은 런타임에
PDF에 주석을 어떻게 넣는지에 대한 예로서 오리지널 PDF에 추가 텍스트를 넣는
데 사용한다). 이제 파일에서 CGPDFDocument를 로드하는 코드를 포함한 PDFView 클
래스는 리스트 6.6과 같다.

리스트 6.6 임시 PDFView에서 CGPDFDocument 로드하기

```
[Register("PDFView")]
public class PDFView : UIView
{
    string _annotatedText;
    int _pageNumber;
    CGPDFDocument _pdf;

    public string AnnotatedText {
        get { return this._annotatedText; }
        set {
            _annotatedText = value;
```

```
            this.SetNeedsDisplay ();
        }
    }

    public int PageNumber {
        get { return this._pageNumber; }
        set {
            if (value >= 1 && value <= _pdf.Pages) {
                _pageNumber = value;
                this.SetNeedsDisplay ();
            }
        }
    }

    public PDFView (IntPtr p) : base(p)
    {
        _pageNumber = 1;

        _pdf = CGPDFDocument.FromFile (
            Path.Combine (
                NSBundle.MainBundle.BundlePath,
                "sample.pdf"));
    }

    public override void Draw (RectangleF rect)
    {
        base.Draw (rect);

        CGContext gctx = UIGraphics.GetCurrentContext ();
        gctx.TranslateCTM (0, Bounds.Height);
        gctx.ScaleCTM (1, -1);
        ...
    }
}

protected override void Dispose (bool disposing)
{
    _pdf.Dispose ();
    base.Dispose (disposing);
}
```

그래픽과 애니메이션

　적절한 세터(setter)에서 해당 뷰의 SetNeedsDisplay 메서드에 대한 호출을 포함
하고 있다. 이로 인해 페이지 번호나 주석 텍스트가 변경될 때 실행 루프 동안 다시
그려진다. CGPDFDocument 인스턴스의 Dispose 호출도 확인하자.

우리는 한 번에 한 페이지를 그린다. `CGPDFDocument`에 있는 `GetPage`라는 메서드는 그래픽스 컨텍스트를 그리는데 전달하는 `CGPDFPage`를 반환한다. 게다가 `CGPDFPage`는 `GetDrawingTransform`이라는 헬퍼 메서드가 있는데, 이 메서드는 이름이 의미하듯 해당 페이지가 알맞게 표시되도록 사용하는 드로잉 변환을 반환한다. 이 변환은 아핀(affine) 변환이므로 현재 변환 행렬을 여기에 곱해 결합 변환을 만드는데, 이때 그래픽스 컨텍스트의 `ConcatCTM` 메서드를 사용한다. 변환을 적용하고 나면 그래픽스 코드에서 남은 부분은 다음과 같이 `DrawPDFPage`를 호출해 PDF를 그리는 것이다.

```
public override void Draw (RectangleF rect)
{
    base.Draw (rect);

    CGContext gctx = UIGraphics.GetCurrentContext ();
    gctx.TranslateCTM (0, Bounds.Height);
    gctx.ScaleCTM (1, -1);

    using (CGPDFPage pdfPg = _pdf.GetPage (PageNumber)) {
      RectangleF r = new RectangleF(
      Bounds.Left, Bounds.Top, Bounds.Width, Bounds.Height+44f);
      CGAffineTransform tf = pdfPg.GetDrawingTransform (
      CGPDFBox.Crop, r, 0, true);
      gctx.ConcatCTM (tf);
      gctx.DrawPDFPage (pdfPg);
    }
}
```

이 코드는 `PageNumber` 속성에서 지정한 PDF 페이지 드로잉을 처리한다. PDF에 추가적인 정보를 그릴 때는 예제에서처럼 `AnnotatedText`같은 기능을 사용하는데, 주어진 페이지 드로잉을 위한 변환을 구체적으로 적용하기 전에 다시 뒤로 돌아가서 이전 상태의 그래픽스 컨텍스트를 저장해야 한다. 코어 그래픽스에서는 `SaveState`와 `RestoreState`라는 편리한 한 쌍의 함수를 제공한다. 변환을 적용하기 전에 간단히 `SaveState`를 호출하고 추가 드로잉을 하기 바로 전에 `RestoreState`를 호출한다. `ShowText`를 사용해 `AnnotatedText`를 표시하고 `SelectFont`로 글꼴을 설정한다.

```csharp
public override void Draw (RectangleF rect)
{
    ...
    using (CGPDFPage pdfPg = _pdf.GetPage (PageNumber)) {
      gctx.SaveState ();

      RectangleF r = new RectangleF(
      Bounds.Left, Bounds.Top, Bounds.Width, Bounds.Height+44f);

      CGAffineTransform tf = pdfPg.GetDrawingTransform (
      CGPDFBox.Crop, r, 0, true);
      gctx.ConcatCTM (tf);
      gctx.DrawPDFPage (pdfPg);

      gctx.RestoreState ();
      gctx.TranslateCTM (0, Bounds.Height - 25);
      gctx.SelectFont ("Helvetica", 25f, CGTextEncoding.MacRoman);
      gctx.ShowText (AnnotatedText);
    }
}
```

이제 `PageNumber` 변경 처리와 `AnnotatedText` 설정에 대한 코드를 추가하고
`PDFView`를 로드하는 메커니즘도 필요하다. 페이징은 IB의 해당 뷰에 3개의 버튼이
있는 툴바를 추가해 뷰 컨트롤러를 종료하고 해당 문서를 페이징 처리하며(그림
6.10), 해당 버튼에 이벤트를 연결할 수 있도록 툴바에 아웃렛을 연결한다. 툴바가
준비되면 이벤트 핸들러와 텍스트를 로드하는 코드를 `PDFViewController` 클래스
에 추가한다(리스트 6.7).

| 그림 6.10 | PDFView에 추가된 인터페이스 빌더 툴바

리스트 6.7 PDFViewController 페이징과 AnnotationText 설정

```csharp
public partial class PDFViewController : UIViewController
{
    string _text;
    ...

    public override void ViewDidLoad ()
    {
        base.ViewDidLoad ();

        // 이전 페이지

        pdfToolbar.Items[2].Clicked += delegate {

            PDFView pdfV = View as PDFView;
            pdfV.PageNumber-;
        };

        // 다음 페이지
        pdfToolbar.Items[3].Clicked += delegate {
            PDFView pdfView = View as PDFView;
            pdfView.PageNumber++;
        };
```

```
        // 닫기
        pdfToolbar.Items[0].Clicked += delegate {
            this.DismissModalViewControllerAnimated (true);
        };
    }

    public override void LoadView ()
    {
        base.LoadView ();

        PDFView pv = (View as PDFView);

        if (pv != null)
            pv.AnnotatedText = _text;
    }
}
```

마지막으로 해야할 작업은 새로운 `PDFViewController`를 로드하는 방식이다. 다음과 같이 `SendPDFController`의 뷰에서 툴바에 버튼을 추가하고 해당 버튼용 이벤트 핸들러의 코드로 `PDFViewController`의 뷰를 모달로 표시한다.

```
// SendPDFController.xib.cs의 ViewDidLoad
public override void ViewDidLoad ()
{
    base.ViewDidLoad ();

    ...

    toolbar.Items[1].Clicked += (o, s) =>
    {
      _pdf = new PDFViewController (tv.Text);
      this.PresentModalViewController (_pdf, true);
    };
}
```

이제 앱을 실행하면 PDF 문서가 열리고 각 페이지의 맨 위에 오리지널 텍스트 뷰의 텍스트가 주석으로 보인다(그림 6.11).

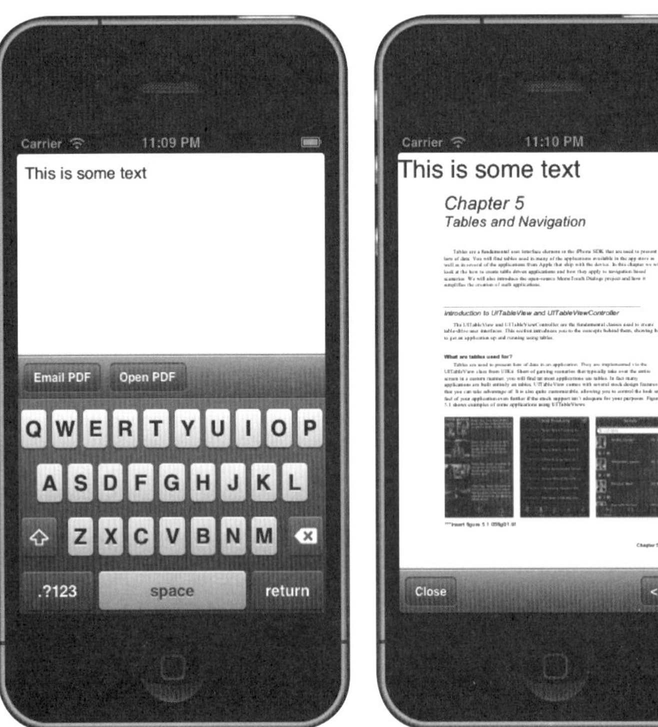

| 그림6.11 | 코어 그래픽스를 사용한 로딩 및 페이징, 주석 달기

☀ 애니메이션

iOS의 애니메이션은 `UIView`를 여러 개 사용하거나 저수준 코어 애니메이션 API
로 직접 다룰 수 있다. `UIView` 애니메이션은 실제로 내부에서 코어 애니메이션을 사
용한다. `UIView` 애니메이션이 대부분 적합하지만 코어 애니메이션을 직접 다루는
경우는 세부적인 제어가 필요한 복잡한 애니메이션에 좋다.

UIView 애니메이션

`UIView`를 애니메이션하는 작업은 `UIView.BeginAnimation`과 `UIView.Commit
Animation` 호출 간의 속성 변경을 래핑하면 된다. 한 트랜잭션에서 설정한 모든 값은 트랜잭션 커밋 후 다음 실행 루프 패스의 시작 값으로부터 시간에 대해 보간이 일어난다.

데모를 위해 'LMT6-4'라는 이름의 새로운 프로젝트를 생성하고 뷰 컨트롤러에 이미지 뷰와 버튼을 추가한 뒤 각각에 대한 아웃렛도 만든다. 이 버튼으로 이미지 뷰를 왼쪽에서 오른쪽으로 애니메이션한다(그림 6.12).

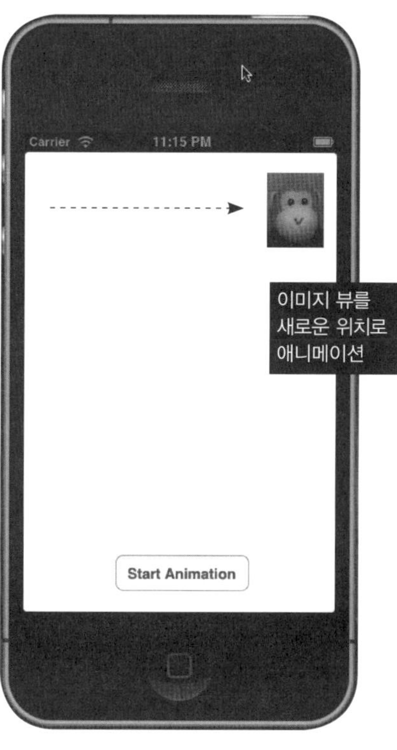

| 그림6.12 | `UIImageView` 애니메이션

아주 단순한 애니메이션 예제를 만들기 위해 대상 위치만 설정하는데, 다음처럼 앞서 언급한 `BeginAnimation`과 `CommitAnimation` 호출 간을 래핑한다.

```
startAnimation.TouchUpInside += delegate {

    UIView.BeginAnimations("slideMonkeyAnimation" );
```

```
      monkeyImageView.Center = new PointF(
        UIScreen.MainScreen.Bounds.Right -
              monkeyImageView.Frame.Width/2, monkeyImageView.Center.Y);

      UIView.CommitAnimations();
};
```

UIView 애니메이션 역시 많은 것을 할 수 있다. 예를 들어 애니메이션을 약간 느리게 하고 싶다면 지속 기간을 설정하고 좀 더 현실적인 애니메이션을 원한다면 애니메이션 커브를 변경하면 된다. 기본적으로 속성 변경은 선형 감속/가속 함수를 사용해 보간한다. 이것을 SetAnimationCurve 메서드를 사용해 몇 가지 스톡 함수 중 하나로 대체 가능하다. 다음 코드는 2초짜리 애니메이션을 만들고 EaseInOut 애니메이션 커브를 적용한다.

```
UIView.BeginAnimations ("slideMonkeyAnimation");

UIView.SetAnimationDuration(2);
UIView.SetAnimationCurve(UIViewAnimationCurve.EaseInOut);

monkeyImageView.Center = new PointF(
    UIScreen.MainScreen.Bounds.Right -
      monkeyImageView.Frame.Width/2, monkeyImageView.Center.Y);

UIView.CommitAnimations ();
```

이 코드는 이미지가 처음에는 느리게 움직이다가 빨라지고 끝으로 가면서 다시 감속하는 효과를 준다.

이미지를 2초간 앞뒤로 바운스하게 만든다고 하자. SetAnimationRepeatCount와 SetAnimationRepeatAutoReverses를 사용하면 다음처럼 쉽게 구현 가능하다.

```
UIView.BeginAnimations ("slideMonkeyAnimation" );

UIView.SetAnimationDuration(2);
UIView.SetAnimationCurve(UIViewAnimationCurve.EaseInOut);
UIView.SetAnimationRepeatCount(2);
UIView.SetAnimationRepeatAutoreverses(true);
```

```
monkeyImageView.Center = new PointF(
    UIScreen.MainScreen.Bounds.Right -
      monkeyImageView.Frame.Width/2, monkeyImageView.Center.Y);

UIView.CommitAnimations ();
```

이 코드를 실행하면 이미지가 앞뒤로 움직이는 것을 보게 된다. 하지만 애니메이션이 끝나면 다시 화면의 오른쪽으로 점프한다. 이는 이미지 뷰의 실제 위치가 애니메이션이 실행되는 동안 화면에 표시되는 보간된 값이 아니라 여러분이 설정한 값이기 때문이다. 다음 단원에서 이 부분을 좀 더 살펴보자.

한 가지 해결책은 애니메이션이 끝난 후 호출되는 메서드를 등록하는 것으로, 여기서 타당한 어떤 값으로든 위치를 설정할 수 있는데 이 경우는 시작점일 것이다.

따라서 다음 단계를 따라야 한다.

1. 원래 위치를 저장한다.
2. 애니메이션의 델리게이트를 설정한다.
3. 애니메이션 중지 콜백에 대한 셀렉터를 설정한다.
4. 콜백에서 원래 위치를 복원한다.

콜백의 경우 여기서는 두 개의 Objective-C 개념, 즉 AnimationDelegate와 AnimationDidStopSelector로 작업해야 한다. 이 경우 델리게이트는 NSObject이므로 이를 간단히 현재 뷰 컨트롤러 클래스로 설정한다. 이 클래스에서 셀렉터를 설정하려면 ExportAttribute를 사용해 C# 메서드를 내보내기하고 여기에 기본 Objective-C 셀렉터 이름을 준다(리스트 6.8).

리스트 6.8 애니메이션 후 ImageView의 위치 복원

```
using System;
using MonoTouch.Foundation;
using MonoTouch.UIKit;
using System.Drawing;
using MonoTouch.ObjCRuntime;
```

```csharp
namespace LMT64
{
    public partial class AnimationDemoViewController : UIViewController
    {
        PointF p0;

        ...

        public override void ViewDidLoad ()
        {
            base.ViewDidLoad ();

            startAnimation.TouchUpInside += delegate {

                p0 = monkeyImageView.Center;

                UIView.BeginAnimations ("slideMonkeyAnimation");

                UIView.SetAnimationDuration(2);

                UIView.SetAnimationCurve(
                    UIViewAnimationCurve.EaseInOut);
                UIView.SetAnimationRepeatCount(2);
                UIView.SetAnimationRepeatAutoreverses(true);

                UIView.SetAnimationDelegate(this);

                UIView.SetAnimationDidStopSelector(
                    new Selector ("slideMonkeyStopped:"));

                monkeyImageView.Center =
                    new PointF (UIScreen.MainScreen.Bounds.Right -
                        monkeyImageView.Frame.Width / 2,
                            monkeyImageView.Center.Y);

                UIView.CommitAnimations ();

            };
        }

        [Export("slideMonkeyStopped")]
        void SlideMonkeyStopped()
        {
            monkeyImageView.Center = p0;
        }
    }
}
```

애플은 iOS 4.x에서 Objective-C 블럭 사용에 기반을 둔 `UIView` 애니메이션을 소개했는데, 모노터치에서는 람다 식으로 구현된 `NSAction`을 통해 사용 가능하다. 사용하는 메서드는 `UIView.Animate`의 오버로드다. 이렇게 하면 보다 간결한 코드가 된다. 다음은 iOS 4.x 접근법을 사용해 화면을 가로지르는 이미지를 애니메이션하는 예제다.

```
startAnimation.TouchUpInside += delegate {
    p0 = monkeyImageView.Center;

    UIView.Animate (2, 0, UIViewAnimationOptions.CurveEaseInOut |
      UIViewAnimationOptions.Autoreverse,
      () => { monkeyImageView.Center =
            new PointF (UIScreen.MainScreen.Bounds.Right -
            monkeyImageView.Frame.Width / 2,
            monkeyImageView.Center.Y);
      },
      () => { monkeyImageView.Center = p0; }
    );
};
```

코어 애니메이션

코어 애니메이션은 iOS에서 본 애니메이션 사용자 인터페이스 경험의 근간이다. iOS 사용자 경험에 대한 기초이므로 UIKit에서 필요를 어느 정도 충족시켜 주더라도 코어 애니메이션 동작 방식을 이해하는 것이 좋다.

대부분의 상황에서는 UIKit 애니메이션으로도 적합하다. 통상 애니메이션을 보다 세부적으로 제어해야 할 때 저수준 코어 애니메이션 API를 살펴보려 한다. 이를테면 UIKit으로 뷰의 프레임과 바운스, 변환, 중심, 알파를 애니메이션할 수 있다. 다른 경우에도 코어 애니메이션을 직접 사용해야 한다. UIKit을 사용한 애니메이션 모션은 선형 패스로 제한되지만 코어 애니메이션을 사용하면 해당 패스를 완전히 제어할 수도 있다. 애니메이션하는 속성에 대한 변경을 정밀하게 제어하기 위해 키 프레임도 설정할 수 있다.

코어 애니메이션으로 발생하는 모든 애니메이션은 하드웨어 가속이 지원되므로 최적의 성능이 나온다. UIKit을 사용할 때도 모든 `UIView`가 `CALayer`라는 코어 애니메이션의 클래스가 뒤에 있기 때문에 실제로 코어 애니메이션을 사용하는 것이다. 계층은 상위 계층과 하위 계층의 계층 구조를 가지고 여기에 추가 및 제거, 삽입할 수 있다는 점에서 뷰와 아주 유사하다. 사실 이번 챕터 초반에 `UIView` 서브클래스의 `Draw` 메서드를 재정의할 때 해당 뷰 계층의 그래픽스 컨텍스트에 실제로 그렸다. 코어 애니메이션 동작을 보여주는 예를 살펴본 다음 어떤 일이 일어났는지 다뤄보자.

`AnimationViewController`라는 새로운 뷰 컨트롤러를 추가하고 앱이 잘 시작되고 나면 해당 윈도우에서 뷰를 로드하도록 새로운 애플리케이션을 설정하자. 뷰에서 버튼과 `animateButton`이라는 아웃렛, 이미지(`monkey.png`)도 포함하자. `AnimationViewController` 컨트롤러 클래스에 리스트 6.9의 코드를 추가하자.

리스트 6.9 `CALayer`의 암시적인 애니메이션

```
CALayer _sublayer;

public override void ViewDidLoad ()
{
    base.ViewDidLoad ();

    _sublayer = new CALayer ();
    _sublayer.Bounds = new RectangleF (0, 0, 100, 100);
    _sublayer.Position = new PointF (100, 100);
    _sublayer.Contents = UIImage.FromFile ("monkey.png").CGImage;
    _sublayer.ContentsGravity = CALayer.GravityResizeAspectFill;
    View.Layer.AddSublayer (_sublayer);
    animateButton.TouchUpInside += HandleAnimateButtonTouchUpInside;
}

void HandleAnimateButtonTouchUpInside (object sender, EventArgs e)
{
    CreateImplicitAnimation();
}

void CreateImplicitAnimation ()
{
    _sublayer.Position = new PointF (200, 300);
}
```

`ViewDidLoad` 구현 코드에는 새로운 `CALayer`를 생성하고 여기에 여러 가지 속성을 설정한다. 여기에는 명시적인 드로잉 코드는 없다. 단순히 해당 계층에 경계와 위

치를 알리고 Contents 속성에 CGImage를 할당해 계층 콘텐츠를 제공한다. CALayer의 델리게이트를 통해서나 서브클래싱으로 CALayer에 대한 콘텐츠를 제공할 수도 있는데 이 부분은 이 단원의 끝 부분에서 설명한다.

해당 위치는 상위 계층을 기준으로 한 해당 계층의 위치이며, 경계는 해당 계층의 너비와 높이를 정의한다(UIView와 유사함). UIView와는 달리 위치와 같은 여러 가지 계층 속성은 해당 계층의 앵커 지점에 대해 측정되는데 이 지점은 해당 계층의 좌표계 내에서 정규화된 점이다. 기본 앵커 지점은 그림 6.13에서 볼 수 있는 것처럼 (0.5, 0.5)에 있다.

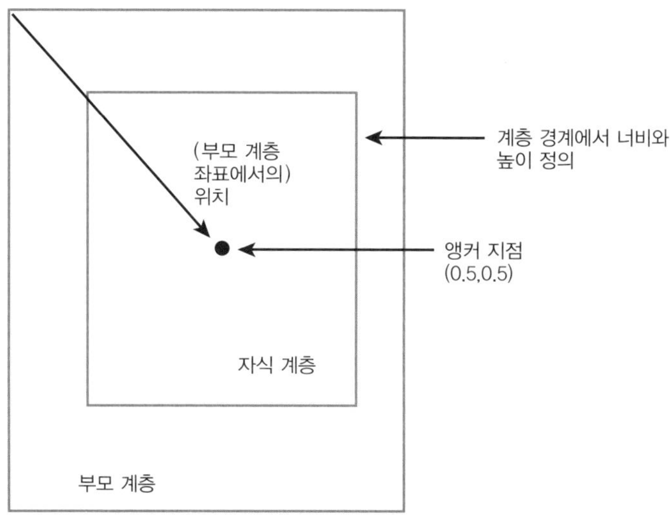

| 그림 6.13 | 계층 구조

계층에는 뷰 계층구조와 비슷한 계층 트리가 있다. iOS의 모든 뷰는 계층을 지원하고 해당 뷰의 Layer 속성을 통해 액세스할 수 있다. 계층을 화면에 표시하려면 기존 계층의 AddSublayer 메서드를 호출해 계층 트리에 추가한다. 리스트 6.9를 보면 AnimationViewController에서 가리키는 루트 뷰를 위한 계층을 사용했다.

사용자가 버튼을 터치할 때 해당 계층은 새로운 위치로 신속하게 애니메이션한다. 하지만 해당 계층을 애니메이션하기 위해 명시적으로 작성한 코드는 없으며 Position 속성만 설정했다. 이 설정만으로 어떻게 동작했을까?

CALayers는 선언 형식의 암시적 애니메이션을 지원한다. 해당 속성을 간단히 설정해 변경하고 싶은 계층의 위치를 선언했으며 이 애니메이션은 동작했다. CALayer에서 속성을 설정할 때 내부에서 발생한 것은 다음 실행 루프 패스에서 CALayer의 어떤 속성이 변경되었는지를 확인하는 시스템 체크다. 그 뒤 모든 속성 변경에 관한 트랜잭션을 생성하고 이 트랜잭션을 커밋해 애니메이션을 호출한다. 해당 계층의 Opacity 역시 변경하면 새로운 값으로 애니메이션하게 되는데 이는 암시적 애니메이션이 동일한 트랜잭션 내의 각 속성 변경에 대해 생성되기 때문이다(그림 6.14).

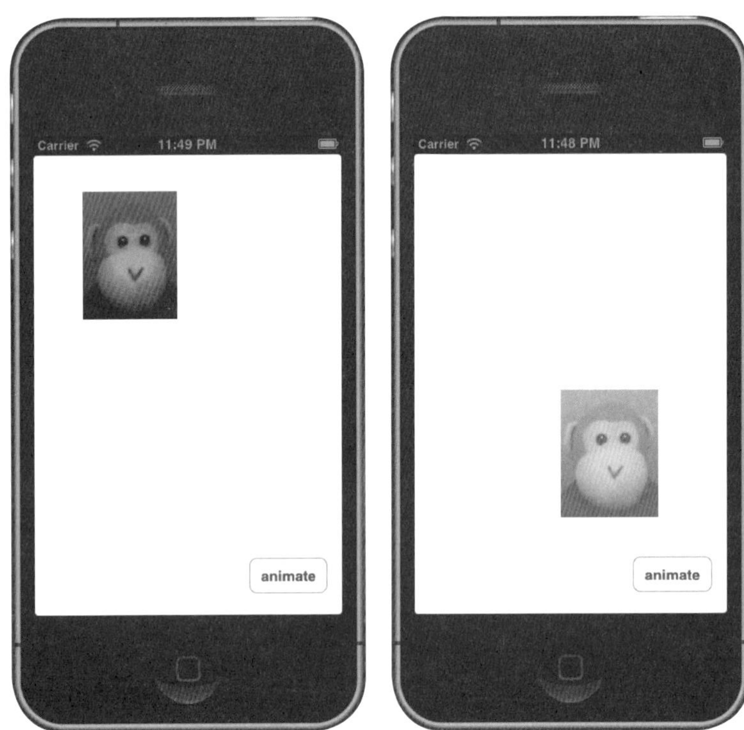

| 그림 6.14 | CALayer의 암시적 애니메이션

```
void CreateImplicitAnimation ()
{
    _sublayer.Position = new PointF (200, 300);
    _sublayer.Opacity = 0.5f;
}
```

이 애니메이션은 거의 순간적으로 일어난다. 예를 들어 일어나는 지속 시간을 변경하는 경우처럼, 암시적 애니메이션을 좀 더 제어하고 싶다면, CATransaction에서 계층 속성 변경을 래핑할 수 있다. CATransaction 클래스는 AnimationDuration처럼 이를 포함하는 모든 애니메이션에 영향을 끼치는 속성이 있다. 게다가 CATransactions은 보통 타이밍 함수를 변경하는 데 사용되고 큐빅 베지어 곡선으로 정의하는데, 이는 애니메이션의 보간 값에 따른 가속을 제어할 수 있다. 타이밍 함수는 CAMediaTiming 클래스로 설정한다. 코코아 터치의 다양한 스톡 타이밍 함수는 kCAMediaTimingEaseInOut처럼 Objective-C에서 명명된 상수를 통해 지정되고 모노터치에서 CALayer 클래스의 상수로 사용할 수 있다. 타이밍 함수가 큐빅 베지어이기 때문에 스톡 함수가 맘에 들지 않으면 직접 제어 지점을 설정할 수도 있다. 리스트 6.10은 새로운 지속 시간과 타이밍 함수를 적용해 방금 생성한 암시적 애니메이션에 CATransaction을 사용하는 예제를 보여준다.

리스트 6.10 암시적 애니메이션에서 지속 시간과 타이밍 지정하기

```
void CreateImplicitAnimation ()
{
    CATransaction.Begin ();
    CATransaction.AnimationDuration = 3;
    CATransaction.AnimationTimingFunction =
    CAMediaTimingFunction.FromName ("easeInEaseOut");
    _sublayer.Position = new PointF (200, 300);
    _sublayer.Opacity = 0.5f;
    CATransaction.Commit ();
}
```


때로 암시적 애니메이션으로 얻게 되는 것보다는 세밀하게 애니메이션을 제어해야 한다. 코어 애니메이션은 명시적 애니메이션에 대한 지원도 포함하는데, 여기서

애니메이션 클래스의 인스턴스를 직접 정의하고 계층에 이를 추가한다. 명시적 애니메이션을 생성하려면 CABasicAnimation이나 CAKeyframeAnimation 처럼 CAAnimation 서브클래스의 인스턴스를 만드는데, 이는 실제로 CAProperty Animation의 서브클래스다(그림 6.15). CABasicAnimation을 사용하면 전체 경로를 속성으로 나타내는 문자열인 keypath를 통해 속성 변경을 지정할 수 있다.

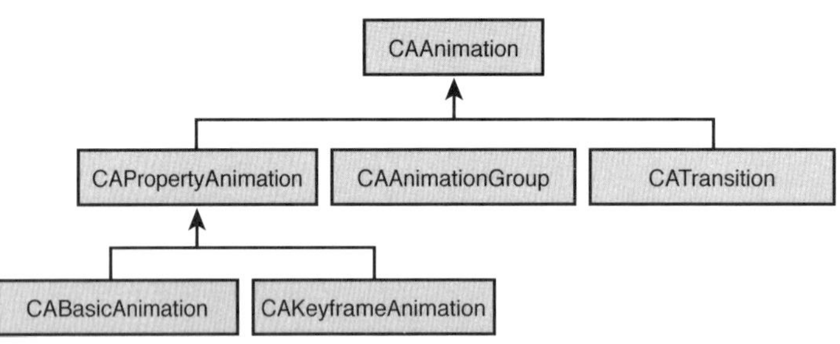

| 그림 6.15 | CAAnimation 클래스 계층 구조

리스트 6.11은 CABasicAnimation으로 계층의 명시적 위치 변경을 애니메이션하는 코드를 보여준다.

리스트 6.11 CABasicAnimation을 사용하는 애니메이션

```
void CreateExplicitAnimation ()
{
    PointF fromPt = _sublayer.Position;
    _sublayer.Position = new PointF (200, 300);
    CABasicAnimation anim = CABasicAnimation.GetFromKeyPath ("position");
    anim.TimingFunction = CAMediaTimingFunction.FromName ("easeOut");
    anim.From = NSValue.FromPointF (fromPt);
    anim.To = NSValue.FromPointF (new PointF (200, 300));
    anim.Duration = 0.5;
    _sublayer.AddAnimation (anim, "position");
}
```

여기서 첫 두 줄이 흥미로운 부분이다. 나중에 해당 애니메이션의 To 속성에서 같은 값을 또 설정하더라도 위치값을 애니메이션 완료 후 원하는 최종값으로 설정한다. 이 부분을 설명하기 전에 다음 줄을 제거하자.

```
PointF fromPt = _sublayer.Position;
_sublayer.Position = new PointF (200, 300);
```

위치를 먼저 설정하지 않고 앱을 실행하면, 애니메이션이 완료되고 나면 해당 위치가 애니메이션 이전 값으로 다시 뛰어버린다. 이런 일은 애니메이션하는 실제 모델 속성 값을 애니메이션에서 변경하지 않고 표시만 변경하기 때문에 발생한다. 애니메이션하는 동안 이 예제에서 위치를 질의하면 항상 해당 모델 값이 나온다. 그러므로 위치를 명시적으로 애니메이션에 독립적인 최종 값으로 설정해 애니메이션이 완료될 때 해당 모델 값이 최종 값이 되고 해당 계층은 애니메이션이 끝난 똑같은 곳에 남게 만든다.

하지만 설명에서 직접 모델 값(이 경우 위치) 설정이 우리가 설정한 타이밍 함수를 덮어써서 암시적 애니메이션을 생성하지 않는 이유가 궁금할 수 있다. 이유는 애니메이션을 해당 계층에 추가한 다음 코드에 있다.

```
_sublayer.AddAnimation (anim, "position");
```

이 라인은 애니메이션을 "position" 키가 있는 계층에 추가한다. 앞서의 함수에서 애니메이션 생성 이전에 이 라인 위치를 설정했을 때 Position상에 암시적 애니메이션을 생성했다. 내부적으로 애니메이션하는 속성으로 입력한 사전을 통해 애니메이션이 저장된다. 따라서 해당 애니메이션을 암시적 애니메이션에서 나온 동일한 키를 가진 계층에 추가함으로써 암시적 애니메이션을 덮어쓰고 명시적 애니메이션만 남게 된다.

애니메이션 중간을 보간하기 위해 두 개 이상의 점이 필요하다면, CAKeyFrame Animation을 사용한다. 게다가 position 말고 다른 속성도 애니메이션할 수 있다. 앞서 Opacity를 애니메이션한 암시적 애니메이션에서 이 부분을 살펴봤다. 계층의 변환을 애니메이션할 수 있는 CA3DAffineTransform도 있다.

> **Note** ▶ 계층의 변환을 변경할 때 해당 계층의 좌표 공간을 변환하는 것이다.

코어 애니메이션에 대한 keyframe 값을 지정해 사이를 보간하려면 패스를 사용
하거나 값을 명시적으로 설정한다. 예를 들면 지그재그 방식으로 계층을 애니메이션
하려면 지나가는 해당 계층에 대한 지오메트리를 기술한 CGPath를 생성하고 애니메
이션에 할당한다(리스트 6.12).

리스트 6.12 Keyframe 애니메이션 생성

```
void CreateKeyframeAnimation ()
{
    // 해당 위치를 애니메이션
    PointF fromPt = _sublayer.Position;
    _sublayer.Position = new PointF (200, 300);

    CGPath path = new CGPath();
    path.AddLines(new PointF[]{ fromPt, new PointF(250, 225),
        new PointF(100, 250), new PointF(200,300) });

    CAKeyFrameAnimation anim = (CAKeyFrameAnimation)
        CAKeyFrameAnimation.GetFromKeyPath ("position" );

    anim.Path = path;
    anim.Duration = 2;
    _sublayer.AddAnimation(anim, "position" );
}
```

여러 애니메이션을 적용하고자 한다면 계속해서 동일한 방식으로 해당 계층에 애
니메이션을 할당하면 된다. 방금 변환 애니메이션을 언급했다. 다음은 지그재그로
움직이고 일종의 텀블링 효과를 생성하면서 회전하도록 해당 계층에 애니메이션을
적용하는 방법이다(리스트 6.13).

리스트 6.13 계층의 변환 애니메이션

```
void CreateKeyframeAnimation ()
{
    // 위치 애니메이션
    ...

    // 변환 애니메이션
    animRotate.Values = new NSObject[] {
        NSNumber.FromCATransform3D (CATransform3D.MakeRotation
```

```
        (0, 0, 0, 1)),
    NSNumber.FromCATransform3D (CATransform3D.MakeRotation(
        (float)Math.PI / 2f, 0, 0, 1)),
    NSNumber.FromCATransform3D(CATransform3D.MakeRotation
        ((float)Math.PI, 0, 0, 1)) };

    animRotate.Duration = 2;
    _sublayer.AddAnimation (animRotate, "transform");
}
```


리스트 6.13은 각 변환에 대한 값을 직접 설정한다. 회전각에 대한 부동 소수점 값도 간단히 설정하고 Objective-C의 `CAValueFunction` 클래스 메서드인 `functionWithName`으로 다양한 변환 행렬을 제공하기 위해 값을 구하는 함수를 사용할 수도 있지만, 현재 모노터치 버전에서 `CAValueFunction.FromName`과 모든 `NSStrings`가 속성으로 노출되었다.

이처럼 다양한 애니메이션을 사용하고 Duration이나 타이밍 함수 같은 동일한 타이밍 관련 값을 할당하면 CAAnimationGroup에서 해당 애니메이션을 배치하는 이런 할당을 반복하지 않아도 된다(리스트 6.14).

리스트 6.14 애니메이션을 그룹으로 묶기

```
void CreateAnimationGroup ()
{
    PointF fromPt = _sublayer.Position;
    _sublayer.Position = new PointF (200, 300);
    CGPath path = new CGPath ();
    path.AddLines (new PointF[] { fromPt, new PointF (250, 225),
        new PointF (100, 250), new PointF (200, 300) });
    CAKeyFrameAnimation animPosition = (CAKeyFrameAnimation)
        CAKeyFrameAnimation.GetFromKeyPath ("position");
    animPosition.Path = path;

    _sublayer.Transform =
        CATransform3D.MakeRotation ((float)Math.PI, 0, 0, 1);
    CAKeyFrameAnimation animRotate = (CAKeyFrameAnimation)
        CAKeyFrameAnimation.GetFromKeyPath ("transform");
    animRotate.Values = new NSObject[] {
        NSNumber.FromCATransform3D (CATransform3D.MakeRotation
        (0, 0, 0, 1)),
        NSNumber.FromCATransform3D (CATransform3D.MakeRotation(
        (float)Math.PI / 2f, 0, 0, 1)),
        NSNumber.FromCATransform3D(CATransform3D.MakeRotation
```


그래픽과 애니메이션

```
        ((float)Math.PI, 0, 0, 1)) };

    CAAnimationGroup spinningMonkeyGroup =
        CAAnimationGroup.CreateAnimation ();
    spinningMonkeyGroup.Duration = 2;
    spinningMonkeyGroup.Animations =
        new CAAnimation[]{animPosition, animRotate};
    _sublayer.AddAnimation(spinningMonkeyGroup, null);
}
```

지금까지 본 예제에서 `CALayer.Contents`를 `CGImage`로 설정한 것은 해당 계층 콘텐츠를 제공했다. `CALayerDelegate` 구현이나 `CALayer` 서브클래싱으로 계층 콘텐츠를 제공할 수도 있다. 호출자를 위해 계층 내에서 콘텐츠 패키징을 하지 않는 한, 통상 코코아 터치를 통한 일반적이고 보다 가벼운 델리게이트 접근 방법을 사용하고자 할텐데 다음으로 이 작업을 해볼 것이다.

`CALayerDelegate`를 통해 콘텐츠를 제공하려면 `DrawLayer`를 구현하고 코어 그래픽스 드로잉 루틴을 실행한다. 흥미롭게도 `CALayerDelegate`는 `UIView`의 `Draw`를 재정의할 때 내부에서 사용되는데 이는 모든 뷰를 지원하는 계층에 뷰 자체에 대한 델리게이트 설정이 있기 때문이다. 이 델리게이트의 구현은 `UIView` 클래스의 `Draw` 메서드를 호출하는 것이다. `CALayerDelegate`로 콘텐츠를 제공할 때 콘텐츠를 강제로 그리기 위해 해당 계층에서 `SetNeedsDisplay`를 명시적으로 호출해야 한다(리스트 6.15).

리스트 6.15 `CALayerDelegate`로 계층 콘텐츠 제공하기

```
public override void ViewDidLoad ()
{
    base.ViewDidLoad ();
    _sublayer = new CALayer ();
    ...

    // CALayerDelegate를 통해 콘텐츠를 제공하기 위해

    _sublayer.Delegate = new LayerDelegate ();
    _sublayer.SetNeedsDisplay ();
    ...
}
```

```
...

class LayerDelegate : CALayerDelegate
{
    public override void DrawLayer (CALayer layer, CGContext context)
    {
        context.SetLineWidth (4);
        var path = new CGPath ();
        path.AddLines(new PointF[]{new PointF(0,0),
            new PointF(100,100), new PointF(100,0)});
        path.CloseSubpath ();
        context.AddPath (path);
        context.DrawPath (CGPathDrawingMode.Stroke);
    }
}
```

이 콘텐츠는 해당 계층의 그래픽스 컨텍스트에 그린 삼각형으로 대체된다. 하지만
애니메이션에 관련된 나머지 코드는 동일하게 남아 있다(그림 6.16).

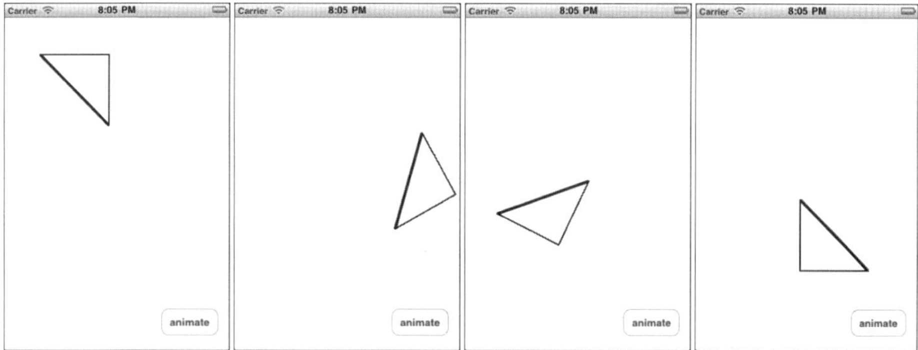

| 그림 6.16 | CALayerDelegate 구현의 계층 콘텐츠

☀ 요약

코어 그래픽스와 코어 애니메이션의 결합은 풍부하고 실감나는 고성능 그래픽 콘텐츠를 생성하기 위한 강력한 API 집합을 구성한다. 여기에는 UIKit에서 가져다 쓸 수 있는 대부분의 기초를 모아놓았다. 이들 기술에 직접 액세스하게 해줌으로써 iOS에서 사용자 정의된 사용자 경험을 생성할 수 있다. 여러분의 상상력에 제한만 없다면 말이다.

코어 로케이션

iOS에는 디바이스의 위치를 찾고 위치 정보를 나타내는 다양한 기능이 있다. 코어 로케이션 프레임워크를 통해 위치 정보를 가져오는 다양한 기본 기술의 이점을 취할 수 있다. MapKit 프레임워크(Chapter 8 "MapKit"에서 다룬다)와 함께 지도에서 이런 정보를 나타내는 위치 기반 기능을 애플리케이션에 쉽게 추가할 수 있다. 이번 챕터에서는 코어 로케이션 프레임워크를 소개하고 이를 잘 사용하기 위한 애플리케이션 설계 고려사항을 다룬다.

☼ 코어 로케이션 소개

코어 로케이션 프레임워크는 `MonoTouch.CoreLocation` 네임스페이스에 위치하고 애플리케이션에 디바이스 위치와 방위, 방향 정보를 제공한다. 코어 로케이션을 사용해 애플리케이션 실행이나 백그라운드에서 디바이스 위치를 정밀하게 읽어내고 방향을 추적한다.

코어 로케이션은 다양한 기술로 동작하며 위치 데이터를 단일 인터페이스로 추상화했다. 코어 로케이션 내부에서는 디바이스 위치 데이터를 얻는 데 셀룰러와 Wi-Fi, GPS의 세 가지 기술을 사용한다(그림 7.1).

셀(Cell) 포지셔닝은 현재 아이폰과 아이패드 3G에서 사용할 수 있다. 이 기술은 디바이스 위치를 삼각 측량하는 데 기지국의 위치를 사용한다. 이 방법은 배터리 수명 측면에서 좋으며 통상 위치를 더 빠르게 찾는다. 하지만 정밀도는 앞서 제시한 3가지 위치 측정 방법 중 최악으로, 거의 1000m 범위를 갖는다.

보통 셀 포지셔닝의 동작은 근처 기지국 그룹을 찾아서 서버를 호출해 위치를 가져오는 식이다. 위치 정보를 어디서나 얻게 하려는 노력의 일환으로 iOS는 셀 그룹이라는 잘 알려진 방법으로 위치 정보를 제공한다. 이를 디바이스 자체에 적용했기 때문에 데이터 연결이 없을 때도 대략의 위치를 가져올 수 있다.

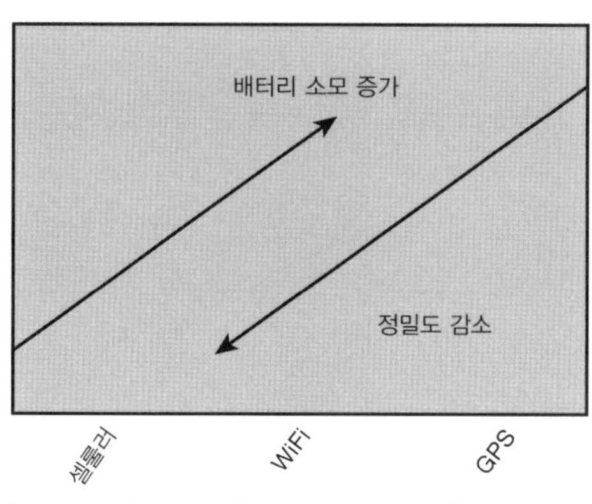

| 그림 7.1 | iOS의 위치 측정(Positioning) 방법

셀 포지셔닝과 유사한 Wi-Fi 포지셔닝은 알려진 Wi-Fi 핫스팟의 위치를 이용해 디바이스의 위치를 알아낸다. Wi-Fi는 셀 포지셔닝보다 정밀한 편이다. 셀 라디오의 유무에도 의존하지 않으므로 Wi-Fi는 디바이스 간의 가장 넓은 커버리지를 제공한다. 예를 들면 비 3G 아이패드에서 Wi-Fi를 사용해 위치 정보를 얻을 수 있다. 하지만 디바이스의 위치를 잡는 동작이 셀 포지셔닝보다는 느리고 배터리 소모도 더 많다.

가능한 한 많은 상황에서 가용한 위치 정보를 얻는다는 목적에 맞춰 애플은 Wi-Fi 핫스팟 위치를 디바이스에 저장해 마치 셀룰러처럼 데이터 연결을 얻을 수 없을 때도 대부분의 영역에서 위치를 잡을 수 있다. Wi-Fi는 실내에서 더 유용하다. 애플은 Wi-Fi 위치를 얻을 때 근처 핫스팟 위치도 가져오는데, 이 정보를 이용해 이동하면서 잠재적으로 데이터 연결을 잃을 때 해당 디바이스의 위치를 찾는다.

코어 로케이션 추상화에서 가장 정밀한 위치 기술은 GPS로 몇 미터 수준의 정밀도를 얻을 수 있다. 하지만 GPS는 정밀한 만큼 3가지 위치 기술 중 가장 배터리 소모가 많고 위치를 잡아내는 것도 가장 느리다.

코어 로케이션에서 가장 멋진 부분은 동일한 API를 사용해 이들 모든 방법을 다룰 수 있다는 점이다. 이 API를 사용하는 방법(예를 들면 요청하는 정밀도 등)은 내부 기술의 활용에 영향을 끼친다. 개발하는 시나리오에 맞춰 코어 로케이션의 사용을 구성할 때 애플리케이션을 실행하는 디바이스의 배터리 수명을 오랫동안 유지하는 데 맞춰야 한다. 예를 들면 앱에서 실제 GPS가 꼭 필요하지 않는 경우 가능하면 약간 정밀도를 낮춰 설정해 GPS를 굳이 사용하지 않게 만드는 것이다.

위치 업데이트는 실제로 애플리케이션 외부 디바이스에서 실행하는 시스템 서비스를 통해 동작한다. 위치 정보는 이 서비스에서 애플리케이션으로 전달된다. 이러한 설계를 통해 애플리케이션이 포그라운드나 백그라운드에서 실행 중이거나 일시 중지/종료되었을 때도 위치 업데이트가 동작한다.

그림 7.2는 코어 로케이션 기능을 애플리케이션에 추가할 때 사용하는 몇 가지 클래스를 보여준다. 이들 클래스를 좀 더 자세히 살펴보자.

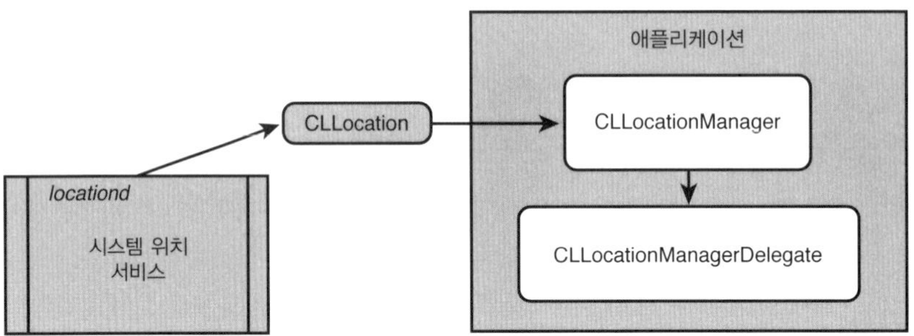

| 그림 7.2 | 외부 서비스에서 애플리케이션에 위치 업데이트 전송

표준 위치 서비스

작업할 두 가지 서비스는 중요 위치 변화(significant-location change) 서비스(나중에 설명한다)와 표준 위치 서비스다. 표준 위치 서비스는 앞서 언급한 세 가지 위치 기술을 기반으로 앱에 위치 정보를 제공한다. 실제 활용은 환경 요인과 디바이스 기능, 코드에 달렸다.

애플리케이션에서 위치를 연결하려면 다음의 단계를 따라야 한다.

1. `CLLocationManager` 인스턴스를 생성하고 다양한 속성을 설정한다.
2. `CLLocationManager`의 델리게이트를 설정한다.

3. `CLLocationManagerDelegate`에서 메서드를 구현해 위치 데이터를 처리하고 위치 서비스에서 에러를 다룬다.

4. 위치 서비스가 사용으로 설정되었는지 확인한다.

5. `CLLocationManager`에 업데이트 수신 시작을 알린다.

코어 로케이션을 사용하려면 위치 관리자 `CLLocationManager`를 생성해야 한다. 이 위치 관리자는 모든 코어 로케이션에서 흐름을 호출하는 클래스다. 위치 관리자를 갖게 되면 표준 위치 서비스를 사용할 때 몇 가지 중요한 속성을 설정해야 한다 (표 7.1 참고).

| 표 7.1 | 표준 위치 서비스에서 설정할 위치 관리자 속성

속성 이름	설명
Purpose	사용자에게 위치 서비스 액세스를 요청하는 대화상자에 나타내는 텍스트
DesiredAccuracy	요청하는 위치 정확도(수신하는 실제 정확도일 필요는 없다)
DistanceFilter	CLLocationManagerDelegate에 전송하지 않는 임계값 이하의 거리 변경
Delegate	위치 관리자에서 위치 메시지를 수신하는 인스턴스

`CLLocationManager`의 `Purpose` 속성은 애플리케이션에서 위치 서비스 사용을 요청할 때 사용자에게 텍스트를 표시하는 데 사용된다. 처음 위치 서비스 시작을 시도할 때 사용자에게 위치 서비스를 허용하도록 요청하는 대화상자를 표시한다. 이 대화상자는 사용자에게 한 번만 표시한다. 이 대화상자에 응답하고 나면 두 번 다시 나타나지 않는다. 이 대화상자의 텍스트에는 `Purpose` 속성에 설정한 값을 담고 있다. 이 텍스트에 위치 서비스 액세스 요청을 하는 이유를 사용자에게 명확하게 설명해야 한다(그림 7.3).

| 그림 7.3 | Purpose 속성의 내용을 보여주는 대화상자

위치 서비스가 해제되면 사용자가 이 서비스를 의도적으로 해제했다는 가정 하에서 다시 액세스 요청을 하지 않고 그냥 종료하도록 할 수 있다. 하지만 이런 기능은 앱의 사용 사례에 따라 다양하다.

DesiredAccuracy를 통해 코어 로케이션에 애플리케이션에서 얻고자 하는 정확도 수준을 알려준다. 이 값이 꼭 진짜 정확도여야 하는 것은 아니지만 코어 로케이션의 목적은 그런 정확도를 얻으려고 하는 것이다. 정확한 위치를 실제로 요구하지 않는다면 완전한 값이 아니라 애플리케이션에 필요한 값으로 설정하는 것이 중요하다. 정확도를 대략의 값으로 설정하면 셀과 Wi-Fi 같이 배터리 소모를 줄일 수 있다. 코코아 터치에서 다양한 상수를 사용해 CLLocation 클래스의 정적 읽기 전용 필드에 바인딩된 DesiredAccuracy를 설정한다(표 7.2 참조).

| 표 7.2 | `DesiredAccuracy` 설정을 위한 CLLocation 필드

이름	설명
AccuracyBestForNavigation	가장 높은 정확도 수준에 자이로스코프 같은 센서의 지원도 추가됨
AccuracyBest	보통 사용하는 가장 높은 정확도 수준
AccuracyHundredMeters	100 미터 내의 정확도
AccuracyKilometers	가장 가까운 1 킬로미터에 대한 정확도
AccuracyNearestTenMeters	10미터 내의 정확도
AccuracyThreeKilometers	3 킬로미터 내의 정확도

Note 가능한 한 빨리 위치 데이터를 제공하기 위해 코어 로케이션에서 받는 초기값은 GPS가 동작하는 지역에 있더라도 `AccuracyBest` 값보다 덜 정확할 것이다. GPS는 보통 위치를 얻어오는 데 더 오래 걸리기 때문이다. 더 정확한 데이터를 사용할 수 있다면 이를 애플리케이션에 전송한다.

이용할 수 있는 또 다른 중요한 속성이 `DistanceFilter`다. 위치 서비스를 시작할 때 디바이스 위치 변화에 따라 데이터가 애플리케이션으로 계속 흘러들어간다. `DistanceFilter`는 `CLLocationManagerDelegate` 구현 시 알림이 폭주하는 것을 막는 데 사용된다. 위치의 변경이 `DistanceFilter`로 설정한 값에 가깝지 않고 크다면 콜백을 받지 않는다. 하지만 위치 서비스는 계속 돌아가고 위치 관리자에 위치 데이터를 제공한다. 더 정확한 위치를 사용할 수 있다면, 더 높은 수준의 정확도를 요청했을 때 `DistanceFilter`에 독립적인 그 정보를 얻을 수 있다. 코어 로케이션에서는 대부분의 상황에서 애플리케이션에 대해 최선의 위치 정보를 제공하도록 정확도 요구 사항을 만족시키고자 한다.

애플리케이션에서 코어 로케이션을 설정하는 예를 살펴보자. 이 애플리케이션은 위치 서비스를 시작하고 테이블에 위치 업데이트를 표시한다(그림 7.4). Xamarin Studio를 열고 'LMT7-1'라는 이름으로 새로운 [iPhone]-[Empty Project]를 생성하고 앞서 했던 것처럼 MainWindow.xib를 만들고 관련 아웃렛을 연결한다.

| 그림 7.4 | 위치 데이터를 보여주는 샘플 애플리케이션

별도의 xib에 테이블을 설정하고 MainWindow.xib에서 이 테이블을 로드한다. `LocationTableViewController`라는 새로운 iPhone View with Controller를 프로젝트에 추가한다. 여기에는 보고할 각 위치에 대한 셀을 표시하는 테이블 뷰를 담는다. 위치 서비스를 시작하고 중지하려면 버튼 툴바에서 두 개의 버튼을 사용한다. IB에서 필요한 모든 아웃렛을 연결함으로써 `LocationTableViewController` 클래스에서 이들을 액세스할 수 있다(그림 7.5). MainWindow.xib에서 LocationTableViewController.xib로부터 로드할 `UIViewController`를 추가하고 `AppDelegate`에서 아웃렛을 `UIViewController`로 설정한다. 마지막으로 `AppDelegate`의 `FinishedLoading` 메서드에서 `LocationTableViewController`의 뷰를 해당 윈도우에 추가한다.

Note `UITableView`를 사용하는 방법을 다시 살펴보려면, Chapter 5 "테이블과 내비게이션"을 참고하자.

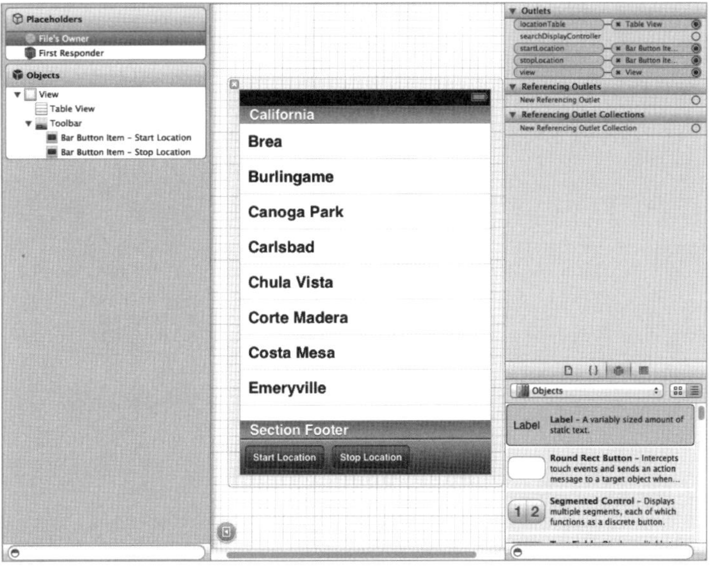

| 그림 7.5 | LocationTableViewController.xib를 보여주는 인터페이스 빌더

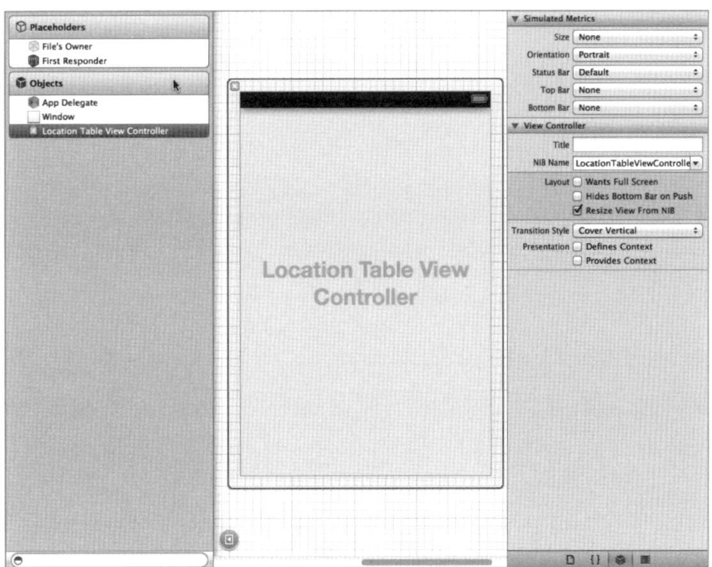

| 그림 7.6 | MainWindow.xib를 보여주는 인터페이스 빌더

이 예제에서는 뒤에 나오는 예제에서 재사용하기 위해 캡슐화할 수 있도록 별도의 클래스에서 위치 관리자와 상호작용하도록 만들자. 이런 설계를 하면 백그라운드 위치 업데이트를 더 쉽게 지원할 수 있는데, 이 부분은 Chapter 7 뒷부분에서 해볼 것이다. 이 클래스를 프로젝트에 추가하고 이름을 ‘LocationHelper’로 하자. CLLocation 개체의 목록에 대한 참조를 유지해서 어떤 컨트롤러에서든 쉽게 위치 데이터에 액세스하도록 만든다.

```
public sealed class LocationHelper
{
    static LocationHelper locationHelperInstance =
    new LocationHelper ();

    public static LocationHelper Instance {
      get { return locationHelperInstance; }
    }

    List<CLLocation> _locations;
    public List<CLLocation> Locations {
      get { return _locations; }
    }

    LocationHelper (){
      _locations = new List<CLLocation> ();
      ...
    }
    ...
}
```

첫 번째로 처리해야 할 일은 위치 관리자 설정으로, LocationHelper 클래스에서 참조를 유지한다. 위치 업데이트 수신을 시작하기 전에 앞서 언급한 위치 관리자의 속성을 설정해야 한다. 위치 업데이트에 DesiredAccuracy와 DistanceFilter가 어떤 식으로 영향을 끼치는지 알아보기 위해 서로 다른 값을 넣어 실험해볼 수 있다. 우선, 이들 둘을 간단히 AccuracyBest로 설정한다.

```
public sealed class LocationHelper
{
    static LocationHelper locationHelperInstance =
```

```
    new LocationHelper ();

  public static LocationHelper Instance {
    get { return locationHelperInstance; }
  }

  CLLocationManager _locationManager;

  List<CLLocation> _locations;
  public List<CLLocation> Locations {
    get { return _locations; }
  }

  public event EventHandler LocationAdded;
  LocationHelper ()
  {
    _locations = new List<CLLocation> ();

    _locationManager = new CLLocationManager ();
    _locationManager.Purpose = "This is the purpose string.";
    _locationManager.DesiredAccuracy = CLLocation.AccuracyBest;
    _locationManager.DistanceFilter = CLLocation.AccuracyBest;

    _locationManager.Delegate =
            new LMTLocationManagerDelegate (this);
  }
  ...
}
```

위치 업데이트는 CLLocationManagerDelegate의 인스턴스인 위치 관리자 델리게이트에 전송된다(리스트 7.1). 모노터치에서 코코아 터치 위임 패턴을 다르게 사용해본 것처럼 중첩 클래스에서 델리게이트 클래스를 서브클래싱해서 이를 구현한다.

모노터치는 이번 챕터에서 살펴본 여러 가지 CLLocationManagerDelegate 메서드를 CLLocationManager 클래스의 .NET 이벤트를 통해 노출한다.

리스트 7.1 CLLocationManager

```
[Register ("CLLocationManagerDelegate")]
public class CLLocationManagerDelegate : NSObject
{
    // 생성자
    public CLLocationManagerDelegate ();
```

```
    public CLLocationManagerDelegate (NSCoder coder);
    public CLLocationManagerDelegate (NSObjectFlag t);
    public CLLocationManagerDelegate (IntPtr handle);

    // 메서드
    public virtual void UpdatedLocation (CLLocationManager manager,
        CLLocation newLocation, CLLocation oldLocation);
    public virtual void UpdatedHeading (CLLocationManager manager,
        CLHeading newHeading);
    public virtual bool ShouldDisplayHeadingCalibration (
        CLLocationManager manager);
    public virtual void Failed (CLLocationManager manager,
        NSError error);
    public virtual void RegionEntered (CLLocationManager manager,
        CLRegion region);
    public virtual void RegionLeft (CLLocationManager manager,
        CLRegion region);
    public virtual void MonitoringFailed (CLLocationManager manager,
        CLRegion region, NSError error);
}
```

위치 업데이트를 가져오기 위해 재정의해야 하는 가상 함수가 UpdatedLocation
이다. 위치 에러에 적절히 대응하기 위해 항상 Failed도 재정의해야 한다(더 자세한
내용은 곧 나온다). LocationHelper의 소비자에 다시 업데이트를 보고하려면 다음
처럼 새로운 위치가 수신될 때 이벤트를 일으키고 LocationHelper의 목록에 해당
위치를 추가한다.

```
class LMTLocationManagerDelegate : CLLocationManagerDelegate
{
    LocationHelper _helper;
    public LMTLocationManagerDelegate (LocationHelper lh)
    {
      _helper = lh;
    }

    public override void UpdatedLocation (CLLocationManager manager,
    CLLocation newLocation, CLLocation oldLocation)
    {
      Console.WriteLine ("New location data = {0}" ,
          newLocation.Description ());

      _helper.Locations.Add (newLocation);
```

```
        if (_helper.LocationAdded != null)
            _helper.LocationAdded (_helper, new EventArgs ());
    }

    public override void Failed (CLLocationManager manager,NSError error)
    {
      ...
    }
}
```

로케이션 서비스에서 보고된 에러를 수신하기 위해 `CLLocationManager`
`Delegate` 서브클래스에서 `Failed` 메서드를 재정의한다. `CLError` 열거형에서 볼 수
있는 것처럼 위치 서비스에서 여기에 전송하는 다양한 에러가 있다(리스트 7.2).
`CLError.LocationUnknown`이 반환되면 이는 해당 디바이스가 근처에 Wi-Fi가 없
는 실내처럼 위치를 결정하기 어려운 지역에 있음을 의미한다. 이런 값이 반환되면
그 디바이스는 즉시 위치 수신을 시작하지 못하므로 위치 서비스를 중지하고 나중에
다시 시도할 수 있다. 이 에러(또는 다른 에러 역시)를 무시한다면 위치 서비스는 계
속 위치를 얻어오려 할 것이다. 위치 서비스를 계속 시도할지 일단 종료하고 나중에
다시 시도할지 여부를 결정할 때 이런 반복된 호출의 배터리 소모 비용 대비 에러 발
생 후 위치를 바로 얻어올 가능성을 고려하자.

하지만 `CLError.Denied`는 단순히 넘겨버리면 안 되는 에러다. 이 에러는 해당 사
용자가 애플리케이션이나 시스템 전반에서 위치 서비스를 허용하지 않았을 때 반환
되는 에러다. `CLError.Denied`가 반환될 때는 항상 위치 서비스를 종료해야 한다.

리스트 7.2 `CLError` **열거형**

```
public enum CLError {
    LocationUnknown,
    Denied,
    Network,
    HeadingFailure,
    RegionMonitoringDenied,
    RegionMonitoringFailure,
    RegionMonitoringSetupDelayed
}
```

이 예제에서는 거부된다면 위치 업데이트 수신을 중지하고 그 외의 경우에는 재시도를 허용한다. 위치 업데이트 수신을 중지하려면 간단히 `CLLocationManager`의 `StopUpdatingLocation` 메서드를 다음처럼 호출하면 된다.

```
class LMTLocationManagerDelegate : CLLocationManagerDelegate
{
    ...
    public override void Failed (CLLocationManager manager,
    NSError error)
    {
      if (error.Code == (int)CLError.Denied) {
          Console.WriteLine ("Access to location services denied");
          manager.StopUpdatingLocation ();
          manager.Delegate = null;
      }
    }
}
```

위치 관련 코드를 사용하기 전에 위치 관리자에게 업데이트 수신을 시작하도록 알려야 한다. 위치 서비스를 해제하려면 먼저 사용자가 선택한 이벤트에서 위치 서비스가 켜졌는지를 검사해야 한다. `CLLocationManager`에는 다음 코드에서 볼 수 있는 것처럼 이런 목적으로 사용할 `LocationServicesEnabled`라는 정적 속성이 있다.

```
public void StartLocationUpdates ()
{
    if (CLLocationManager.LocationServicesEnabled)
      _locationManager.StartUpdatingLocation ();
    else {
      UIAlertView alert = new UIAlertView(
          "Cannot determine location",
          "Location services are disabled",
          null, "OK" );

      alert.Show();
    }
}
```

위치 서비스가 활성화되어 있지 않다면 사용자에게 알림을 주고 위치를 사용하려는 시도를 중단시킨다. 위치 서비스가 활성화되었다면 `CLLocationManager` 인스턴스에서 `StartUpdatingLocation`을 호출한다. 이 메서드는 시스템 위치 서비스에 위치 업데이트 수신을 원하고 있음을 알려준다. 위치 관리자에서 `DesiredAccuracy`와 `DesiredFilter`와 같은 값을 사용해 위치 관리자는 위치 업데이트 델리게이트를 호출한다. `StartUpdatingLocation`을 처음 호출하는 것은 시스템에서 사용자에게 앞서 그림 7.2에서 본 권한 부여 대화상자를 요청할 때다.

이제 애플리케이션을 실행하면 다시 테이블에 표시되는 위치 정보를 보게 된다. 여기서 몇 가지 주목할 부분이 있다. `DesiredAccuracy`를 `AccuracyBest`로 설정했기 때문에 위치 서비스는 정확도가 개선될 때마다 계속 정보를 업데이트한다. 앞서 설명한 것처럼 코어 로케이션은 내부에서 여러 가지 기술을 사용한다. 가능한 신속하게 위치 데이터를 애플리케이션에 제공하기 위해 처음에는 셀이나 Wi-Fi에서 정보를 가져올 것이다. GPS 사용처럼 보다 정확한 위치 데이터를 결정할 때는 위치 관리자에 `AccuracyBest`처럼 더 높은 수준의 정확도를 설정하면 애플리케이션에 다시 알려주게 된다. `LocationFilter`에 `AccuracyBest`를 설정함에 따라 위치 관리자에 여러 번의 업데이트가 전송되고 이어서 위치 관리자의 델리게이트로 전송이 일어난다.

애플리케이션을 여러 번 실행한다면 제공되는 첫 번째 위치는 이전에 실행한 캐시에서 가져온다. 따라서 애플리케이션을 여러 번 시작할 때 이 시간 안에 디바이스를 들고 먼 거리를 이동한다면, 읽어온 초기 위치는 유효하지 않게 된다. 이런 상황이 주는 교훈은 위치 데이터를 사용할 때, 특히 `DesiredAccuracy`와 `DistanceFilter`에 대한 적절한 값을 설정할 때 애플리케이션에 반환된 각 `CLLocation` 개체의 타임스탬프와 정확도를 확인해야 사용해도 되는 값인지를 결정할 수 있다는 것이다. 다음 목록은 아이폰 4에서 실행한 샘플 애플리케이션에 대한 위치 데이터를 보여준다. 이들 위치는 이전에 실행한 정보의 첫 번째 값과 다양한 정확도 수준을 보여준다.

```
<+41.86337816, -72.56874647> +/- 5.00m (speed 10.12 mps / course 125.25) @
2010-09-19 18:33:36 GMT
<+41.86773741, -72.57973313> +/- 942.00m (speed -1.00 mps / course -1.00) @
2010-09-20 00:21:06 GMT
<+41.86773741, -72.57973313> +/- 942.00m (speed -1.00 mps / course -1.00) @
2010-09-20 00:21:06 GMT
```

```
<+41.87914216, -72.57243812> +/- 100.00m (speed -1.00 mps / course -1.00) @
2010-09-20 00:21:06 GMT
```

✳ 방위 업데이트 가져오기

방위는 진북(true north)이나 자북(magnetic north)을 기준으로 디바이스가 가리키는 방향을 측정하는 것으로 자력계(magnetometer)를 가진 디바이스에서 사용할 수 있다. 방위 정보를 얻기 위한 코드는 위치 업데이트를 얻기 위한 코드와 아주 유사하다. 방위 업데이트를 시작하고 멈추기 위해 `CLLocationManager`에서 다른 메서드를 간단히 호출하는데, `CLLocationManagerDelegate`에서 이 메서드를 구현해 데이터를 가져온다.

방위 업데이트 수신 시작 및 중지 메서드는 각각 `StartUpdatingHeading`과 `StopUpdatingHeading`이다. 방위 데이터를 가져오려면 델리게이트에서 `UpdatedHeading`을 재정의한다(리스트 7.3).

리스트 7.3 <u>LocationHelper</u>에서 방위 정보 가져오기

```
public void StartHeadingUpdates ()
{
    if (CLLocationManager.HeadingAvailable)
        _locationManager.StartUpdatingHeading ();
    else {
        UIAlertView alert = new UIAlertView (
        "Cannot determine location", "Location services are disabled",
        null, "OK");
        alert.Show ();
    }
}

public void StopHeadingUpdates ()
{
    _locationManager.StopUpdatingHeading ();
}
...

public override void UpdatedHeading (CLLocationManager manager,CLHeading
newHeading)
```

```
{
    Console.WriteLine ("Magnetic Heading = {0}",
        newHeading.MagneticHeading);

    Console.WriteLine ("True Heading = {0}", newHeading.TrueHeading);

    Console.WriteLine ("Heading Accuracy = +/-{0} degrees",newHeading.Heading
Accuracy);
}
```

리스트 7.3에서 방위 업데이트를 시작하기 전에 `HeadingAvailable`도 확인한다. 방위 데이터는 자북과 진북 값을 제공할 수 있는데, 후자 역시 위치 서비스를 시작한 경우만 사용할 수 있다. 예를 들면, 다음은 위치 서비스가 시작된 경우 방위 데이터를 방위 업데이트에 추가하는 것이다.

```
Magnetic Heading = 313.343505859375
True Heading = 299.116575241089
Heading Accuracy = +/-25 degrees
```

`UpdatedHeading` 구현에서 진방위(true heading)[1]를 수신한다면 `CLHeading.TrueHeading`에서 값의 유효성을 확인하고 유효하지 않는 경우 자방위로 변경해야 한다.

```
public override void UpdatedHeading (CLLocationManager manager, CLHeading
newHeading)
{
    if (newHeading.TrueHeading > 0)
    // 진방위(true heading) 사용
    else
    // 자방위(magnetic heading) 사용
}
```

게다가 되받은 `CLHeading`에는 연결된 정확도 값이 있으며 `HeadingAccuracy` 속성을 통해 사용할 수 있다. 이 값 역시 다음과 같이 정확함을 확인해야 한다.

---

1 (역자 주) 진북(眞北)을 기준으로 한 것을 기수 진방위(true heading), 자북(磁北)을 기준으로 한 것을 기수 자방위(magnetic heading)라 한다.

```
public override void UpdatedHeading (CLLocationManager manager,CLHeading
newHeading)
{
    if (newHeading.HeadingAccuracy < 0)
    // Heading이 유효하지 않음
}
```

마지막으로, 위치 업데이트를 위해 `DistanceFilter`를 사용했던 유사한 방식으로 `CLLocationManager.HeadingFilter`를 사용해 방위 콜백을 세부적으로 제어할 수도 있다. 도 단위로 방위 변화가 `HeadingFilter`보다 적다면 방위 업데이트 콜백을 생성하지 않는다.

```
LocationHelper ()
{
    ...
    _locationManager.DistanceFilter = CLLocation.AccuracyBest;
    // 방위 콜백을 생성하는 최소 각도 (degrees)
    _locationManager.HeadingFilter = 10;
    _locationManager.Delegate = new LMTLocationManagerDelegate (this);
}
```

`HeadingFilter`를 10(도)으로 설정하는 것은 위치 관리자에서 `UpdatedHeading`을 호출하는 데는 10도 이상의 방위 변경이 필요하다.

⚡ 중요 위치 변경

아이폰 4 이상에서 사용할 수 있는 중요 위치 변경 서비스(significant-change location service)는 디바이스의 위치에 상당한 변화가 있을 때 위치 업데이트를 반환한다. 이는 디바이스에서 새로운 기지국을 만날 때마다 새로운 위치 이벤트가 생성된다는 의미이다. 이 서비스의 근본적인 이점은 표준 위치 서비스에서 셀룰러 위치만 사용해 배터리 수명을 개선한다는 점이다. 게다가 애플리케이션이 중요 위치 변경 업데이트 수신을 시작하고 나중에 종료하면 중요 위치 변경 서비스는 새로운 업데이트가 도착할 때 이를 처리할 수 있도록 애플리케이션을 깨운다.

중요 위치 변경에 대한 API는 코어 로케이션의 다른 부분과 일관성을 갖도록 설계되었으므로, 이를 사용하는 코드는 표준 위치 서비스를 사용하는 코드와 매우 비슷할 것이다. 이 서비스를 시작하려면 위치 관리자의 StartMonitoringSignificantLocationChange 메서드를 호출하면 된다. 이 API는 아이폰 4에 한정된 기능이기 때문에 다음처럼 해당 서비스가 사용 가능한지 시험해야 한다.

```
if(CLLocationManager.SignificantLocationChangeMonitoringAvailable)
logMgr.StartMonitoringSignificantLocationChange ();
```

그렇지 않으면 코드는 정확히 동일하게 유지된다. CLLocationManagerDelegate의 Update 메서드에서 위치 업데이트를 여전히 수신한다. 물론 이들 업데이트는 셀룰러 라디오에서만 나오기 때문에 정확도는 별로지만 애플리케이션이 대기 모드나 종료되었을 때도 위치 데이터를 여전히 수신하면서 대략적으로 판독하고 덜 자주 업데이트하기 원하는 시나리오에서는 배터리 수명을 늘릴 수 있다.

다음은 중요 위치 변경을 사용해 샘플 애플리케이션에서 읽어온 자료다. 정확도는 각 위치에 대해 1000m보다 크고 위치 업데이트 수신 주기는 앞서의 GPS 예제에서보다 증가되었다.

```
<+41.79254472, -72.62135916> +/- 1000.00m (speed -1.00 mps / course -1.00)
@ 2010-09-23 16:06:47 GMT
<+41.78039819, -72.61692571> +/- 1039.00m (speed -1.00 mps / course -1.00)
@ 2010-09-23 16:28:48 GMT
<+41.76195544, -72.61576914> +/- 1750.00m (speed -1.00 mps / course -1.00)
@ 2010-09-23 16:32:18 GMT
<+41.77082288, -72.60320878> +/- 1362.00m (speed -1.00 mps / course -1.00)
@ 2010-09-23 16:32:49 GMT
```

이 서비스는 중요 위치 변경을 수신하는 애플리케이션을 깨우지만 UI가 존재하지 않아도 적절한 위치 관리자 설정을 제공해야 한다. 이 설정은 앞서 했던 것처럼 별도의 클래스에서 위치 관리자를 캡슐화해 도움을 주는 하나의 영역이다. 애플리케이션이 깨어날 때 위치 관리자에서는 시스템 서비스로부터 적절한 위치 업데이트를 수신한 뒤 이를 해당 델리게이트에 전달해야 한다. 이 작업은 AppDelegate의 Finished

Launching 메서드에서 수행할 수 있다. 위치 서비스에서 이전에 중요 위치 변경에 대한 위치 이벤트를 수신하도록 등록한 애플리케이션을 깨울 때 AppDelegate에 전달한 옵션 사전에서 LaunchOptionsLocationKey를 전송한다. 따라서 이 값을 검사해 위치 이벤트에 응답하기 위해 애플리케이션이 시작되었는지 여부를 결정한다 (리스트 7.4 참조).

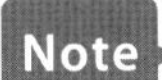

애플은 실제로 정보 제공의 목적으로 LaunchOptionsLocationKey 사용과 애플리케이션이 시작되는 방법에 상관없이 위치 관리자를 설정하는 것을 지지한다. 예제에서는 버튼 클릭을 통해 위치 관리자를 설정하고 시작했기 때문에, 시작 코드에서는 위치 업데이트를 통해 시작된 경우만 위치 관리자를 생성하도록 유지하자.

리스트 7.4 중요 위치 변경으로 애플리케이션 깨우기

```
public partial class AppDelegate : UIApplicationDelegate
{
    public override bool FinishedLaunching (UIApplication app,NSDictionary
options)
    {
        if (options != null) {
            NSObject launchedFromLocation;
            if (options.TryGetValue (
            UIApplication.LaunchOptionsLocationKey,
            out launchedFromLocation)) {
                if (((NSNumber)launchedFromLocation).BoolValue) {
                    Console.WriteLine ("Launched From Location Event");

                    // 위치 업데이트로 인해 해당 앱이
                    // 백그라운드에서 시작하는 경우에
                    // 위치 관리자가 생성되도록 보장하는
                    // 래퍼 메서드
                    LocationHelper.Initialize ();
                }
            }
        }
    ...
}
```

❋ 영역 모니터링

중요한 위치 변경은 배터리 수명을 늘리고 기지국이 변경될 때 발생하는 대략적인 위치 이벤트를 사용하도록 할 때 좋다. 아이폰 4에서 사용할 수 있는 또 다른 유사한 기능이 영역 모니터링(Region Monitoring)이다.

영역 모니터링은 중요한 위치 변경처럼 동작하지만 기지국을 변경할 때 위치 업데이트를 수신하는 대신 선택한 영역에 들어가거나 나갈 때 업데이트를 수신한다. 보통의 사용 사례는 관심 있는 대상이 가까이 있을 때 사용자에게 알려주는 것이다. 예를 들어 해당 사용자가 도서관 근처에 있을 때 반환해야 하는 책이 있음을 상기시켜주는 식이다.

영역 모니터링 사용은 중요한 위치 변경을 사용하는 방식과 유사하며, 주로 모니터링을 설정한 영역을 중심으로 한 차이를 사용한다. 영역 모니터링을 사용하는 기본 단계는 다음과 같다.

1. 디바이스에서 영역 모니터링을 지원하는지 여부를 확인한다.
2. 영역 모니터링이 켜졌는지 확인한다.
3. 모니터링할 영역을 생성한다.
4. 위치 서비스에 해당 영역을 등록한다.
5. 영역 업데이트 메서드를 처리한다.

영역 모니터링이 지원되는지 여부(현재는 아이폰 4 이상에서만 지원)를 확인하고 활성화하려면 CLLocationManager에서 RegionMonitoringAvailable을 각각 호출한 후 위치 관리자에서 StartMonitoring을 호출하고 모니터링하려는 영역을 넘길 수 있다. 이를 지원하기 위해 LocationHelper에 다음의 메서드를 추가해보자.

```
public void StartRegionUpdates (CLRegion region)
{
    if (CLLocationManager.RegionMonitoringAvailable) {

    _locationManager.StartMonitoring (region);
```

```
        }
    }
```

StartMonitoring 메서드에 전달할 두 번째 인자는 영역 업데이트를 위해 원하는 정확도다. 이 값을 사용하면 영역의 가장자리 근처에 있을 때 발생하는 영역 이벤트를 걸러낼 수 있다. 이 작업은 앞서 위치 업데이트에 대해 설정한 정확도에 독립적이다.

특정 영역에 대한 업데이트를 멈추려면 StopMonitoring을 호출하고 더 이상 업데이트를 받고 싶지 않은 영역을 전달한다. 이 부분도 역시 LocationHelper 클래스에서 다음처럼 래핑했다.

```
public void StopRegionUpdates (CLRegion region)
{
    _locationManager.StopMonitoring (region);
}
```

모니터링할 영역을 지정해야 하는데, 이 작업은 다음과 같이 LocationTableViewController에서 바로 영역을 추가해서 수행할 수 있다.

```
_testRegion = new CLRegion (new CLLocationCoordinate2D (41.79554472,
-72.62135916), 1000, "testRegion");
LocationHelper.Instance.StartRegionUpdates (_testRegion);
```

MapKit 주석과 오버레이를 사용해 지도에서 대화형으로 영역 편집을 지원할 수 있다. Chapter 8에서 MapKit을 보다 자세히 설명한다.

CLRegion에 대한 첫 두 개의 인자는 각각 영역의 중심과 반지름이다. 세 번째 인자는 애플리케이션에 대한 콜백에서 들어오고 나간 영역을 구별하는 데 사용하는 식별자다. 이들 영역 업데이트를 다루려면 CLLocationManagerDelegate에서 RegionEntered와 RegionLeft 메서드를 구현해야 한다. 이들 메서드에 전달하는 영역은 해당 영역을 생성할 때 설정한 Identifier 속성이다. 여기서는 데모에 맞게 하나의 영역만 사용하지만 Chapter 8에서 MapKit을 사용하는 예제를 확장할 때 여러 영역을 사용한다.

```
public override void RegionEntered (CLLocationManager manager,
    CLRegion region)
{
    Console.WriteLine("entered region {0}", region.Identifier);
}

public override void RegionLeft (CLLocationManager manager,
    CLRegion region)
{
    Console.WriteLine("exited region {0}", region.Identifier);
}
```

여러 영역이라는 말이 나온 김에, 현재로서 한 가지 언급할 만한 것은 다수의 애플리케이션에서 모니터링할 영역들을 등록할 수 있기 때문에 모니터링할 수 있는 영역의 수는 제한된 시스템 자원 안에서만 가능하다. 따라서 주어진 시간에 등록한 영역의 수를 제한하려 할 것이다. 예를 들면 현재 디바이스 위치에서 영역이 일정한 거리 이상 떨어지면 StopMonitoring을 호출할 수 있다.

주어진 시간에 시스템에서 허용할 수 있는 것보다 더 많은 지역을 모니터링 영역으로 추가하려 한다면 MonitoringFailed 메서드가 호출된다. 앞서 언급한 상황의 경우 에러 코드는 통상 RegionMonitoringFailure다.

```
public override void MonitoringFailed (CLLocationManager manager,
    CLRegion region, NSError error)
{
    Console.WriteLine ("region monitoring failed for region {0}" ,
        region.Identifier);

    if (error.Code == (int)CLError.RegionMonitoringDenied){
        Console.WriteLine("RegionMonitoringDenied" );
    }
    else if(error.Code == (int)CLError.RegionMonitoringFailure){
        Console.WriteLine("RegionMonitoringFailure" );
    }
    else if(error.Code == (int)CLError.RegionMonitoringSetupDelayed){
        Console.WriteLine("RegionMonitoringSetupDelayed" );
    }
}
```

이미 코어 로케이션에서 애플리케이션을 깨우고 중요한 위치 변경과 영역 모니터링에 대한 업데이트를 전송한다는 점을 살펴봤다. 코어 로케이션은 애플리케이션에서 지속적인 위치 업데이트를 제공하기 위해 백그라운드에서 표준 위치 서비스를 실행하는 방식도 지원한다. 이 기능은 예를 들면 턴바이턴 내비게이션(turn-by-turn navigation)처럼 항상 정확한 위치 데이터가 필요한 사용 사례에 좋다. 하지만 이 기능은 배터리를 많이 소모하는 기능이므로 사용할 때 신중해야 한다.

백그라운드 위치 서비스를 계속 켜놓으려면 Info.plist의 `UIBackgroundMode` 키의 값에 "`location`" 문자열을 할당된 배열에 포함하도록 설정해야 한다(리스트 7.5).

리스트 7.5 Info.plist에 백그라운드 로케이션 설정

```xml
<?xml version="1.0" encoding="UTF-8"?>
<!DOCTYPE plist PUBLIC "-//Apple//DTD PLIST 1.0//EN"
"http://www.apple.com/DTDs/PropertyList-1.0.dtd">
<plist version="1.0">
    <dict>
    <key>UISupportedInterfaceOrientations</key>
    <array>
        <string>UIInterfaceOrientationPortrait</string>
        <string>UIInterfaceOrientationPortraitUpsideDown</string>
        <string>UIInterfaceOrientationLandscapeLeft</string>
        <string>UIInterfaceOrientationLandscapeRight</string>
    </array>
    <key>UIBackgroundModes</key>
    <array>
        <string>location</string>
    </array>
    </dict>
</plist>
```

이 애플리케이션은 백그라운드에서 업데이트를 수신하기 때문에 표시되지 않는 사용자 인터페이스 컴포넌트 업데이트를 시도하지 않도록 처리하고자 한다. 이는 예제에서 테이블에 위치 정보를 추가하지 않도록 구현을 변경해야 된다는 것을 의미한다.

앞서 설명한 기능을 지원하기 위해 `LocationHelper` 클래스에 두어 가지를 변경해

보자. 먼저 UIViewController에서 이전에 등록한 이벤트 핸들러를 모두 제거하는 방법이 필요하므로 백그라운드에서 다음을 호출해야 한다.

```
public void ClearLocationAdded ()
{
    LocationAdded = null;
}
```

사용자 지정 이벤트 인수도 추가해서 CLLocation이 추가될 때 각 CLLocation을 다시 전달하자. 애플리케이션이 백그라운드로 실행할 때 새로운 이벤트 핸들러에서 이 CLLocation을 사용한다.

리스트 7.6 CLLocation을 포함하는 LocationEventArgs

```
public event EventHandler<LocationEventArgs> LocationAdded;

...

class LMTLocationManagerDelegate : CLLocationManagerDelegate
{
    ...
    public override void UpdatedLocation (CLLocationManager manager,
        CLLocation newLocation, CLLocation oldLocation)
    {
        _helper.Locations.Add (newLocation);
        if (_helper.LocationAdded != null)
        {
            _helper.LocationAdded (_helper,
            new LocationEventArgs (newLocation));
        }
    }
}

public class LocationEventArgs : EventArgs
{
    CLLocation _location;
    public CLLocation Location {
        get {
            return _location;
        }
    }
```

```
    public LocationEventArgs (CLLocation location)
    {
        _location = location;
    }
}
```

이 작업 역시 앞서 끝내고 전체 테이블을 다시 로드하지 않고 새로운 행을 추가할 수도 있었다. 하지만 코어 로케이션 설명에 너무 많은 테이블 코드를 다루고 싶지는 않았다.

UIApplicationDelegate의 DidEnterBackground 메서드는 애플리케이션이 백그라운드로 들어갈 때 호출된다. 여기서는 다음과 같은 백그라운드에서 위치 업데이트를 적절히 다루는 코드를 추가할 수 있다.

```
public override void DidEnterBackground (UIApplication application)
{
    LocationHelper.Instance.ClearLocationAdded ();

    LocationHelper.Instance.LocationAdded += delegate(object sender,
      LocationEventArgs e) {

    // 여기서 백그라운드 처리를 모두 추가한다

    Console.WriteLine("Location from background: {0}",
      e.Location.Description());
    };
}
```

이 코드에서는 앞서 위치 이벤트에 연결한 사용자 인터페이스 코드가 백그라운드에서 갑자기 실행되지 않게 하는 새로운 메서드를 간단히 호출했다. 그 다음 백그라운드에서 애플리케이션이 돌아갈 때 위치 업데이트를 처리하는 코드를 구체적으로 추가했다. 편의상 여기서는 로그 항목을 추가했다(디바이스를 연결하고 Xcode Organizer에서 콘솔을 열어 확인할 수 있다).

☀ 요약

코어 로케이션에서는 애플리케이션에서 위치 업데이트를 가져와 처리하는 일관성 있는 API를 제공한다. 배터리 소모량에도 큰 영향을 끼치는 위치 데이터의 정확도를 제어할 수 있다. 코어 로케이션을 사용하면 배터리가 별로 없는 상황에서 업데이트를 수신하는 데 중요한 위치 변경 서비스를 사용할 수 있을 뿐만 아니라 선택한 특정 지역에 대해 업데이트를 수신하는 기능도 제공할 수 있다. 이번 챕터에서는 애플리케이션에서 위치 정보를 나타내는 방법을 크게 고민하지 않아도 되는 저수준에서 이들 기능을 살펴봤다. 다음 챕터에서는 MapKit 프레임워크에서 기능이 풍부한 대화형 지도에서 위치 정보를 나타내는 방법을 알아본다.

MapKit

Chapter 7 "코어 로케이션"에서 다양한 포지셔닝 기술에 액세스하는 방법을 살펴봤다. 코어 로케이션을 보완해주는 것이 MapKit 프레임워크이며 기능이 풍부한 대화형 지도에 위치 데이터를 표시할 수 있다. 이번 챕터에서는 MapKit의 기본 개념과 iOS4에서 새로 추가된 기능 몇 가지를 살펴본다.

MapKit 프레임워크는 MonoTouch.MapKit 네임스페이스에 있으며 애플리케이션 지도 기능을 제공한다. MapKit은 구글 맵스(Google Maps) 기술을 추상화해 이 기능을 제공한다. MapKit을 시작하는 방법은 간단하다. 사실 가장 기본적인 사용법에는 코드가 전혀 필요치 않다. 애플리케이션에 지도를 포함시키는 방법을 보여주는 간단한 예제로 시작해보자.

⚛ MapKit 소개

MapKit은 다양한 지도 기능을 제공하기 위해 구글 맵스와 코어 로케이션 프레임워크와 함께 동작한다. 지도를 표시하기 위해 MapKit에서 사용하는 클래스는 MKMapView다. 애플리케이션에 간단히 `MKMapView`를 포함하면 대화형 지도를 얻을 수 있다. 설명을 위해 하나를 추가해보자.

'LMT8-1'이라는 이름으로 새로운 [iPhone]-[Empty Project]를 생성하고 [iPhone View Controller]를 새로 추가해 `MapController`로 이름을 정한다. MapController.xib가 대부분의 작업을 수행하는 위치다. 이를 생성하려면 여기에 `UIViewController`를 추가해 MainWindow.xib에 포함시켜야 한다. 컨트롤러의 클래스와 xib 이름을 'MapController'로 설정하고 더불어 `AppDelegate`에서 아웃렛도 설정한다. 컨트롤러의 뷰를 해당 윈도우에 추가하기 위해 `AppDelegate` 클래스에서 `MapController`를 참조하는 데 이 아웃렛이 필요하다. 뷰 컨트롤러 설정에 리프레셔가 필요하다면, Chapter 3 "뷰와 뷰 컨트롤러"를 참고하자. IB의 설정은 그림 8.1과 같다.

`MapController`의 뷰를 `AppDelegate` 클래스의 윈도우에 추가하고 애플리케이션을 실행하면 시작할 때 로드된 뷰는 `MapController` xib에서 비롯된다.

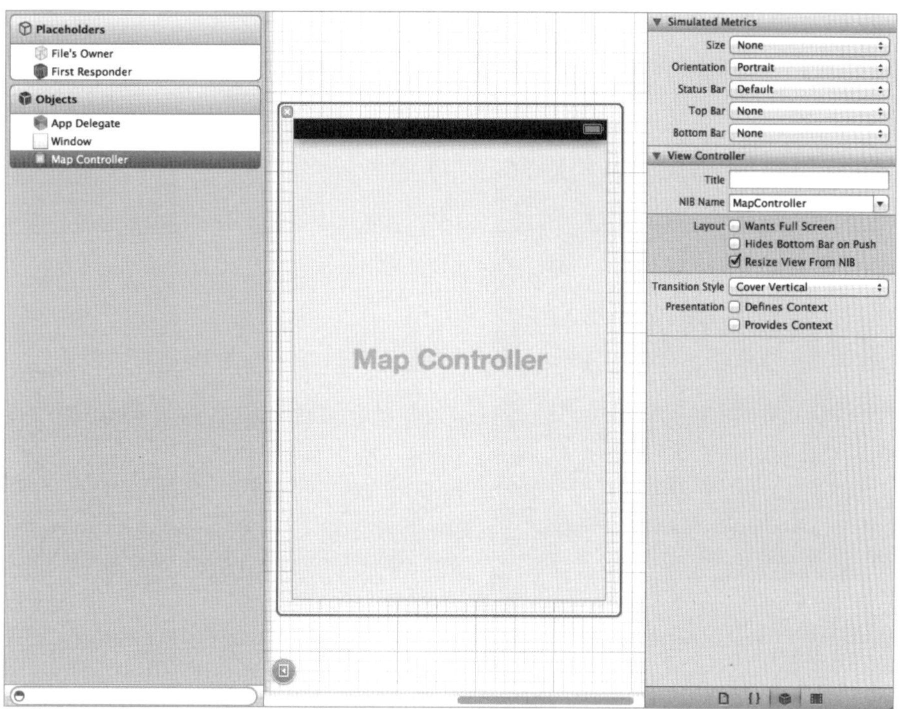

| 그림 8.1 | 인터페이스 빌더에서 `MapController` 클래스 추가하기

```
public override bool FinishedLaunching (UIApplication app,
    NSDictionary options)
{
    window.AddSubview (mapController.View);
    window.MakeKeyAndVisible ();
    return true;
}
```

이 애플리케이션은 MapController.xib에 아직 어떤 것도 생성하지 않았기 때문에 윈도우에 빈 뷰를 표시한다. 여기에 `MapController`의 뷰에 지도를 추가해보자.

IB에서 MapController.xib를 열고 `MKMapView`를 해당 뷰에 드래그한다. `MKMapView`는 지도를 표시하는 모든 세부적인 사항을 캡슐화했다. 이제 애플리케이션을 실행하면 확대와 이동이 가능한 대화형 지도를 볼 수 있다(그림 8.2). 구글의 지도 서버에서 네트워크를 통해 이미지 타일 조합 작업이 이루어지므로 작업할 지도

를 위한 데이터 연결이 필요하다. 이전 세션에서 지도 이미지 타일은 로컬 캐시에 저
장되므로 항상 이전에 실행한 지도를 보게 된다.

| 그림 8.2 | MKMapView 인스턴스를 보여주는 애플리케이션

한 줄의 코드도 추가하지 않고 확대/축소 및 이동이 되는 대화형 지도를 넣었다.
상당히 좋은 기능이 무료다. 하지만 뭔가 흥미로운 일을 하려면 약간의 코드를 작성
해야 한다. 그러나 살펴봤듯이 이는 어려운 일이 아니며 iOS의 다른 부분에서 살펴
봤던 일반적인 MVC와 델리게이션 패턴을 따른다.

MKMapView에는 사용자가 런타임에 지도와 상호작용할 수 있는 방법을 제어할 수
있는 몇 가지 속성이 있다. 확대와 축소, 스크롤, 지도 유형 변경을 할 수 있으며 디
바이스의 위치도 볼 수 있다. 그림 8.3은 IB에서 이들 속성을 보여준다. 물론 이런
부분을 코드로도 설정할 수 있다. 이 속성들을 자유롭게 변경해보자.

| 그림 8.3 | MKMapView 속성

　[Shows User Location] 설정이 흥미로운 부분이다. 이 설정은 내부적으로 코어 로케이션을 사용해 디바이스를 찾고 지도 위에 푸른 점으로 표시한다. 시뮬레이터에서 기본 위치는 항상 캘리포니아의 쿠퍼티노다. 그림 8.4는 시뮬레이터에서 돌아가는 애플리케이션으로 그림 8.3에서 표시한 설정에 맞게 약간 확대하고 이동한 모습이다.

　디바이스에서 애플리케이션을 실행하면, Chapter 7에서 본 것처럼 코어 로케이션을 직접 사용할 때와 같이 먼저 사용자의 위치 사용을 허용해 달라는 요청을 받게 된다. 접근이 승인되면 위치가 표시된다. 어노테이션을 탭하면 현재 위치를 구해서 알려준다.

　MapKit에서는 많은 기능이 무료이며, 여러분이 하지 못하는 것을 제공하고 아주 직관적으로 다룰 수 있게 되어 있다. 예를 들어 그림 8.4에서 볼 수 있는 어노테이션은 지도의 줌 레벨로 크기를 변경하지 못한다. 좋은 개선 방향은 어노테이션을 지도의 중심으로 하고(즉, 어노테이션을 선택하면) 약간 확대하는 것이다. 이를 완수하려면 어떤 작업이 필요한지 살펴보자.

MapKit에서는 iOS에서 흔한 델리게이션 패턴을 사용한다. 사용자가 어노테이션을 탭할 때 지도와 상호작용하려면, `MKMapViewDelegate`를 구현하고 인스턴스를 `MKMapView`에 할당한다. `MKMapViewDelegate`에는 다양한 메서드가 있어 지도를 다루는 경험을 제어할 수 있다.

| 그림 8.4 | 위성 지도 형식에 위치 표시

사용자가 어노테이션을 선택할 때를 포착하기 위해 `MKMapViewDelegate`의 `DidSelectAnnotationView` 메서드를 구현한다. `MKAnnotationView`의 선택과 더불어 `MKMapView` 인스턴스에 대한 참조가 이 메서드에 전달된다. `MKAnnotationView`는 해당 지도에 추가된 각 어노테이션을 위한 클래스다. 각 `MKAnnotationView`의 경우 어노테이션 뷰를 위한 모델을 캡슐화한 해당 어노테이션 개체가 있다. 이 어노테이션

은 MKAnnotationView.Annotation 속성에서 접근할 수 있고, 지도의 뷰 좌표와 같은 정보를 담고 있다. 어노테이션 자체는 NSObject다. 추가한 어노테이션(곧 해볼 것이다), MKAnnotation이 될 텐데, 이는 Objective-C의 MKAnnotation 프로토콜에 바인딩한다. 하지만 사용자 위치 어노테이션은 약간 달라서 MKUserLocation이 된다.

사용자의 위치용으로 MKAnnotationView가 선택될 때, 예제에서처럼 Annotation 속성은 MKUserLocation을 포함할 것이다. MKUserLocation은 CLLocation 형식의 Location 속성을 갖는데, 이 Location의 Coordinate를 액세스해서 코어 로케이션의 오랜 친구인 CLLocationCoordinate2D를 얻을 수 있다. 이것이 선택한 어노테이션의 좌표다. 이 좌표를 사용해 어노테이션을 지도의 중심으로 할 수 있다. 또한 MKCoordinateRegion을 생성하고 지도 뷰에 할당해서 확대/축소 레벨을 설정할 수도 있다. 지정한 영역이 해당 뷰에 들어갈 수 없다면 MapKit은 뷰를 조정해 영역에 맞출 것이다. 리스트 8.1은 사용자 위치를 지도의 중심으로 변경하고 푸른 점을 선택할 때 지정한 영역을 기준으로 확대하는 코드를 보여준다.

리스트 8.1 　사용자 위치를 지도의 중심으로 변경하기

```csharp
using System;
using System.Collections.Generic;
using System.Linq;
using MonoTouch.Foundation;
using MonoTouch.UIKit;
using MonoTouch.MapKit;
using MonoTouch.CoreLocation;

namespace LMT81
{
    public partial class MapController : UIViewController
    {
        MapDelegate _md;

        ...

        public override void ViewDidLoad ()
        {
            base.ViewDidLoad ();
            _md = new MapDelegate ();
            map.Delegate = _md;
        }
```

```csharp
class MapDelegate : MKMapViewDelegate
{
    public override void DidSelectAnnotationView (
        MKMapView mapView, MKAnnotationView view)
    {
        MKUserLocation userLocationAnnotation =
            view.Annotation as MKUserLocation;


        if (userLocationAnnotation != null) {
            CLLocationCoordinate2D coord =
                userLocationAnnotation.Location.Coordinate;
            MKCoordinateRegion region =
                MKCoordinateRegion.FromDistance (coord, 500,
                    500);

            mapView.CenterCoordinate = coord;
            mapView.Region = region;

            userLocationAnnotation.Title = "I am here";
        }
    }
}
```

콜아웃(callout)에서 본 제목처럼 어노테이션 뷰의 다른 속성도 제어할 수 있다. 그림 8.5는 어노테이션 뷰가 선택된 후의 애플리케이션을 보여준다.

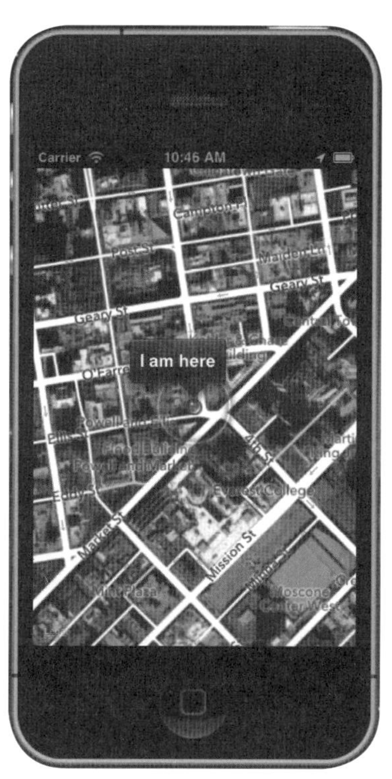

| 그림 8.5 | 어노테이션 뷰가 선택된 후 `MapView`가 중심으로 옮겨지고 확대되었다.

어노테이션 추가하기

MapKit에서는 사용자 위치 외에도 원하는 어떤 위치에라도 자신만의 어노테이션을 추가할 수 있다. 예를 들면, 웹 서비스 호출에서 반환된 위치 데이터를 포함하고 지도에 각 개체를 나타내는 어노테이션을 표시할 수 있다(Chapter 9 "웹 서비스 연결"에서 모노터치에서 웹 서비스를 사용하는 방법에 관해 자세히 다룬다). 지금은 데모 목적상 코드에 몇 가지 개체를 생성하고 이들을 지도에 추가한다.

이 예제에서는 사용자 근처의 레스토랑과 여기서 제공하는 음식을 표시한다. 어노테이션을 생성하려면 `MKAnnotation`을 서브클래싱하고 해당 어노테이션용 모델을 제공하는 클래스를 생성해야 한다. 맵 뷰에 어노테이션이 추가될 때 이 지도는 자신의 델리게이트를 호출해 자신과 어노테이션에 대한 참조를 넘긴다. 델리게이트에서 제공하는 구현은 해당 어노테이션의 데이터로 실제 어노테이션 뷰를 생성하는 역할을 한다. 이 작업은 Chapter 5 "테이블과 내비게이션"에서 `UITableView`에 셀을 추가하는 방법과 비슷하다.

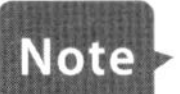

한 종류의 어노테이션만 있고 여기에 사용자 지정 데이터를 추가할 필요가 없다면 `MKAnnotation`을 서브클래싱하기보다는 `MKPointAnnotation` 클래스를 바로 사용할 수도 있다.

`RestaurantAnnotation`이라는 클래스를 프로젝트에 추가하고 기본 클래스를 `MKAnnotation`으로 설정한다. `MKAnnotation`에서는 `MKAnnotation` 재정의뿐만 아니라 `MKMapView`를 생성하는 데 필요한 모든 데이터를 전달한다. 어노테이션 뷰를 사용자 정의할 때 나중에 몇 가지 데이터를 이 클래스에 추가한다.

리스트 8.2에서는 `RestaurantAnnotation` 클래스의 구현을 나타냈다.

리스트 8.2 `RestaurantAnnotation` **클래스**

```
using System;
using MonoTouch.MapKit;
using MonoTouch.CoreLocation;

namespace LMT81
{
    public class RestaurantAnnotation : MKAnnotation
    {
        CLLocationCoordinate2D _coordinate;
        string _title;
        string _subtitle;

        public RestaurantAnnotation (string title, string subtitle,
        CLLocationCoordinate2D coordinate)
        {
            _title = title;
            _subtitle = subtitle;
            _coordinate = coordinate;
        }

        public override CLLocationCoordinate2D Coordinate {
            get {
```

```
            return _coordinate;
        }
        set {
            _coordinate = value;
        }
    }

    public override string Title {
        get {
        return _title;
        }
    }

    public override string Subtitle {
        get {
        return _subtitle;
        }
    }
  }
}
```


Coordinate 속성을 사용하면 지도 위에 어노테이션 뷰를 위치시킬 수 있다. 다른 속성은 사용자가 어노테이션을 탭할 때 보이는 콜아웃을 표시하는 데 사용된다. 지도에 어노테이션을 하나 추가하려면 다음처럼 간단히 MKMapView의 AddAnnotation을 호출하고 어노테이션을 전달한다.

```
map.AddAnnotation (new RestaurantAnnotation (
    "Mike's Pizza",
    "Gourmet Pizza Kitchen",
    new CLLocationCoordinate2D (41.86337816, -72.56874647)));
```

여기서는 데모를 위해 임의의 위도와 경도 데이터를 포함하는 Restaurant Annotation 클래스의 인스턴스를 추가한다.

어노테이션을 생성하기 전에 장소 표시를 위한 위도와 경도를 얻어야 한다. 이를 '지오 코딩 (geocoding)'이라 한다. MapKit에서 위도와 경도를 장소 표시로 바꾸는 '역 지오코딩'이라는 반대 프로세스 지원을 내장하고 있지만, 지오 코딩의 경우는 외부 서비스를 사용해야 한다.

사용자 위치 어노테이션을 포함해 추가된 모든 어노테이션에 대해 `MKMapView Delegate`의 `GetViewForAnnotation` 메서드가 호출된다. 이 메서드는 추가되는 어노테이션을 검사해 알맞은 `MKAnnotationView`를 생성하는 곳이다. MapKit에서는 다음 코드에서 사용하는 내장 `MKPinAnnotationView`도 제공한다.

```
static string annotationId = "restaurauntAnnotation";
...
public override MKAnnotationView GetViewForAnnotation (MKMapView mapView,
NSObject annotation)
{
    if (annotation is MKUserLocation)
        return null;

    MKPinAnnotationView annotationView =
        mapView.DequeueReusableAnnotation (annotationId) as
            MKPinAnnotationView;

    if (annotationView == null)
        annotationView = new MKPinAnnotationView (annotation,
            annotationId);

    annotationView.PinColor = MKPinAnnotationColor.Purple;
    annotationView.CanShowCallout = true;

    return annotationView;
}
```

첫 번째 작업은 해당 어노테이션이 사용자 위치가 아닌지 확인하는 것이므로, 사용자에게 익숙한 기본 푸른 점을 재정의하지 않는다. 다음으로 이전에 생성되어 더이상 존재하지 않는 어노테이션은 큐에서 제거하거나 이전에 만든 재사용 식별자가 존재하지 않을 경우 새로 만든다. 이는 `UITableView`로 작업할 때 셀을 재사용한 방식과 유사하다. `MKPinAnnotationView`의 구현에 어노테이션의 데이터를 지도 위에 표시하기 위한 뷰로 바꾸는 방법이 있다. `MKPinAnnotationView`의 다양한 속성을 설정해 핀 색상 설정과 같은 표시되는 방식과 탭이 일어날 때 콜아웃 뷰를 보여줄지 여부와 같은 동작에 영향을 줄 수 있다. 그림 8.6은 지도에 추가된 레스토랑에 대한 어노테이션 뷰와 핀을 탭한 후 콜아웃 뷰가 보이는 애플리케이션을 보여준다.

MKAnnotationView에서는 LeftCalloutAccessoryView와 RightCallout
AccessoryView 속성을 통해 콜아웃 뷰의 사용자 정의도 지원한다. 이들을 추가하려
면, 간단히 이 속성들 중 하나에 알맞은 UIView를 설정한다. 예를 들어 콜아웃의 오
른편에 세부 내용을 추가하려면 GetViewForAnnotation 메서드에서 UIButton과
DetailDisclosure 형식을 RightCalloutAccessoryView에 할당한다.

| 그림 8.6 | 지도에 추가된 어노테이션 뷰

```
public override MKAnnotationView GetViewForAnnotation (MKMapView mapView,
NSObject
annotation)
{
    ...
    annotationView.RightCalloutAccessoryView =
        UIButton.FromType (UIButtonType.DetailDisclosure);
```

```
        return annotationView;
    }
```

이 메서드는 해당 어노테이션 뷰를 탭할 때 상세 내용을 표시한다. 버튼 자체에 탭이 일어날 때 처리를 위해 다음과 같이 `MKMapViewDelegate`의 `CalloutAccessoryControlTapped` 메서드를 재정의했다.

```
public override void CalloutAccessoryControlTapped (MKMapView mapView,
MKAnnotationView view, UIControl control)
{
    var annotation = view.Annotation as RestaurantAnnotation;
    if (annotation != null) {
        string message = String.Format ("{0} tapped",
            annotation.Title);
        UIAlertView alert = new UIAlertView ("Annotation Tapped",
            message,
            null, "OK");
        alert.Show ();
    }
}
```

레스토랑에 대한 데이터를 얻을 수 있도록 세부 내용 버튼을 탭한 `MKAnnotationView`에 대한 `RestaurantAnnotation` 인스턴스를 얻는 방법을 주목하자. 여기서는 간단한 알림을 보여주지만 이 위치에서 레스토랑의 상세 뷰 표시와 같은 원하는 모든 것을 구현할 수 있다. 또한 해당 메서드에 전달한 컨트롤은 메서드 호출에서 `UIControl`을 나타내는데 이 경우는 `UIButton`이다. 그림 8.7은 버튼을 탭한 후 콜아웃 액세서리와 알림을 보여준다.

MapKit에는 화면에 어노테이션 뷰를 드래그하고 다른 위치에 놓을 수 있는 기능도 내장되어 있다. 기본 핀 어노테이션에 이를 구현하는 일은 아주 간단하다. `MKPinAnnotationView`의 `Draggable` 속성을 true로 설정한 뒤 어노테이션 클래스에서 Objective-C의 `setCoordinate:` 셀렉터에 바인딩된 메서드만 구현하면 된다. 이 메서드는 `MKMapView`에서 어노테이션 뷰를 최종 위치에서 놓을 때 호출한다.

```
public override MKAnnotationView GetViewForAnnotation (MKMapView mapView,
NSObject
annotation)
{
    ...

    annotationView.PinColor = MKPinAnnotationColor.Purple;
    annotationView.CanShowCallout = true;
    annotationView.Draggable = true;

    return annotationView;
}
```

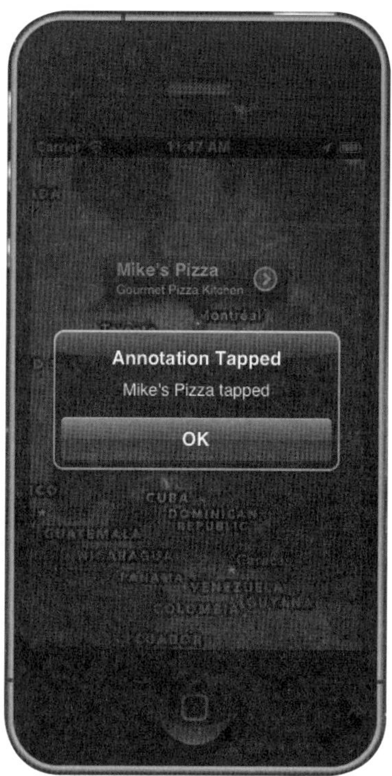

| 그림 8.7 | MKAnnotationView와 RightCalloutAccessory

셀렉터 설정에는 어노테이션 클래스에서 ExportAttribute로 알맞은 메서드를 꾸며야 한다. 그림 8.8은 지도위에 드래그한 핀 어노테이션을 보여준다.

```csharp
public class RestaurantAnnotation : MKAnnotation
{
    ...

    [MonoTouch.Foundation.Export("_original_setCoordinate:")]
    public void SetCoordinate(CLLocationCoordinate2D coordinate)
    {
        this.Coordinate = coordinate;
    }
    ...
}
```

 재정의된 `Coordinate` 속성의 세터는 `setCoordinate:` 셀렉터에 바인딩되었기 때문에 `SetCoordinate`를 추가로 구현할 필요는 없다. 하지만 드래그 가능한 어노테이션의 경우에는 해당 어노테이션을 가져와 성공적으로 새로운 위치에 놓는 데 필요하다.

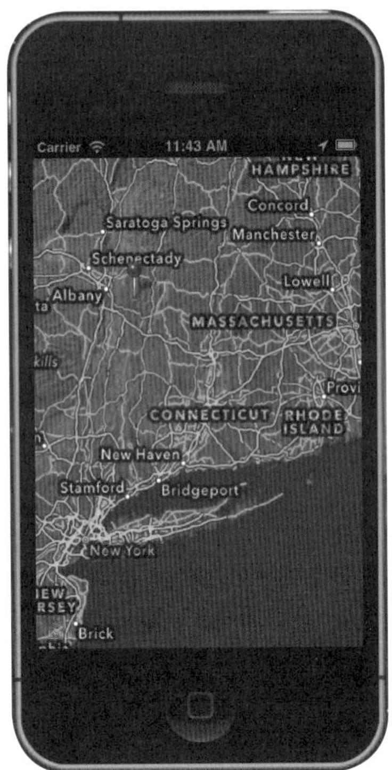

| 그림 8.8 | 지도의 새로운 위치에 드래그한 `MKPinAnnotationView`

종종 스톡 핀 뷰 대신에 어노테이션 뷰에 대한 사용자 지정 아이콘이나 어노테이션 형식이나 어노테이션 클래스의 데이터를 기준으로 한 다양한 아이콘처럼 보다 풍부한 사용자 경험을 제공하고 싶을 때도 있다. 이런 디자인을 사용하면 사용자는 지도의 데이터를 보다 빠르게 확인할 수 있다.

어노테이션의 모양을 조정할 수 있는 두 가지 옵션이 있다. 어노테이션을 위한 사용자 지정 뷰를 생성하고 자체적으로 이를 그려낼 수도 있다. 하지만 MKAnnotation 클래스에는 이미지를 설정할 수 있는 속성이 있기 때문에 이런 작업이 흔한 것은 아니다. 다수의 어노테이션을 지원하려면 이들 각각에 대해 별도의 어노테이션 클래스를 구현하거나 enum 등으로 해당 어노테이션 클래스에서 상태를 유지시켜 서로를 구별해 주어야 한다. 후자와 같은 접근 방식이 대부분의 작업을 단순화시켜 준다.

이제 어노테이션을 구별시켜 주는 다른 아이콘을 추가해 레스토랑의 종류를 보여주는 예제로 확장시켜 보자. 다음과 같이 RestaurantAnnotation에 enum을 추가해 레스토랑의 종류에 따라 특정 어노테이션을 나타내도록 지정한다.

```
public enum RestaurantKind
{
    Pizza,
    Seafood
}
...

public class RestaurantAnnotation : MKAnnotation
{
    RestaurantKind _kind;
    ...

    public RestaurantKind Kind {
        get{
        return _kind;
        }
    }
}
```

GetViewForAnnotation 메서드의 MKMapViewDelegate 내에서 이 새로운 속성을 사용해 각 레스토랑의 종류에 따라 어노테이션 뷰에 다른 이미지를 설정한다(리스트 8.3).

```
public override MKAnnotationView GetViewForAnnotation (
MKMapView mapView, NSObject annotation)
{
    if (annotation is MKUserLocation)
        return null;

    var restaurantAnnotation = annotation as RestaurantAnnotation;

    MKAnnotationView annotationView =
        mapView.DequeueReusableAnnotation (annotationId);

    if (annotationView == null)
        annotationView = new MKAnnotationView (
        annotation, annotationId);

    switch (restaurantAnnotation.Kind) {
    case RestaurantKind.Pizza:
        annotationView.Image = UIImage.FromFile ("images/Pizza.png");
        break;
    case RestaurantKind.Seafood:
        annotationView.Image = UIImage.FromFile ("images/Seafood.png");
        break;
    }

    annotationView.CanShowCallout = true;
    annotationView.RightCalloutAccessoryView =
        UIButton.FromType (UIButtonType.DetailDisclosure);

    return annotationView;
}
```

여러 어노테이션을 추가하려면 다음과 같이 MKAnnotations의 배열을 취하는
MKMapView의 AddAnnotation 메서드의 오버로드를 사용한다.

```
map.AddAnnotation (new RestaurantAnnotation[] {
    new RestaurantAnnotation (
        "Mike's Pizza",
        "Gourmet Pizza Kitchen",
        new CLLocationCoordinate2D (41.86337816, -72.56874647),
        RestaurantKind.Pizza),
    new RestaurantAnnotation (
        "Barb's Seafood",
```

```
"Best Seafood in New England",
new CLLocationCoordinate2D (41.96337816, -72.96874647),
RestaurantKind.Seafood) });
```

이제 그림 8.9처럼 각 어노테이션 뷰에 별도의 이미지가 표시된다.

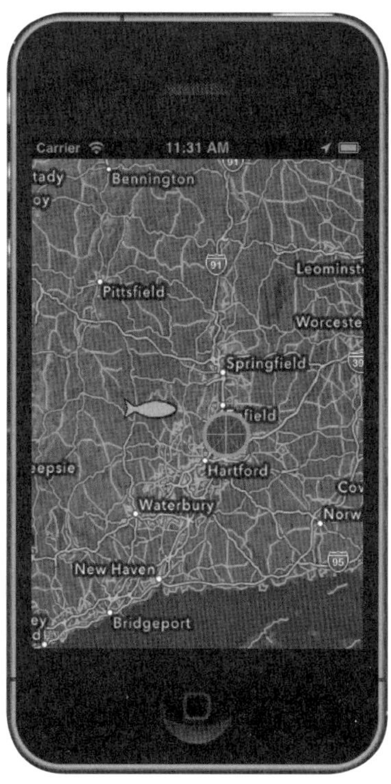

| 그림 8.9 | MKAnnotationViews에 대한 사용자 지정 이미지

⚡ 맵 오버레이

iOS 4로 넘어감에 따라 애플은 원와 다각형, 폴리라인 기하 도형으로 오버레이를
생성하는 내장 지원을 포함해 지도상에 오버레이를 할 수 있는 자체 기능을 추가했
다. 스톡 오버레이 클래스가 여러분의 필요에 잘 맞지 않는다면 사용자 지정 오버레

이를 생성할 수도 있다. 오버레이로 작업하는 개발 경험은 어노테이션을 다뤘던 경험과 유사하다.

지도에 오버레이를 추가하려면 다음의 절차를 따라야 한다.

1. `MKOverlay` 인스턴스를 생성한다.
2. 해당 오버레이에서 다루는 지형을 지정한다.
3. `MKMapView` 인스턴스에 오버레이를 추가한다.
4. `MKMapViewDelegate`에서 각 오버레이에 대해 `MKOverlayView`를 생성한다.

이 절차는 어노테이션에서 사용된 패턴과 기본적으로 동일하며, 주요 차이점은 오버레이는 어노테이션처럼 재사용되지 않는다는 점이다. 어노테이션과 달리 지도를 확대하거나 축소할 때 지도에서 오비레이 크기를 조정한다. 데모를 위해 샘플 애플리케이션에 약간의 오버레이를 추가해보자. 다음 코드에서처럼 `AddOverlays`라는 함수를 생성하고 다양한 위치에 몇 가지 샘플 오버레이 개체를 만들어낸다.

```csharp
public void AddOverlays ()
{
    // 샘플 좌표
    CLLocationCoordinate2D c1 = new CLLocationCoordinate2D
        (41.86337816, -72.56874647);
    CLLocationCoordinate2D c2 = new CLLocationCoordinate2D
        (41.96337816, -72.96874647);
    CLLocationCoordinate2D c3 = new CLLocationCoordinate2D
        (41.45537816, -72.76874647);

    // 원
    MKCircle circle = MKCircle.Circle (c1, 10000.0);
    map.AddOverlay (circle);

    // 다각형
    MKPolygon polygon = MKPolygon.FromCoordinates (
        new CLLocationCoordinate2D[]{c1,c2,c3});
    map.AddOverlay(polygon);

    // 삼각형
    MKPolyline polyline = MKPolyline.FromCoordinates (
```

```
        new CLLocationCoordinate2D[]{c1,c2,c3});
    map.AddOverlay(polyline);
}
```

여기서는 MapKit 자체에서 사용할 수 있는 각 오버레이 형식의 인스턴스를 생성한다. 오버레이가 추가되고 나면 `MKMapView` 인스턴스는 자신의 델리게이트를 호출해서 `MKOverlayView`를 요청하고 오버레이를 표시하는 역할을 담당한다. `MKMapViewDelegate`에서 구현해야 하는 메서드는 `GetViewForOverlay`이다. 이 메서드에서 보낼 오버레이 형식을 검사하고 생성할 적합한 `MKOverlayView` 형식을 결정한다. 원하는 `MKOverlayView`를 갖게 되면 이제는 여기에 원하는 대로 드로잉 특성을 설정하기만 하면 된다. 다음은 샘플 좌표에서 생성한 서로 다른 오버레이 각각에 대한 뷰를 반환하는 `GetViewForOverlay`를 구현했다.

```
public override MKOverlayView GetViewForOverlay (MKMapView mapView,
NSObject overlay)
{
    MKOverlayView overlayView = null;
    if(overlay is MKPolygon){
        MKPolygon polygon = overlay as MKPolygon;
        var polygonView = new MKPolygonView(polygon);
        polygonView.FillColor = UIColor.Purple;
        polygonView.Alpha = 0.7f;
        overlayView = polygonView;
    }
    else if(overlay is MKCircle){
        MKCircle circle = overlay as MKCircle;
        var circleView = new MKCircleView (circle);
        circleView.FillColor = UIColor.Green;
        overlayView = circleView;
    }
    else if(overlay is MKPolyline){
        MKPolyline polyline = overlay as MKPolyline;
        var polylineView = new MKPolylineView (polyline);
        polylineView.StrokeColor = UIColor.Black;
        overlayView = polylineView;
    }
    return overlayView;
}
```

이 예제의 경우 간단히 `ViewDidLoad`에서 `AddOverlays` 헬퍼 메서드를 호출하고
`MapType`을 `MKMapType.Hybrid`로 변경해 위성 이미지 위에 지도 데이터가 보이도
록 하고 오버레이 데이터를 그 위에 놓는다.

```
public override void ViewDidLoad ()
{
    base.ViewDidLoad ();

    _md = new MapDelegate ();
    map.Delegate = _md;

    map.AddAnnotation (new RestaurantAnnotation[] {
        new RestaurantAnnotation (
            "Mike's Pizza",
            "Gourmet Pizza Kitchen",
            new CLLocationCoordinate2D (41.86337816, -72.56874647),
            RestaurantKind.Pizza),
        new RestaurantAnnotation (
            "Barb's Seafood",
            "Best Seafood in New England",
            new CLLocationCoordinate2D (41.96337816, -72.96874647),
            RestaurantKind.Seafood),
        new RestaurantAnnotation (
            "John's Pizza",
            "Deep Dish Style",
            new CLLocationCoordinate2D (41.45537816, -72.76874647),
            RestaurantKind.Pizza)
    });

    AddOverlays ();

    map.MapType = MKMapType.Hybrid;
}
```

그림 8.10은 지도 위에 어노테이션과 함께 다양한 오버레이를 보여준다. 확대/축
소를 해본다면 어노테이션과 달리 오버레이 크기가 변경되는 것을 보게 된다. 오버
레이의 z-순서 또한 예상하는 것처럼 가장 마지막에 추가된 오버레이가 제일 위에
있다. 하지만 어노테이션은 항상 오버레이의 맨 위에 렌더링된다.

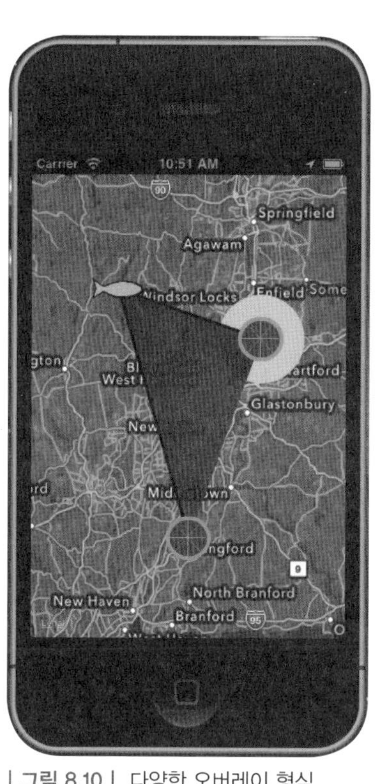

| 그림 8.10 | 다양한 오버레이 형식

고유한 오버레이 개체와 관련된 오버레이 뷰를 정의해 사용자 지정 오버레이를 생성할 수도 있다. 오버레이의 작업은 지도에 특정 오버레이 뷰를 배치해야 하는 지도를 알려주는 일이다. 적어도 오버레이에는 배치될 위치가 필요하며 경계 사각형을 제공해야 한다. 이 정보를 사용해 지도가 배치되고 알맞은 위치에서 뷰의 크기를 조정한다. 오버레이 뷰 자체에서 경계 사각형 내의 기하 도형과 다른 모든 드로잉 관련 특성과 같은 세부적인 내용을 결정한다.

리스트 8.4는 `MKShape`에서 파생된 사용자 지정 오버레이 클래스의 예를 보여준다. 여기서는 경계 사각형을 생성하기 위해 `MKMapPoint`를 사용해야 한다. `MKMapPoint`는 2차원 공간에 지구를 투영시켜 간단히 위치를 정의한다. MapKit에서 좌표계 사이를 쉽게 변환하는 헬퍼 함수를 제공한다. 예를 들면, `CLLocationCoordinate2D`와 `MKMapPoint` 간의 변환을 위해 `MKMapPointForCoordinate` 함수를 사용한다.

리스트 8.4 사용자 지정 오버레이 클래스

```
using System;
using MonoTouch.MapKit;
using MonoTouch.CoreLocation;
using System.Drawing;
using System.Runtime.InteropServices;

namespace LMT81
{
    public class CustomOverlay : MKShape
    {
        const string MapKitDll =
            "/System/Library/Frameworks/MapKit.framework/MapKit";

        [DllImport(MapKitDll)]
        public static extern MKMapPoint MKMapPointForCoordinate
            (CLLocationCoordinate2D coordinate);

        MKMapSize MKMapSizeWorld = new MKMapSize(268435456, 268435456);

        MKMapRect _boundingMapRect;

        public CustomOverlay (CLLocationCoordinate2D coordinate)
        {
            MKMapPoint mp = MKMapPointForCoordinate(coordinate);
            _boundingMapRect = new MKMapRect(mp,
                new MKMapSize(MKMapSizeWorld.Height/4,
                    MKMapSizeWorld.Width/4));
        }

        [MonoTouch.Foundation.Export("boundingMapRect")]
        public MKMapRect BoundingMapRect (){
            return _boundingMapRect;
        }
    }
}
```

> **Note** `MKMapPointForCoordinate`는 모노터치의 다음 버전에서 `MKMapPoint.FromCoordinate`에 바인딩된다.

오버레이에 대한 클래스를 정의했다면, 이를 나타내기 위해 `MKOverlayView` 서브 클래스를 제공해야 한다. `DrawMapRect`를 재정의하면 원하는 대로 코어 그래픽스 드로잉 코드를 제공할 수 있다. 지도에 그리기 때문에 대개 뷰가 아니라 해당 지도의 좌표계 내에서 작업해야 하는데, 이는 해당 오버레이로부터 뷰의 경계가 아니라 경계 사각형을 기준으로 그려야 함을 의미한다. MKOverlayView의 RectForMapRect를 호출해 RectForMapRect로 변환하고 코어 그래픽스와 함께 사용한다. 또한 그리기를 끝낼 때 현재 그래픽스 컨텍스트에 PopContext를 호출하기 위해 DrawRect로 전달된 해당 컨텍스트의 UIGraphics.PushContext를 호출해야 한다. 리스트 8.5는 CustomOverlay 클래스에 동반하는 사용자 지정 오버레이 그리기의 예를 보여준다.

리스트 8.5 MKOverlayView 서브클래스와 사용자 지정 그리기

```
using MonoTouch.MapKit;
using MonoTouch.UIKit;
using System.Drawing;
using MonoTouch.CoreGraphics;

namespace LMT81
{
    public class CustomOverlayView : MKOverlayView
    {
        CustomOverlay _overlay;

        public CustomOverlayView (CustomOverlay overlay)
        {
            _overlay = overlay;
        }

        public override void DrawMapRect (MKMapRect mapRect,
            float zoomScale, CGContext context)
        {
            UIGraphics.PushContext(context);

            context.SetLineWidth (4000);

            UIColor.Blue.SetFill();
            CGPath path = new CGPath ();

            RectangleF r =
                this.RectForMapRect (_overlay.BoundingMapRect());
            PointF _origin = r.Location;

            path.AddLines (new PointF[] {
            _origin,
```

```
            new PointF (_origin.X + 35000, _origin.Y + 80000),
            new PointF (_origin.X - 50000, _origin.Y + 30000),
            new PointF (_origin.X + 50000, _origin.Y + 30000),
            new PointF (_origin.X - 35000, _origin.Y + 80000) });

        context.AddPath (path);
        context.DrawPath (CGPathDrawingMode.Fill);

        UIGraphics.PopContext ();
    }
  }
}
```

확대 후 오버레이 뷰의 결과는 그림 8.11과 같다.

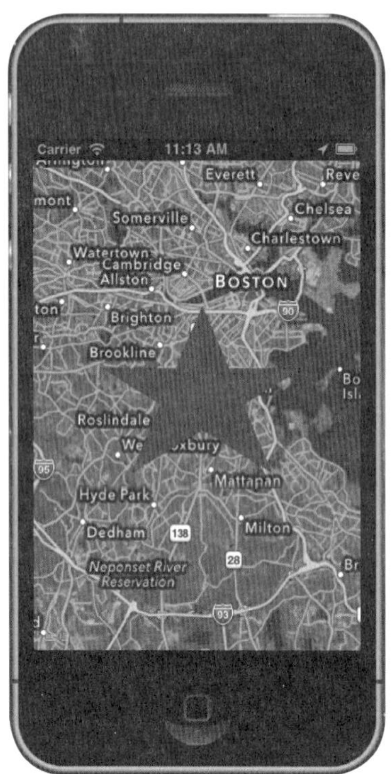

| 그림 8.11 | 지도에 그린 사용자 지정 오버레이 뷰

✺ 요약

MapKit에서는 구글 맵스를 추상화한 대화형 지도를 표시하는 기능을 제공한다. 이번 챕터에서는 애플리케이션에서 어떻게 지도를 통합하는지 살펴봤다. `MKMapView`에서 제공하는 광범위한 기능과 디바이스 위치를 표시하기 위해 내부적으로 코어 로케이션을 어떻게 통합하는지, 그리고 어노테이션와 오버레이를 사용하면 직접 조작을 통해 더 나은 지도 사용 경험을 제공할 수 있다는 점도 살펴봤다. 코어 로케이션과 더불어 MapKit은 모바일 사용자 경험에 뛰어난 방법을 제공한다.

웹 서비스 연결

모노터치에서는 애플리케이션을 웹 서비스에 연결하기 위한 매우 풍부한 기능 집합을 제공한다. .NET을 아이폰에 연결함으로써 일반적인 .NET 메커니즘을 통한 웹 서비스를 지원하게 되었다. 게다가 코코아 터치에 모노터치가 가교를 놓음으로써 HTTP 스택도 사용 가능한 더 많은 옵션을 제공한다. 이번 챕터에서는 모노터치 아래에서 웹 서비스를 조망할 수 있으며, 웹 연결 애플리케이션을 생성하는 다양한 기술을 설명한다.

REST 기반 웹 서비스 연결하기

REST는 웹과 HTTP 프로토콜 설계와 인프라를 사용하는 웹 서비스 개발을 위한 아키텍처 패턴이다. 클라이언트 관점에서 이 기술은 잘 알려진 URL over HTTP에 HTTP 요청을 하는 것으로, 여기서 URL과 HTTP 메서드(HTTP verb)는 요청 액션을 구별하고 이어서 HTTP 응답에서는 보통 XML이나 JSON 중 하나의 서식으로 데이터를 포함하게 된다. 따라서 이런 서비스는 HTTP를 통해 통신하는 방식과 JSON 및 XML 모두에서 결과를 분석하는 방법이 필요하다. 모노터치에서는 아이폰에서 이러한 목적을 달성하게 해주는 익숙하면서도 다양한 .NET 기술을 제공한다. 이제 사용할 수 있는 옵션을 몇 가지 살펴보자.

HTTP를 통한 연결

모노터치로 HTTP를 요청할 수 있는 몇 가지 옵션이 있다. .NET을 사용해 `Http WebRequest`나 더 추상화된 `WebClient` 클래스를 활용할 수 있다. Linq를 사용해 요청과 분석을 함께 통합함으로써 보다 압축된 코드를 만들 수도 있다. 또한 코코아 터치에 바인딩되었기 때문에 `NSUrlConnection`을 사용해 동일한 결과를 얻을 수도 있다. 이제 모노터치에서 지원하는 다양한 .NET 옵션을 먼저 살펴보고 나서 코코아 터치의 클래스로 비슷한 기능을 구현해보자.

.NET 라이브러리와 코코아 터치를 언제 사용할까? 경험상 모노터치에서 비 UI 코드에 .NET 을 사용하면 C#을 지원하는 다양한 플랫폼 간에 코드를 재사용할 수 있고 Objective-C에서 뭔가를 이식하려는 시나리오에서는 코코아 터치로 간다. 물론 여러분이 해결하려는 문제에 가장 적합한 방법을 찾아서 무엇을 사용하든지 그것은 자유이며, 여기서는 선택사항을 제시 하는 것뿐이다.

`HttpWebRequest` 사용은 .NET에서처럼 모노터치에서도 동일하다. URL에 대한 웹 요청을 만들고 보통 XML이나 JSON으로 응답 결과를 분석한다. UI가 잠기지 않 도록 하려면 이러한 호출을 스레드로 처리하는 코드를 작성하거나 모노터치에서 지 원하는 `HttpWebRequest` 내장 비동기 기능을 사용해 비동기로 처리하는 것이 좋다.

이번 챕터의 예제는 Bing API 버전 2를 사용하며, 이 API는 다음 URL을 참조하자.

http://msdn.microsoft.com/en-us/library/dd251056.aspx

여기서 이 예제를 사용하려면 고유 AppID가 있어야 한다. 이미 이전에 고유 AppID를 등 록한 경우 그대로 사용할 수 있지만, 현재는 Bing Search API가 애저 마켓플레이스(Azure Marketplace)로 이동했으며 이 API를 사용할 경우는 AppID가 필요 없고 Bing 개발자 센터에 서 계정 키(Account Key)를 생성해서 사용해야 한다. 애저 마켓플레이스 API를 통해 검색을 구현할 수 있는 샘플은 아래 GitHub에 공유한 필자의 SerchDemo 프로젝트를 참고하자.

https://github.com/xamarin/monotouch-samples/tree/master/SearchDemo

여기서 작업할 예제는 Bing 웹 서비스를 호출해 웹 검색을 수행하고 `UITableView` 에 검색 결과의 제목을 표시한다(그림 9.1).

| 그림 9.1 | Bing 웹 서비스의 검색 결과를 보여주는 샘플 앱

웹 검색 수행을 위해 Bing의 REST 웹 서비스에 요청하려면 다음처럼 스레드를 돌리고 비동기 호출을 할 수 있다(자체 스레드를 사용하는 것이 이미 '비동기'이기 때문).

```
public void Search1 (string text)
{
    Thread t = new Thread (Search);
    t.Start (text);
}

void Search (object text)
{
    string bingSearch = String.Format
    ("http://api.bing.net/xml.aspx?AppId={0}&Query={1}&
    Sources=web&web.count=10" , BING_API_ID, text);

    HttpWebRequest httpReq =
```

```
    (HttpWebRequest)HttpWebRequest.Create (new Uri (bingSearch));

    using (HttpWebResponse httpRes =
        HttpWebResponse)httpReq.GetResponse ())
    {
        ParseResults (httpRes);
    }
}
```

마찬가지로 .NET 비동기 호출 패턴 역시 사용할 수 있어 다음과 같이 AsyncCallback에서 응답을 가져온다.

```
public void Search2 (string text)
{
    string bingSearch = String.Format
    ("http://api.bing.net/xml.aspx?AppId={0}&Query={1}&
    Sources=web&web.count=10", BING_API_ID, text);
    HttpWebRequest httpReq =
    (HttpWebRequest)HttpWebRequest.Create (new Uri (bingSearch));
    httpReq.BeginGetResponse (
    new AsyncCallback (ResponseCallback), httpReq);
}

void ResponseCallback (IAsyncResult ar)
{
    HttpWebRequest httpReq = (HttpWebRequest)ar.AsyncState;

    using (HttpWebResponse httpRes =
    (HttpWebResponse)httpReq.EndGetResponse (ar)) {
        ParseResults (httpRes);
    }
}
```

XML 결과 분석

어느 경우에나 결과를 분석해야 한다. 이 예제에서는 주소에서 XML을 반환하는 Bing 서비스를 호출한다. .NET에서 사용 가능한 모든 메커니즘을 사용해서 이를 분석할 수 있다. 다음 코드에서처럼 결과를 XML 문서로 로드하고 Xpath를 사용해 분석한 뒤 모델 개체의 목록을 채우는 식이다.

```
void ParseResults (HttpWebResponse httpRes)
{
    XmlDocument xml = new XmlDocument ();
    xml.Load (httpRes.GetResponseStream ());

    XmlNamespaceManager nsm = new XmlNamespaceManager (xml.NameTable);

    nsm.AddNamespace ("web",
    "http://schemas.microsoft.com/LiveSearch/2008/04/XML/web");

    XmlNodeList resultNodes =
    xml.SelectNodes ("//web:WebResult/web:Title", nsm);

    List<SearchResultItem> results = new List<SearchResultItem> ();

    foreach (XmlNode node in resultNodes) {
        results.Add (new SearchResultItem { Title = node.InnerText });
    }
    ...
}
```

여기서 `SearchResultItem` 클래스는 이 애플리케이션에서 사용하는 모델이다. 이 예제에서는 편의상 `Title`이라는 하나의 속성만 갖지만 검색 결과에서 다른 정보를 포함하도록 확장할 수 있다.

두 가지 예제에서 결과 분석은 비 UI 스레드에서 일어난다. 메인 스레드에서 UI를 업데이트하는 코드를 호출해야 한다. 검색 플랫폼에 상관없이 수행하는 코드를 유지하기 위해 해당 컨트롤러에서 검색을 추상화하는 클래스에 델리게이트를 전달한다. 이런 식으로 아이폰 컨트롤러 코드는 아이폰 관련 클래스를 사용해 메인 스레드로 호출할 수 있지만, 또 다른 플랫폼에서는 동일한 작업을 플랫폼에 따라 다르게 수행하도록 플랫폼 독립적으로 웹 서비스를 호출하는 코드를 유지한다.

예를 들면, 이전 코드에서는 `BingServiceGateway`라는 클래스에서 구현했는데, 이는 모노터치에 특정한 어떤 것도 참조하지 않는다("코코아 터치 HTTP 클래스 사용하기"에서 사용한 코코아 터치의 특정한 클래스는 제외). 이 클래스에는 스레드 동기화를 수행하는 호출자에서 정의한 함수를 가리키는 델리게이트의 인스턴스를 포함한다. 호출자는 여기서 뷰 컨트롤러이며, `BingServiceGateway` 플랫폼 독립적이다 (리스트 9.1).

 플랫폼 독립적인 BingServiceGateway **클래스**

```csharp
namespace LMT92
{
    public delegate void SynchronizerDelegate (
                        List<SearchResultItem> results);

    public class BingServiceGateway
    {
        const string BING_API_ID = "Enter your Bing app id" ;

        // 여기서 코드가 플랫폼에 무관하도록
        // 호출자에서 메인 스레드에 동기화하는 함수를 제공한다.
        // 그렇지 않으면 여기서 InvokeOnMainThread를 호출하기 위해
        // UIViewController에 대한 포인터가 필요한데,
        // 그것이 이 클래스를 iOS에 특정한 클래스로 만든다.

        SynchronizerDelegate _sync;
        public BingServiceGateway (SynchronizerDelegate sync)
        {
            _sync = sync;
        }

        void ParseResults (HttpWebResponse httpRes)
        {
            ...
            if (_sync != null)
            _sync (results);
        }
    }
}
```

리스트 9.1에서 SynchronizerDelegate가 가리키는 함수를 호출하고 있다. Bing
ServiceGateway의 호출자에서 이 함수를 정의하고 있는데, 예제에서는 Bing
SearchController라는 UITableViewController 서브클래스에 있다. 이 델리게이
트는 리스트 9.2와 같이 BingServiceGateway의 생성자에 전달된다. 그 뒤 이 게이
트웨이를 통한 모든 웹 서비스 호출은 다시 느슨하게 결합된 방식으로 해당 컨트롤
러로 들어간다.

 BingSearchController의 SynchronizerDelegate 함수

```
void Search ()
{
    UIApplication.SharedApplication
    .NetworkActivityIndicatorVisible = true;

    BingServiceGateway bg = new BingServiceGateway (SyncToMain);

    bg.Search1 (_searchBar.Text);
    // bg.Search2 (_searchBar.Text);
}

// 메인 스레드에 동기화하기 위한 iOS 함수
void SyncToMain (List<SearchResultItem> results)
{
    this.InvokeOnMainThread (delegate {
        using (var pool = new NSAutoreleasePool ()) {
            _results = results;

            TableView.ReloadData ();

            UIApplication.SharedApplication
            .NetworkActivityIndicatorVisible = false;
        }
    });
}
```

모노터치에서는 System.Xml 외에 System.Xml.Linq도 사용 가능하다. 이전에 본 디자인 패턴에 따라 웹 서비스를 질의하고 결과를 BingServiceGateway 클래스에 대한 List<SearchResultItem>으로 분석하는 코드를 간단히 추가한 다음 컨트롤러 의 나머지는 동일하게 남겨둔다(리스트 9.3).

리스트 9.3 Linq to XML을 사용한 웹 서비스 호출

```
public void Search3 (string text)
{
    Thread t = new Thread (Search3);
    t.Start (text);
}

void Search3 (object text)
{
```

```
    string bingSearch = String.Format
    ("http://api.bing.net/xml.aspx?AppId={0}&Query={1}&
        Sources=web&web.count=10", BING_API_ID, text);

    // System.Xml.Linq에 대한 참조를 추가해야 함
    XDocument x = XDocument.Load (bingSearch);
        XName xWebResult =
    (XNamespace)"http://schemas.microsoft.com/LiveSearch/2008/04/XML/web" +
    "WebResult";

        XName xTitle =
    (XNamespace)"http://schemas.microsoft.com/LiveSearch/2008/04/XML/web" +
"Title";

    var results = (from result
                    in x.Descendants (xWebResult).Elements (xTitle)
                    select new SearchResultItem { Title =
                    result.Value }).ToList ();

    if (_sync != null)
        _sync (results);
}
```

JSON 결과 분석

모노터치에서는 System.Json 네임스페이스에서 해당 클래스를 통한 JSON 지원을 제공한다. 이들 클래스를 사용해 Linq로 JSON 형식 결과를 분석하고 List<SearchResultItem> 인스턴스에 채울 수 있다.

System.Json의 뛰어난 점은 사용하기 쉽다는 것이다. JSON으로 넘기고 Linq를 사용해 모델 개체의 컬렉션으로 바로 분석할 수 있다(리스트 9.4).

리스트 9.4 System.Json 클래스와 Linq 사용하기

```
public void Search4 (string text)
{
    Thread t = new Thread (Search4);
    t.Start (text);
```

```csharp
}

void Search4 (object text)
{
    string bingSearch = String.Format
    ("http://api.bing.net/json.aspx?AppId={0}&Query={1}&
        Sources=web&web.count=10", BING_API_ID, text);

    HttpWebRequest httpReq = (HttpWebRequest)HttpWebRequest.Create
                            (new Uri (bingSearch));

    using (HttpWebResponse httpRes =
    (HttpWebResponse)httpReq.GetResponse ()) {
        ParseResultsJson (httpRes);
    }
}

void ParseResultsJson (HttpWebResponse httpRes)
{
    Stream s = httpRes.GetResponseStream ();

    // reference System.Json
    JsonObject j = (JsonObject)JsonObject.Load (s);

    var results = (from result
                in (JsonArray)j["SearchResponse" ]["Web"]["Results"]
                let jResult = result as JsonObject
                select new SearchResultItem {
                Title = jResult["Title"] }).ToList ();

    if (_sync != null)
        _sync (results);
}
```

☀ SOAP 기반 웹 서비스 사용하기

요즘 RESTful 서비스가 인기를 끌고 있는데 그 이유는 SOAP 기반 서비스에서 쉽게 지원하지 못하는 방식인 인터넷의 HTTP 캐싱 인프라를 지원하기 때문이다. 하지만 요즘 배포되는 많은 SOAP 웹 서비스에서는 흥미로운 기능을 많이 제공한다. .NET에서는 이들 서비스 이용을 위한 뛰어난 지원을 제공하며 모노터치에서는 이러한 지원 부분을 아이폰 개발로 가져왔다.

.NET 2.0 클라이언트 프록시 사용하기

Xamarin Studio에서는 SOAP 기반 웹 서비스에 .NET 2.0 스타일 클라이언트 프록시를 생성하는 기능을 지원한다. 간단히 이 프록시가 해당 서비스의 WSDL을 가리키도록 하면 이 서비스를 소비하기 위해 모노터치에서 사용할 수 있는 코드가 생성된다. 데모를 위해 Bing 예제에 이를 추가해보자.

Xamarin Studio에서 해당 솔루션 패드의 프로젝트를 마우스 오른쪽으로 클릭하고 [Add]-[Add Web Reference]를 선택하면 [Add Web Reference] 대화상자가 나타난다(그림 9.2). 마치 Visual Studio처럼 Xamarin Studio에서 몇 가지 지원 파일과 더불어 숨겨진 파일로 클라이언트 프록시를 생성한다. 이 대화상자에서 프레임워크를 [.NET 2.0 web services]로 설정해야 한다. 참조는 생성된 프록시 클래스의 이름이며 웹 서비스 URL은 서비스의 WSDL 주소다.

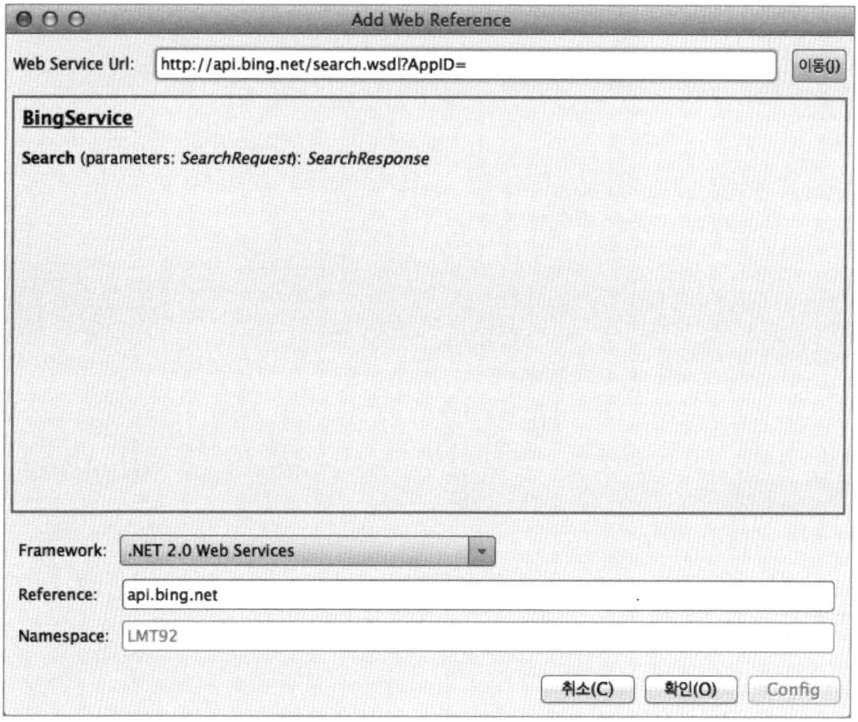

| 그림 9.2 | Xamarin Studio에서 웹 참조 추가

Bing 웹 서비스의 경우 WSDL은 http://api.bing.net/search.wsdl?AppID=
YourAppId에 있다. 참조 이름은 원하는 대로 할 수 있다. Bing으로 설정하면 네임
스페이스 LMT92에서 클래스를 생성하게 된다.

[확인]을 선택하면 Xamarin Studio에서 프록시 코드를 생성한다. 트리에서 Web
Reference를 확장하면 Bing이라는 새로운 웹 참조가 드러난다. 파인더에서 프로젝
트 위치의 내용을 살펴보면 /WebReferences/Bing/에서 새로운 디렉터리를 보게 되
는데, 이곳에서 Xamarin Studio에서 생성한 파일을 볼 수 있다(그림 9.3).

| 그림 9.3 | Xamarin Studio에서 생성한 파일

생성된 프록시를 사용하려면 BingServiceGateway에서 강력한 형식 클래스의 비
동기 버전을 사용한다. SynchronizerDelegate를 다시 사용해서 나머지 클라이언
트 코드를 변경하지 않도록 한다(리스트 9.5).

리스트 9.5 Bing SOAP 웹 서비스 호출

```
public void Search5 (string text)
{
    Bing.BingService bingClient = new Bing.BingService ();
    Bing.SearchRequest request = new Bing.SearchRequest ();
    request.AppId = BING_API_ID;
    request.Sources = new LMT92.Bing.SourceType[] {
        Bing.SourceType.Web };
    request.Query = text;
```

```
    bingClient.BeginSearch (request,
        new AsyncCallback (BingAsyncCallback), bingClient);
}

void BingAsyncCallback (IAsyncResult ar)
{
    Bing.BingService client = ar.AsyncState as Bing.BingService;
    Bing.SearchResponse response = client.EndSearch (ar);

    var results = response.Web.Results.Select (wr =>
        new SearchResultItem { Title = wr.Title }).ToList ();

    if (_sync != null)
        _sync (results);
}
```

모노터치의 WCF

WCF는 다양한 네트워킹 스택을 통합한 마이크로소프트의 기술이다. 여기에는 수많은 기능의 서비스를 생성하는 서버 사이드 기술뿐만 아니라 이 서비스를 소비하는 클라이언트 사이드 클래스를 포함하고 있다. 모노터치에는 실버라이트 3에서 나온 몇 가지 지원을 반영한 클라이언트 스택을 사용해 WCF 서비스를 소비하는 기능에다 클라이언트 프록시 코드를 생성하기 위해 Xamarin Studio에서 지원하는 도구를 포함하고 있다.

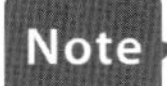

WCF에 관해 배우려면, 주벨 로이(Juval Lowy)의 멋진 책인 『Programming WCF Services』(아이티씨, 2007)를 읽어보길 권한다.

클라이언트 프록시를 생성하려면 .NET 2.0 스타일 서비스 프록시를 생성할 때 했던 것처럼 동일한 단계를 따르면 된다. 유일한 차이점은 [Add Web Reference] 대화상자에서 프레임워크로 .NET 2.0 웹 서비스 대신 WCF를 선택하는 것이다. 또는 Windows의 실버라이트 SDK에서 `slsvcutil` 명령 줄 도구를 사용해서 생성한 코드를 맥의 Xamarin Studio 프로젝트로 복사할 수도 있다.

리스트 9.6에서는 WCF 클라이언트 프록시를 사용해 Bing을 호출하는 것을 보여준다. 현재 `BasicHttpBinding`이 지원되므로 `EndpointAddress`를 함께 클라이언트 프록시 클래스로 전달한다. WCF를 사용하려면 `System.ServiceModel`과 `System.Runtime.Serialization`, `System.ServiceModel.Web`도 참조해야 한다.

리스트 9.6 <u>WCF 클라이언트에서 Bing 호출하기</u>

```
string address = "http://api.bing.net:80/soap.asmx";

var bingClient = new Bing.WCF.BingPortTypeClient (
    new System.ServiceModel.BasicHttpBinding (),
    new System.ServiceModel.EndpointAddress (address));

var request = new Bing.WCF.SearchRequest {
                AppId = BING_API_ID,
                Sources = new Bing.WCF.SourceType[] {
                            Bing.WCF.SourceType.Web },
                Query = text };

bingClient.SearchCompleted += delegate(object sender,
Bing.WCF.SearchCompletedEventArgs e) {
    var searchResponse = e.Result;
    var results = searchResponse.Web.Results.Select (
        wr => new SearchResultItem { Title = wr.Title }).ToList ();

    if (_sync != null)
        _sync (results);
    };

bingClient.SearchAsync (request);
```

❇ 코코아 터치 HTTP 클래스 사용하기

.NET의 뛰어난 부분 중 하나가 풍부한 웹 서비스 기능을 제공한다는 점이다. 모노터치는 아이폰 개발에 이러한 기능을 대부분 지원한다. 애플에서는 모노터치에서도 사용할 수 있는 HTTP 스택이 있다. Objective-C에서 일부 코드를 포팅하거나 간단히 예제를 파악하는 시나리오에서 이들 클래스를 알고 있으면 더 유리하다.

NSUrlConnection과 그 친구들 사용하기

코코아 터치로 HTTP 기반 서비스를 액세스하는 데 사용되는 주 클래스는 `NSUrlConnection`이다. 이 클래스는 `NSUrlRequest`와 함께 동작해서 웹 서비스 요청을 만든다. 전형적인 코코아 터치 델리게이션 패턴을 따라 `NSUrlConnection`은 메시지를 자신의 `NSUrlConnectionDelegate`에 전송하는데, 이 델리게이트는 데이터 수신이나 에러 발생처럼 연결에서 발생하는 일을 수신 대기하도록 구현한 것이다.

Note 코코아 터치는 SOAP 기반 서비스를 사용하기 위한 지원을 직접 제공하지 않는다.

Bing 예제에서 `NSUrlConnection`을 사용하려면 `BingServiceGateway` 내에서 다시 작업해야 한다. 하지만 이 경우는 아이폰에 특정한 클래스를 다루기 때문에 이런 디자인은 해당 코드를 이식하기 어렵게 만든다.

이들 클래스는 `MonoTouch.Foundation` 네임스페이스에서 제공되므로 이들을 `BingServiceGateway` 클래스에 추가한다. 이 패턴을 통한 호출은 코코아 터치 델리게이션을 사용하기 때문에 결과 수신에 약간 다르더라도 .NET과 비슷한 점이 있다. 취해야 할 단계는 다음과 같다.

1. 해당 서비스에 대한 `NSUrl`을 생성한다.
2. 해당 URL을 `NSUrlRequest`에 전달한다.
3. `NSUrlConnectionDelegate` 서브클래스의 인스턴스를 생성한다.
4. `NSUrlRequest`와 `Delegate`를 갖는 `NSUrlConnection`을 생성한다.
5. 해당 `Delegate`에서 메서드를 구현해 결과를 가져온다.

서비스를 호출하기 위해 새로운 검색 메서드를 구현한다. 이 메서드에서 해당 연결에 전달할 모든 필수 정보, 즉 `NSUrl`과 `NSUrlRequest`, `NSUrlConnection Delegate`를 설정한다. 연결이 이뤄지고 나면 `Start`를 호출해 요청을 보낸다 (리스트 9.7).

 <u>NSUrlConnection</u>을 사용해 요청하기

```
string bingSearch = String.Format
("http://api.bing.net/xml.aspx?AppId={0}&Query={1}&
Sources=web&web.count=10", BING_API_ID, text);

NSUrlRequest bingRequest = new NSUrlRequest (
    NSUrl.FromString (HttpUtility.UrlPathEncode(bingSearch)));

_cnDelegate = new BingConnectionDelegate ();
NSUrlConnection cn = new NSUrlConnection (bingRequest, _cnDelegate);
cn.Start ();
```

해당 서비스에서 결과를 수신하려면 NSUrlConnectionDelegate를 구현해야 한다. 데이터가 수신되면 NSUrlConnection에서 자신의 델리게이트로 메시지를 보낸다. NSUrlConnectionDelegate 서브클래스에서 ReceivedData를 구현해 수신되는 데이터를 모은다. 모든 데이터가 수신되면 FinishedLoading이 호출되고 여기서 수집한 데이터를 모델 개체와 같은 것으로 분석한다. 리스트 9.8은 Bing에서 XML을 수신하기 위한 구현을 보여준다.

여기서는 Linq to Xml을 사용해 결과 XML을 분석한다. 코코아 터치에서는 이벤트 주도 스타일 파서인 NSXmlParser라는 클래스가 있어, 이 클래스를 사용할 수도 있다. .NET에서 풍부한 XML 분석 기능을 지원하기 때문에 이 클래스가 필요할 것 같지는 않지만 애플의 예제 중 하나에서 마주치게 될 경우를 위해 잠깐 언급했다.

 <u>NSUrlConnectionDelegate</u> 서브클래스

```
BingConnectionDelegate _cnDelegate = new BingConnectionDelegate ();

class BingConnectionDelegate : NSUrlConnectionDelegate
{
    StringBuilder _sb;

    public BingConnectionDelegate ()
    {
        _sb = new StringBuilder ();
    }

    public override void ReceivedData (NSUrlConnection connection,
                                       NSData data)
    {
```

```
        string xml = data.ToString ();
        _sb.Append (xml);
    }


    public override void FinishedLoading (NSUrlConnection connection)
    {
        // 노트 : 여기서는 코드를 좀 더 간결하게 만들고자
        // Linq to Xml를 사용했지만, 원한다면
        // 애플에서 제공하는 NSXMLParser도 사용 가능하다.

        string xml = _sb.ToString ();
        XDocument x = XDocument.Load (new StringReader (xml));

        XName xWebResult = (XNamespace)
        "http://schemas.microsoft.com/LiveSearch/2008/04/XML/web" +
        "WebResult";

        XName xTitle = (XNamespace)
        "http://schemas.microsoft.com/LiveSearch/2008/04/XML/web" +
        "Title";

        var results = (from result in x.Descendants
                            (xWebResult).Elements (xTitle)
                            select new SearchResultItem { Title =
                            result.Value }).ToList ();

        if (_sync != null)
            _sync (results);
    }
}
```

✳ 요약

모노터치에서 iOS 개발에 지원하는 웹 서비스는 이 플랫폼에서 주목할 만한 기능 중 하나다. 이번 챕터에서는 몇 가지 다른 호출 방식과 REST와 SOAP 서비스에서의 데이터 사용, REST 서비스 호출을 위한 코코아 터치 클래스를 살펴봤다. 서비스를 호출하는 플랫폼 독립성을 유지하기 위한 한 가지 기법도 구현해봤다. HTTP 기반 웹 서비스는 모노터치의 네트워킹 스토리 중 한가지일 뿐이다. Chapter 10에서는 애플리케이션에서 다른 시나리오 범위에 대응할 수 있도록 디바이스에서 다른 형식의 네트워킹을 수행하는 방법을 살펴본다.

네트워킹

코코아 터치와 .NET, 모노터치 간에 다리를 놓음으로써 애플리케이션에 몇 가지 네트워킹 기능을 제공하게 되었다. 여기에는 GameKit의 네트워킹 스택과 Bonjour 를 통한 서비스 검색, System.Net의 클래스 등이 포함된다. 여기서는 iOS 지원 디바이스 간에 통신이 가능한 애플리케이션을 생성할 수 있는 몇 가지 방법을 살펴본다.

☀ GameKit 네트워킹

GameKit에는 블루투스를 통한 피어 투 피어 방식의 애플리케이션 연결을 위한 네트워킹 API가 포함된다. 게다가 피어를 선택하기 위한 최신의 UI 지원을 선택적으로 제공하고 음성 채팅도 지원한다.

핵심 GameKit 네트워킹 클래스

GameKit을 이용하면 애드혹 블루투스 네트워크를 이용하는 네트워크 애플리케이션을 쉽게 만들 수 있다. 이 마법을 구사하는 핵심 클래스가 `GKSession`이다. `GKSession`을 통해 애플리케이션을 서버나 클라이언트, 또는 두 가지 성격을 모두 갖는 피어라는 형태로 만들 수 있다. 다른 피어를 검색하고 이들 사이를 연결하며 데이터 전송을 수행한다. 이번 챕터의 뒤에서 다루는 Bonjour에 의존하는 GameKit 으로 생성한 서비스는 상대방이 추가 구성없이 쉽게 발견할 수 있다.

> **Note** GameKit 네트워킹 스택은 기본적으로 Bonjour 네트워킹에서 블루투스를 가능하게 하는 API 다. 따라서 이번 챕터의 예제는 디바이스에서 실행해야 한다.

> **Tip** Info.plist의 `UIRequireDeviceCapabilities` 섹션에 피어-피어 키를 추가하면 앱 스토어 에서 애플리케이션을 다운로드하는 디바이스가 GameKit에서 블루투스를 사용하는 최소 요 구사항을 만족하는지 확인한다.

코코아 터치에서처럼 `GKSession`은 `GKSessionDelegate`라는 보완 델리게이트 클래스(Objective-C의 프로토콜)로 콜백을 처리한다. 모노터치 역시 .NET 스타일 이벤트를 통해 이 델리게이트에 대한 추상화를 제공한다. 어느 쪽이든 동작은 동일하지만 이벤트를 사용하면 코드를 조금 더 압축적으로 만들므로 여기서는 GameKit을 설명하는 데 사용할 것이다.

가장 먼저 해야 할 작업이 세션 ID와 표시 이름, 모드를 갖는 GKSession 인스턴스를 만드는 것이다(표 10.1).

| 표 10.1 | GKSession 생성을 위한 매개 변수

매개변수 이름	설명
SessionID	서비스를 게시하고 찾는 데 사용되는 Bonjour 서비스 약식 이름
DisplayName	피어에 연결된 표시 이름. 사용자를 표시하는 데 사용됨
GKSessionMode	세션을 서버나 클라이언트, 피어로서 식별

SessionID는 기본 Bonjour 서비스의 이름으로, 모든 세션을 고유하게 식별한다. GKSessionMode 열거형을 사용해 앱이 클라이언트나 서버, 피어 인지를 지정한다. GKSession의 PeerID는 각 피어를 세션에서 식별한다. 간단히 해당 피어에 대한 표시 이름을 제공하고 GameKit은 내부적으로 PeerID와 연결된다. GKSession 클래스에서는 다양한 콜백을 통해 전달된 PeerID를 표시 이름으로 변환하는 데 사용할 수 있는 DisplayNameForPeer라는 헬퍼 메서드를 제공한다.

GKSession을 생성하고 나면 다양한 콜백 메서드를 연결해 피어 발견과 연결, 데이터 전송을 처리한다. 데이터 전송에 사용되는 페이로드의 형식은 전적으로 여러분의 앱에 달렸다. 하지만 GameKit은 피어의 원격 게임 상태나 작은 텍스트 메시지를 업데이트하기 위한 신호처럼 작고 짧게 발생하는 데이터를 위한 것이다. 대량의 데이터가 필요하다면 더 작은 크기의 메시지로 만들어야 한다. 애플은 최적의 성능을 위해 메시지 크기를 1KB 이하로 만드는 것을 권장한다. 최대 피어의 수도 16개로 제한한다.

Tip GameKit용으로 너무 큰 데이터 페이로드를 블루투스로 처리해야 한다면 지원하는 설계 시나리오를 벗어나는 것이므로 이런 경우는 Wi-Fi를 사용해서 제공하는 편이 좋다.

GKSession에서 피어 간에 메시지 흐름을 살펴볼 수 있는 간단한 채팅 앱을 만들어보자. 이 애플리케이션의 각 인스턴스는 피어를 생성하고 다른 피어에 자신이 사용 가능함을 알려준다. 각 피어는 발견되면 자동으로 다른 피어 인스턴스에 연결되게 만들고 이때 수반되는 다양한 이벤트를 기록한다. 일단 연결되고 나면 앱은 해당 세션의 모든 피어에 짧은 텍스트 메시지를 보낸다. 그림 10.1에서는 전체 앱이 어떤 모습인지를 보여준다.

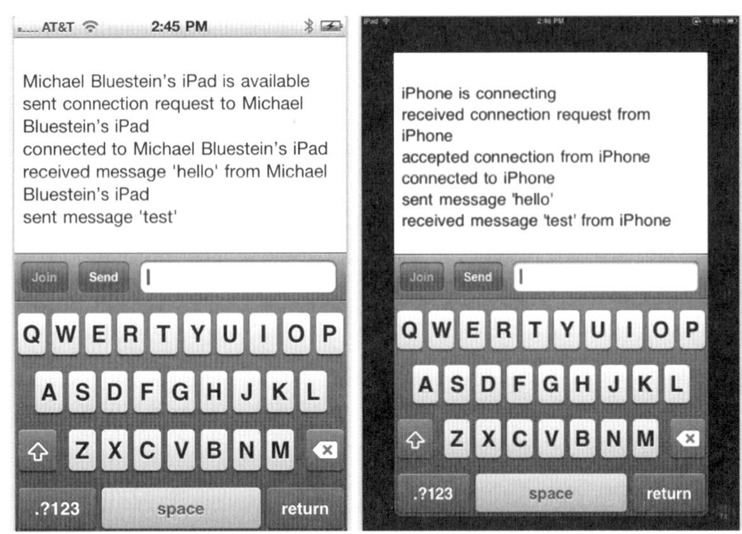

| 그림 10.1 | GameKit 앱에서 디바이스 간에 메시지를 보낸다.

'LMT10-1'이라는 이름으로 새로운 애플리케이션을 생성한다. 늘 하던 대로 컨트롤러를 추가하고 이름을 'ChatController'로 정한다. UITextView를 사용해 채팅 이력을 보여주고 더불어 UIToolbar에 두 개의 버튼을 둬 각각 채팅 참여와 메시지 전송을 담당하게 한다. 또한 메시지를 입력하기 위해 UITextField를 추가한다 (UITextField를 UIBarButtonItem의 하위 뷰로 추가해도 되므로 역시 툴바에 추가할 수 있다). 그림 10.2와 같이 버튼과 텍스트 뷰, 텍스트 필드에 대한 아웃렛을 추가한다.

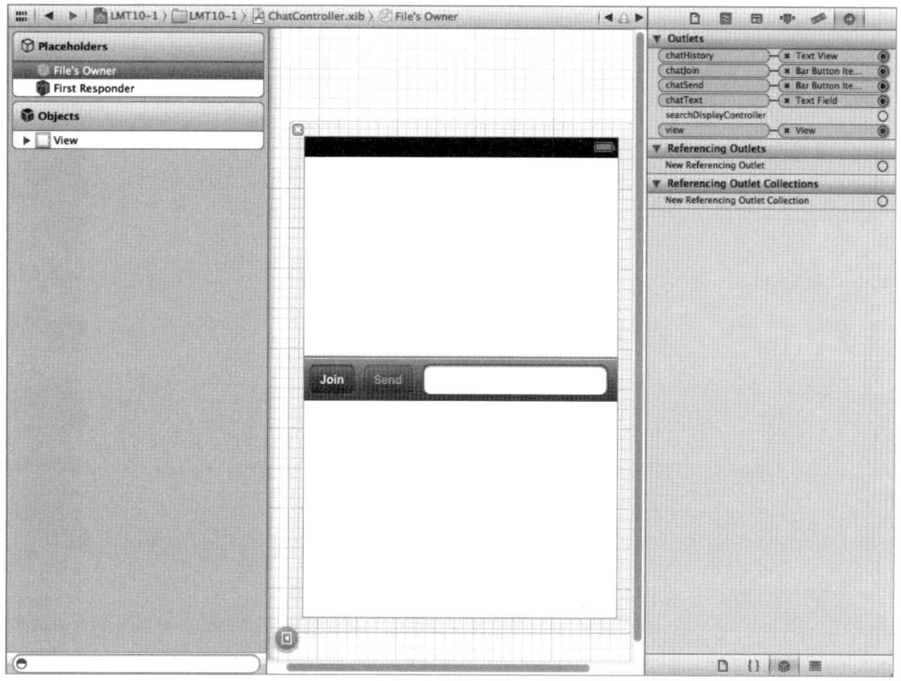

| 그림 10.2 | 인터페이스 빌더의 ChatController.xib

사용자가 [Join] 버튼을 터치할 때 세션을 생성하면서 세션 id와 표시 이름, 세션 모드를 제공한다. 여기서는 표시 이름용으로 디바이스 이름을 사용하지만 원하는 다른 문자열을 사용해도 된다. `Peer`의 `GKSessionMode`를 사용하면 서버와 클라이언트 두 가지로 동작하는 애플리케이션이 된다.

```
GKSession _session;
...
public override void ViewDidLoad ()
{
    base.ViewDidLoad ();

    chatText.BecomeFirstResponder ();

    chatJoin.Clicked += ChatJoinClicked;
        ...
}
```

```
void ChatJoinClicked (object sender, EventArgs e)
{
    _session = new GKSession ("com.lmt.gkchat1",
        UIDevice.CurrentDevice.Name, GKSessionMode.Peer);
    ...
    chatJoin.Enabled = false;
}
```

GKSession을 생성하고 나면 이벤트나 GKSessionDelegate를 통해 콜백을 처리해야
한다. 이 둘은 기능적으로 같으므로 어떤 접근 방식을 취할지는 여러분에게 달렸다. 이
예제의 경우 이벤트를 사용한다. 처리에 필요한 첫 번째 이벤트가 PeerChanged이다.
이 이벤트는 주어진 피어의 상태가 변할 때 해당 세션의 다른 피어 모두에 알림을 제공
한다. 피어에 나타날 수 있는 다양한 상태는 GKPeerConnectionState 열거형을 통해
제공된다 (리스트 10.1).

리스트 10.1 GKPeerConnectionState **열거형**
```
public enum GKPeerConnectionState {
    Available,
    Unavailable,
    Connected,
    Disconnected,
    Connecting
}
```

앱을 실행하는 두 번째 디바이스에서 [Join] 버튼이 선택되면 양쪽 피어는 서로에
게 자신을 알리게 하고자 한다. GameKit을 사용해 거의 무료로 이 기능을 구현할
수 있는데 이는 Bonjour의 빈틈없는 서비스 검색 기술을 기반으로 하기 때문이다.
해야 할 일은 Available 속성을 true로 설정해 해당 세션이 사용 가능하도록 만드
는 것뿐이다. 해당 세션에서 여러 피어가 있을 때 각 앱에서 PeerChanged 이벤트가
발생해 각 피어에서 GKPeerConnectionState를 통해 사용 가능함을 알린다. 그 다
음 원하는 대로 피어를 처리하면 된다. 이를테면 사용 가능한 모든 피어 목록을 나타
내는 사용자 인터페이스를 만들고 사용자가 그 중 하나에 연결하도록 만들 수 있다.
이 예제에서는 이를 단순하게 유지하고 가능한 피어가 서로 연결되는 과정에서 발생

하는 메시지를 기록함으로써 런타임에 무엇이 일어나는지 따라갈 수 있다.

```
void ChatJoinClicked (object sender, EventArgs e)
{
    _session = new GKSession ("com.lmt.gkchat1",
        UIDevice.CurrentDevice.Name, GKSessionMode.Peer);

    _session.PeerChanged += delegate(object s0,
        GKPeerChangedStateEventArgs peerArgs) {

        switch (peerArgs.State) {
        case GKPeerConnectionState.Available:

        AddToChatHistory (String.Format ("{0} is available",
            _session.DisplayNameForPeer (peerArgs.PeerID)));

        _session.Connect (peerArgs.PeerID, 60);

        AddToChatHistory (String.Format (
            "sent connection request to {0}",
            _session.DisplayNameForPeer (peerArgs.PeerID)));
        break;

        ...
        }
    };

    ...
    _session.Available = true;

    chatJoin.Enabled = false;
}

void AddToChatHistory (string text)
{
    chatHistory.Text += String.Format ("\r\n{0}", text);
    chatHistory.ScrollRangeToVisible (
    new NSRange (chatHistory.Text.Length - 1, 1));
}
```


피어에 연결하도록 호출하면 해당 피어에 연결 요청을 전달한다. 피어는 실제 연결이 이뤄지기 전에 연결을 수락해야 하며 그 다음 데이터가 전송된다. 이름이 의미하듯 ConnectionRequest 이벤트가 피어의 연결 요청을 처리하는 곳이다. 연결을 수락하려면 다음처럼 간단히 요청한 `PeerID`에 대해 `AcceptConnection`을 호출한다.

```
_session.ConnectionRequest += delegate(object s1,
    GKPeerConnectionEventArgs connectionArgs) {

    AddToChatHistory (String.Format (
        "received connection request from {0}",
        _session.DisplayNameForPeer (connectionArgs.PeerID)));

    _session.AcceptConnection (connectionArgs.PeerID, IntPtr.Zero);

    AddToChatHistory (String.Format ("accepted connection from {0}",
        _session.DisplayNameForPeer (connectionArgs.PeerID)));
};
```

피어에서 연결이 수락되면 해당 피어는 `PeerChanged` 이벤트에서 상태 변경을 통해 알림을 받는다. 이 이벤트에서 연결이 될 때만 적합한 모든 인터페이스 요소를 나타낸다. 예제에서는 간단히 연결 후에 [Send] 버튼을 활성화해서 피어들 간의 추가 메시지 전송을 지원한다. 다음에 보인 것처럼 `PeerChanged`에서 추가적인 상태에 대한 로깅 코드도 추가한다.

```
_session.PeerChanged += delegate(object s0,
    GKPeerChangedStateEventArgs peerArgs) {

    switch (peerArgs.State) {
    case GKPeerConnectionState.Available:
        ...
        break;
    case GKPeerConnectionState.Connected:
        AddToChatHistory (String.Format ("connected to {0}",
            _session.DisplayNameForPeer (peerArgs.PeerID)));
        chatSend.Enabled = true;
        break;
    case GKPeerConnectionState.Connecting:
        AddToChatHistory (String.Format ("{0} is connecting",
            _session.DisplayNameForPeer (peerArgs.PeerID)));
        break;
    case GKPeerConnectionState.Disconnected:
        AddToChatHistory (String.Format ("{0} disconnected",
```

```
                _session.DisplayNameForPeer (peerArgs.PeerID)));
            break;
        case GKPeerConnectionState.Unavailable:
            AddToChatHistory (String.Format ("{0} is unavailable",
                _session.DisplayNameForPeer (peerArgs.PeerID)));
            break;
    }
};
```

앱을 실행하면 피어를 함께 연결할 수 있지만 여전히 데이터 전송을 지원하는 코드
를 추가해야 한다. 일단 연결되면, 피어에서는 SendData나 SendDataToAllPeers 메
서드 중 하나를 사용해 서로 데이터를 전송할 수 있다. SendData를 사용하면 특정 피
어에 데이터를 전송한다. 반면에 SendDataToAllPeers는 해당 세션에 연결된 모든
피어에 메시지를 브로드캐스트한다. 피어로부터 데이터를 수신하려면 ReceiveData
이벤트를 처리한다. 이 데이터는 NSData를 사용해 전송되므로 수신자에서 원하는 포
맷으로 변환해야 한다. 이 예제의 경우 메시지를 문자열로 표시하고자 하므로 다음과
같이 NSString.FromData 메서드를 사용해 전송된 NSData에서 NSString을 얻는다.

```
public override void ViewDidLoad ()
{
    base.ViewDidLoad ();

    chatText.BecomeFirstResponder ();

    chatJoin.Clicked += ChatJoinClicked;

    chatSend.Clicked += delegate {
        _session.SendDataToAllPeers (chatText.Text,
            GKSendDataMode.Unreliable, IntPtr.Zero);

        AddToChatHistory (String.Format ("sent message '{0}'",
            chatText.Text));

        chatText.Text = "";
    };
}

...
```

```
void ChatJoinClicked (object sender, EventArgs e)
{
    ...
    _session.ReceiveData += delegate(object s2,
        GKDataReceivedEventArgs dataArgs) {
        AddToChatHistory (String.Format(
            "received message '{0}' from {1}",
            NSString.FromData (dataArgs.Data, NSStringEncoding.UTF8),
                _session.DisplayNameForPeer (dataArgs.PeerID)));
    };

    _session.Available = true;
    chatJoin.Enabled = false;
}
```

GKSendDataMode.Reliable을 사용해 데이터를 전송한다. Reliable은 메시지가 전송된 순서로 수신되고 전송에 실패한 메시지는 다시 전송된다는 것을 의미한다. Unreliable 모드는 메시지가 한 번만 전송되게 한다. 전송에 문제가 있다면 해당 데이터를 잃게 된다. Unreliable 메시징은 해당 데이터가 일시적이고 항상 가능한 최신의 데이터를 원하는 경우에 가장 적합하다. 그런 경우 이전 데이터의 재전송은 유용하지 않다.

이제 여러 디바이스에서 해당 애플리케이션을 실행하면 디바이스를 함께 연결하고 메시지를 송수신할 수 있다. 리스트 10.2에서 ChatController 코드 전체를 볼 수 있다.

리스트 10.2 전체 ChatController

```
public partial class ChatController : UIViewController
{
    GKSession _session;

    // 간결한 표시를 위해 생성자를 생략했다.

    public override void ViewDidLoad ()
    {
        base.ViewDidLoad ();

        chatText.BecomeFirstResponder ();
```

```csharp
        chatJoin.Clicked += ChatJoinClicked;

        chatSend.Clicked += delegate {
            _session.SendDataToAllPeers (chatText.Text,
                GKSendDataMode.Reliable, IntPtr.Zero);
            AddToChatHistory (String.Format (

            "Sent message '{0}'",chatText.Text));
        chatText.Text = "";
    };
}


void ChatJoinClicked (object sender, EventArgs e)
{
    _session = new GKSession ("com.lmt.gkchat1",
        UIDevice.CurrentDevice.Name, GKSessionMode.Peer);

    _session.PeerChanged += delegate(object s0,
        GKPeerChangedStateEventArgs peerArgs) {

        switch (peerArgs.State) {
        case GKPeerConnectionState.Available:
            AddToChatHistory (String.Format ("{0} is available",
                _session.DisplayNameForPeer (peerArgs.PeerID)));
            _session.Connect (peerArgs.PeerID, 60);
            AddToChatHistory (String.Format (
                "Sent connection request to {0}",
                _ session.DisplayNameForPeer  (peerArgs.PeerID)));
            break;
        case GKPeerConnectionState.Connected:
            AddToChatHistory (String.Format ("Connected to {0}",
            _session.DisplayNameForPeer (peerArgs.PeerID)));
            chatSend.Enabled = true;
            break;
        case GKPeerConnectionState.Connecting:
            AddToChatHistory (String.Format ("{0} is connecting",
            _session.DisplayNameForPeer (peerArgs.PeerID)));
            break;
        case GKPeerConnectionState.Disconnected:
            AddToChatHistory (String.Format ("{0} disconnected",
            _session.DisplayNameForPeer (peerArgs.PeerID)));
            break;
        case GKPeerConnectionState.Unavailable:
            AddToChatHistory (String.Format ("{0} is unavailable",
            _session.DisplayNameForPeer (peerArgs.PeerID)));
            break;
        }
```


네트워킹

```csharp
        };

    _session.ConnectionRequest += delegate(object s1,
        GKPeerConnectionEventArgs connectionArgs) {

        AddToChatHistory (String.Format (
            "Received connection request from {0}",
            _session.DisplayNameForPeer (connectionArgs.PeerID)));
        _session.AcceptConnection (connectionArgs.PeerID,
            IntPtr.Zero);

        AddToChatHistory (String.Format (
            "Accepted connection from {0}",
            _session.DisplayNameForPeer (connectionArgs.PeerID)));
    };

    _session.ReceiveData += delegate(object s2,
        GKDataReceivedEventArgs dataArgs) {

        AddToChatHistory (String.Format(
            "Received message '{0}' from {1}",
            NSString.FromData (dataArgs.Data,
                NSStringEncoding.UTF8),
            _session.DisplayNameForPeer (dataArgs.PeerID)));
    };

    _session.Available = true;

    chatJoin.Enabled = false;

    void AddToChatHistory (string text)
    {
        chatHistory.Text += String.Format ("\r\n{0}", text);
        chatHistory.ScrollRangeToVisible (
            new NSRange (chatHistory.Text.Length - 1, 1));
    }
}
```

GKPeerPickerController 사용하기

블루투스에서 서비스 검색과 네트워킹을 제공하는 간편한 API가 충분치 않아 보인다면 GameKit에는 GKPeerPickerController 클래스가 있고 여기서 GameKit 기반 애플리케이션을 연결하기 위한 일관성 있는 사용자 인터페이스도 제공한다.

GameKit 클래스도 직접 원하는 대로 사용하고 자신만의 사용자 인터페이스를 생성할 수 있지만, GKPeerPickerController는 더 쉽게 원하는 목적을 달성할 수 있는 멋진 옵션이다.

GKPeerPickerController와 함께 여전히 GKSession을 사용하는 코드를 작성하고 GKSession의 이벤트를 통해서나 GKSessionDelegate에서 직접 콜백을 처리한다. 추가 작업으로 GKPeerPickerController를 생성하고 이를 GKPeerPicker ControllerDelegate를 사용해 GKSession과 연결한다. GKPeerPickerController에 세션을 제공한 다음 사용자가 연결하려는 피어를 나타내는 사용자 인터페이스를 처리한다. 가능한 피어를 알려주고 연결 요청을 하는 단계는 GKPeerPicker Controller로 처리한다.

GKPeerPickerController는 선택할 피어를 나타내고 연결 요청을 만드는 일이 전부다. 연결을 수락하려면 GKSession 자체에서 ConnectionRequest 이벤트를 여전히 구현해야 한다. 앞서 했던 것처럼 한번 연결되면 데이터 송신과 수신도 구현해야 한다.

GKPeerPickerController를 사용하는 새로운 채팅 애플리케이션을 만들어보자. 이 애플리케이션 이름을 'LMT10-2'로 정하자. UI는 바로 전에 했던 예제와 거의 동일하지만 이번에는 키보드의 엔터 버튼으로 메시지를 보낸다. 따라서 각각에 대해 UITextView와 UIBarButtonItem, UITextField라는 세 개의 아웃렛이 필요하다(그림 10.3). 또한 키보드의 엔터키를 누르면 텍스트 필드를 전송하도록 설정한다.

ViewDidLoad의 구현은 따로 설명이 필요 없을 것 같다. 다시 GKSession을 사용해 실제 데이터 전송을 수행한다(리스트 10.3).

리스트 10.3 ChatController의 ViewDidLoad 구현

```
GKSession _session;
...
public override void ViewDidLoad ()
{
    base.ViewDidLoad ();
    chatHistory.Editable = false;
    chatText.AutocorrectionType = UITextAutocorrectionType.No;
    chatText.AutocapitalizationType =
```

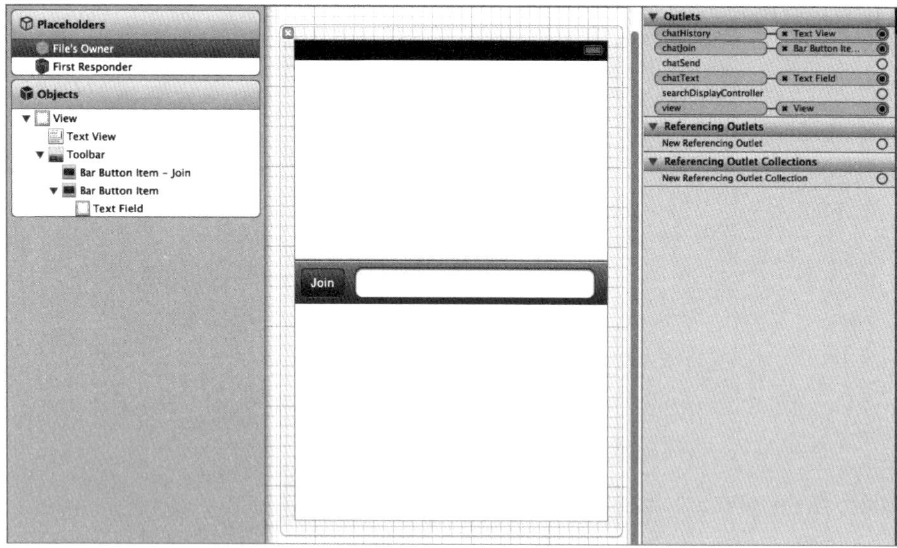

| 그림 10.3 | 인터페이스 빌드의 ChatController.xib

```
        UITextAutocapitalizationType.None;
    chatText.BecomeFirstResponder ();

    chatText.ShouldReturn += delegate {

        if (_session != null) {
            AddToChatHistory (chatText.Text);
            _session.SendDataToAllPeers (chatText.Text,
                GKSendDataMode.Reliable, IntPtr.Zero);
            chatText.Text = "";
        }
        return true;
    };

    chatJoin.Clicked += delegate { ShowPeerPicker (); };
}
```

다음으로 사용자가 Join 버튼을 클릭할 때 ShowPeerPicker를 호출하도록 만든다. GKPeerPicker는 피어를 탐색하고 선택하는 UI를 나타낸다. 할 일은 GKSession과 필요한 콜백을 만들고 피어 피커의 델리게이트를 통해 해당 피어 피커에 넘겨주는 것이다. 리스트 10.4에서는 피어 피커와 그 델리게이트인 GKPeerPickerDelegate 서브클래스의 구현을 나타냈다.


```csharp
void ShowPeerPicker ()
{
    _session = new GKSession ("com.lmt.gkchat2",
        UIDevice.CurrentDevice.Name, GKSessionMode.Peer);

    _session.ReceiveData += (s, e) => {
        AddToChatHistory (NSString.FromData (e.Data,
            NSStringEncoding.UTF8).ToString ());
    };

    _session.ConnectionRequest += (s, e) => {
        e.Session.AcceptConnection (e.PeerID, IntPtr.Zero);
    };

    _peerPickerController = new GKPeerPickerController ();
    _peerPickerController.Delegate = new PeerPickerDelegate (this);
    _peerPickerController.ConnectionTypesMask =
        GKPeerPickerConnectionType.Nearby;
    _peerPickerController.Show ();
}

class PeerPickerDelegate : GKPeerPickerControllerDelegate
{
    ChatController _controller;

    public PeerPickerDelegate (ChatController controller)
    {
        _controller = controller;
    }

    public override GKSession GetSession (
        GKPeerPickerController picker,
        GKPeerPickerConnectionType forType)
    {
        return _controller._session;
    }

    public override void PeerConnected (GKPeerPickerController picker,
        string peerId, GKSession toSession)
    {
        _controller._session = toSession;
```

```
            picker.Dismiss ();
            picker.Delegate = null;

            // 편의상 연결이 되고 나면 버튼을 비활성화한다.
            _controller.chatJoin.Enabled = false;
        }

        public override void ControllerCancelled (
            GKPeerPickerController picker)
        {
            picker.Delegate = null;
        }
    }
```

ShowPeerPicker 메서드에서 GKSession과 GKPeerPicker를 생성하고 초기화한다.
피어 피커의 경우 블루투스를 통한 Bonjour만 지원하도록 ConnectionTypesMask를
GKPeerPickerConnectionType.Nearby로 설정한 다음 해당 피커의 UI를 보여준다
(그림 10.4). GKPeerPickerDelegate는 해당 피커에 대한 GKSession을 반환하고 이
어서 연결에 적합한 세션을 피어에 할당하는 작업과 이후 해당 피커를 해제한다.

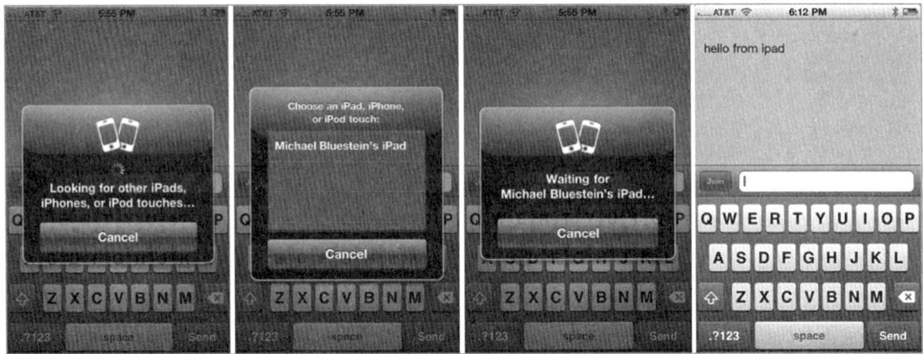

| 그림 10.4 | GKPeerPickerController의 탐색 및 선택 UI

GameKit 음성 채팅

GameKit에서는 블루투스를 통한 피어 투 피어 음성 통신을 만들 수 있는 손쉬운
API도 제공한다. 음성 채팅의 결합은 GKVoiceChatService와 GKVoiceChatClient

를 통해 이뤄진다. 하지만 피어 연결은 여전히 GameKit에서 이미 살펴본 기술을 사용해 관리된다. 연결이 이뤄지고 나면 다음의 단계를 통해 음성 채팅을 추가한다.

1. AVAudioSession을 생성한다.
2. GKVoiceChatClient 서브클래스를 생성하고 ParticipantID와 SendData를 재정의한다.
3. GKVoiceChatClient를 GKVoiceChatService에 할당한다.
4. 연결된 피어와 음성 채팅을 시작한다.
5. GKSession의 ReceivedData 핸들러에서 GKVoiceChatService의 ReceivedData 메서드를 호출한다.

GKVoiceChatClient 서브클래스에서 ParticipantID는 GKSession의 PeerID를 재사용할 수 있다. 마찬가지로 SendData 메서드는 GKSession의 SendData 메서드로 프록시 처리할 수 있다. 설명을 위해 GKPeerPickerController를 돌리는 버튼이 하나 있는 간단한 애플리케이션을 생성해보자. 연결이 이뤄지면 애플리케이션에서 오디오를 피어 디바이스와 주고받게 된다.

이 애플리케이션은 마이크로폰이 연결된 아이팟 터치나 아이패드에서도 동작한다.

'LMT10-3'이라는 이름으로 새로운 애플리케이션을 생성하자. 하나의 버튼만 추가하기 때문에 별도의 뷰 컨트롤러를 추가하는 작업은 건너뛰고 메인 윈도우에 이 버튼을 연결하고 아웃렛을 AppDelegate와 joinButton이라는 버튼에 연결한다. 앞서 했던 작업과 마찬가지로 AppDelegate에서 GKPeerPickerController와 GKSession을 생성하는 코드를 추가한다(리스트 10.5).

리스트 10.5 GKVoiceChatService ReceivedData **호출을 보여주는** AppDelegate

```
public partial class AppDelegate : UIApplicationDelegate
{
    GKSession _gkSession;
```

```csharp
MyVoiceChatClient _vcClient;

public override bool FinishedLaunching (UIApplication app,
    NSDictionary options)
{
    joinButton.Clicked += delegate { ShowPeerPicker (); };

    window.MakeKeyAndVisible ();
    return true;
}

void ShowPeerPicker ()
{
    _gkSession = new GKSession ("com.lmt.gkvoicechat",
        UIDevice.CurrentDevice.Name, GKSessionMode.Peer);

    _gkSession.ReceiveData += delegate(object sender,
        GKDataReceivedEventArgs e) {

    GKVoiceChatService.Default.ReceivedData (
        e.Data, e.PeerID);
    };

    _gkSession.ConnectionRequest += delegate(object sender,
        GKPeerConnectionEventArgs e) {

        e.Session.AcceptConnection (e.PeerID, IntPtr.Zero);
    };

    GKPeerPickerController peerPickerController =
        new GKPeerPickerController ();
    peerPickerController.Delegate = new PeerPickerDelegate (this);
    peerPickerController.ConnectionTypesMask =
        GKPeerPickerConnectionType.Nearby;
    peerPickerController.Show ();
}

public class MyVoiceChatClient : GKVoiceChatClient
{
    ...
}

class PeerPickerDelegate : GKPeerPickerControllerDelegate
{
    ...
}
}
```

여기서 두 가지에 주목하자. 하나는 `GKVoiceChatService`에 데이터를 전달하는 `ReceivedData` 핸들러이며 다른 하나는 `MyVoiceChatClient` 형식의 `GKVoiceChatClient` 서브클래스 선언이다. `GKVoiceChatClient`를 구현하려면 음성 채팅을 위한 `ParticipantID`를 할당하고 `GKSession` 인스턴스를 통해 데이터를 보내야 한다.

```
public class MyVoiceChatClient : MonoTouch.GameKit.GKVoiceChatClient
{
    GKSession _session;

    public MyVoiceChatClient (GKSession session)
    {
        _session = session;
    }

    public override string ParticipantID ()
    {
    return _session.PeerID;
    }

    public override void SendData (GKVoiceChatService voiceChatService,
        NSData data, string toParticipant)
    {
        _session.SendData (
            data,
            new string[] { toParticipant },
            GKSendDataMode.Reliable,
            IntPtr.Zero);
    }
}
```

`PeerPickerDelegate` 클래스에서 비 음성 관련 피어 피커 코드 외에 다음과 같이 해당 피어가 연결되고 나면 오디오 세션을 생성하고 음성 채팅 서비스에 음성 채팅 클라이언트를 할당한 뒤 연결된 피어와 음성 채팅을 시작해야 한다.

```
class PeerPickerDelegate : GKPeerPickerControllerDelegate
{
    AppDelegate _controller;
```

```csharp
        public PeerPickerDelegate (AppDelegate controller)
        {
            _controller = controller;
        }

        public override GKSession GetSession (
            GKPeerPickerController picker,
            GKPeerPickerConnectionType forType)
        {
            return _controller._gkSession;
        }

        public override void PeerConnected (
            GKPeerPickerController picker,
            string peerId,
            GKSession toSession)
        {
            _controller._gkSession = toSession;

            picker.Dismiss ();
            picker.Delegate = null;

            _controller.joinButton.Title = "Connected";
            _controller.joinButton.Enabled = false;

            AVAudioSession audioSession = AVAudioSession.SharedInstance ();
            NSError error;
            audioSession.SetCategory (
                AVAudioSession.CategoryPlayAndRecord.ToString (),
                out error);
            audioSession.SetActive (true, out error);
            _controller._vcClient =
                new MyVoiceChatClient (_controller._gkSession);
            GKVoiceChatService.Default.Client = _controller._vcClient;
            GKVoiceChatService.Default.StartVoiceChat (
                peerId, IntPtr.Zero);
        }

        public override void ControllerCancelled (
            GKPeerPickerController picker)
        {
            picker.Delegate = null;
        }
    }
```

두 개의 디바이스에서 앱을 시작하고 각각에서 [Join] 버튼을 선택해 피어 피커를 통해 연결하면 이들 디바이스 간에 음성 데이터를 전송할 수 있다. 이는 아이폰에서 내장 마이크로폰을 사용하거나 블루투스를 사용하는 모든 iOS에 외부 마이크로폰을 연결하면 동작한다.

Bonjour

Bonjour는 애플이 네트워킹에 제로 구성을 구현한 것이다. 앞서 언급한대로 GameKit은 내부적으로 Bonjour를 사용해 블루투스 서비스를 검색한다. 하지만 애플리케이션에서 Bonjour를 이용하는 데 GameKit을 사용해야 한다거나 블루투스로 제한할 필요는 없다. 사실 Bonjour는 윈도우즈를 포함한 여러 플랫폼에서 구현할 수 있는 애플의 오픈 소스 기술이다.

> **Tip** Zeroconf로 알려진 제로 구성 네트워킹과 Bonjour에 대한 보다 자세한 정보는 www.zeroconf.org와 www.apple.com/support/bonjour를 참조하자.

Bonjour를 사용하면 해당 서비스의 선험적(先驗的)인 지식이나 IP 주소 없이도 쉽게 서비스를 발견하고 서비스를 사용할 수 있음을 알릴 수 있다. Bonjour는 서비스 발견이 역할의 전부다. 서버와 클라이언트가 서로를 알게 되면 실제 네트워킹 코드는 소켓을 직접 사용하거나 이를 추상화한 프레임워크 클래스처럼 흔히 기술로 구현된다.

Bonjour와 함께 사용하는 기본 클래스는 `NSNetService`와 `NSNetServiceBrowser`이다. `NSNetService`는 IP 네트워크에서 서비스를 식별하고 서비스의 가용성을 게시하는 데 사용된다. `NSNetServiceBrowser`를 사용해 클라이언트에서는 게시된 `NSNetServices`를 검색하고 각 `NSNetService`에서 포함된 정보를 사용해 해당 서비스가 사용 가능하다는 사전 구성된 정보 없이도 네트워킹을 수행한다. Bonjour는 검색 서비스(브라우징)의 프로세스와 연결을 이루는 데 필요한 추가 서비스 정보를 획득(확인)하는 프로세스를 분리한다. 이러한 분리에 대한 설계 개념에서 브라우징이 보다 경량의 작업인 반면 확인은 IP 주소 변경이 일어나는 경우 추가적인 현재 정보를 필요로 한다. 하지만 이 정보는 실제 연결이 이뤄질 때만 필요하므로 확인과 브라우 징을 분리하면 Bonjour에서 더 나은 네트워크 리소스의 사용률을 보일 수 있다.

Bonjour의 데모를 위해 서버에서 단순히 약간의 텍스트를 클라이언트에 던지고 다시 받는 간단한 클라이언트/서버 시나리오를 구현한다. 하나의 앱(GameKit의 피어처럼)으로 이 데모를 수행해볼 수 있지만, 따라 하기 쉽게 만들기 위해 여기서는 서버와 클라이언트를 별도 앱으로 생성한다. 또한 좀 더 명확성을 유지하기 위해 사용했던 앱 이름 명명 규칙은 잠깐 접어둔다.

`BonjourDemoServer`라는 서버 앱을 생성하자. 이번 예제에서 애플리케이션은 어떠한 대화형 UI도 필요하지 않으므로 `AppDelegate`에 필요한 코드를 넣어 앱이 로드될 때 자동으로 모든 기능이 시작된다. `serverLogView`라는 아웃렛과 함께 하나의 `UITextView`로 화면을 채운다. 이 텍스트 뷰를 사용해 런타임에 트래픽을 모니터링한다.

Bonjour로 서비스를 게시하려면, `NSNetService`와 `NSNetServiceDelegate`를 생성해야 한다. `NSNetService` 서비스는 `_servicename._protocol` 형식의 서비스 이름뿐만 아니라 표시 이름과 포트로 생성된다. 서비스를 갖게 되면 이 서비스의 `Publish` 메서드를 호출해 Bonjour로 검색 가능하게 만든다. 이 작업은 지정한 이름의 사용 가능한 서비스가 있음을 알려주는 것이다. 실제 서비스를 생성하는 코드는 여전히 작성해야 한다. `NSNetService`에서는 일반적인 델리게이션 패턴을 사용해 해당 서비스를 Bonjour로 게시한 후 `NSNetServiceDelegate`의 `Published` 메서드를 호출한다. 다음에서 실제 서버 코드를 구현한다. 리스트 10.6에서는 Bonjour의 구현에서 간단한 서비스를 게시하는 작업을 나타냈다.

리스트 10.6 Bonjour를 사용해 게시한 `NSNetService`

```
public partial class AppDelegate : UIApplicationDelegate
{
    NetDelegate _netDel;
    NSNetService _ns;
    TcpListener _tcpServer;
```

```csharp
public override bool FinishedLaunching (UIApplication app,
    NSDictionary options)
{
    _ns = new NSNetService ("", "_bonjourdemoservice._tcp",
        UIDevice.CurrentDevice.Name, 9999);

    _netDel = new NetDelegate (this);

    _ns.Delegate = _netDel;

    _ns.Publish ();

    window.MakeKeyAndVisible ();

    return true;
}

public override void WillTerminate (UIApplication application)
{
    _ns.Stop ();
    _tcpServer.Stop ();
}

public override void WillEnterForeground (
    UIApplication application)
{
    _ns.Publish ();
}

public override void DidEnterBackground (UIApplication application)
{
    _ns.Stop ();
    _tcpServer.Stop ();
}

class NetDelegate : NSNetServiceDelegate
{
    AppDelegate _controller;

    public NetDelegate (AppDelegate controller)
    {
        _controller = controller;
    }

    public override void Published (NSNetService sender)
    {
```

```csharp
ThreadStart ts = new ThreadStart (delegate {
    using (var pool = new NSAutoreleasePool ()) {
        try {
            string hostName = String.Format (
                "{0}.local", Dns.GetHostName ());
            IPHostEntry hostEntry =
                Dns.GetHostEntry (hostName);
            IPAddress serverAddress =
                hostEntry.AddressList[1];

            _controller._tcpServer = new TcpListener
                (serverAddress, sender.Port);

            _controller._tcpServer.Start ();

            Log ("Server started");

            int maxReadSize = 1024;
            byte[] requestBuffer = new Byte[maxReadSize];

            while (true) {
                TcpClient connectingClient =
                    _controller._tcpServer.AcceptTcpClient ();

                using (NetworkStream netStream =
                    connectingClient.GetStream ()) {

                    int size = netStream.Read (requestBuffer,
                        0, requestBuffer.Length);

                    string request = Encoding.ASCII.GetString
                        (requestBuffer, 0, size);

                    Log (String.Format ("Server received: {0}",
                        request));

                    string response = String.Format (
                        "Server echoed: {0}", request);

                    byte[] responseBuffer =
                        Encoding.ASCII.GetBytes (response);

                    netStream.Write (responseBuffer, 0,
                        responseBuffer.Length);

                    Log (response);
```

```
                        }

                        connectingClient.Close ();
                    }

                } catch (SocketException e) {
                    Log (String.Format ("SocketException: {0},
                        Native Error Code = {0}", e.Message,
                        e.NativeErrorCode));
                }
            }
        });
        Thread t = new Thread (ts);
        t.Start ();
    }


    public override void PublishFailure (NSNetService sender,
        NSDictionary errors)
    {
        Log (String.Format ("{0} publish failed", sender.Name));
    }

    void Log (string text)
    {
        InvokeOnMainThread (delegate {
            _controller.serverLogView.AppendTextLine (text); });
    }
  }
}


public static class UITextViewExtension
{
    public static void AppendTextLine (this UITextView textView,
        string text)
    {
        textView.Text += String.Format ("\r\n{0}", text);
        textView.ScrollToBottom ();
    }

    public static void ScrollToBottom (this UITextView textView)
    {
        textView.ScrollRangeToVisible (
            new NSRange (textView.Text.Length - 1, 1));
    }
}
```

앱을 시작하면 서버에서 네트워크에 자신을 알리고 들어오는 호출을 수신 대기하기 시작한다. OS X에서 dns-sd라는 명령줄 유틸리티가 있어 이를 통해 Bonjour 서비스를 모니터링할 수 있다. 예를 들어 방금 생성한 서버를 확인하려면 터미널에서 다음을 입력하고 엔터를 누르면 그림 10.5와 같은 결과를 받게 된다.

```
dns-sd -B _bonjourdemoservice
```

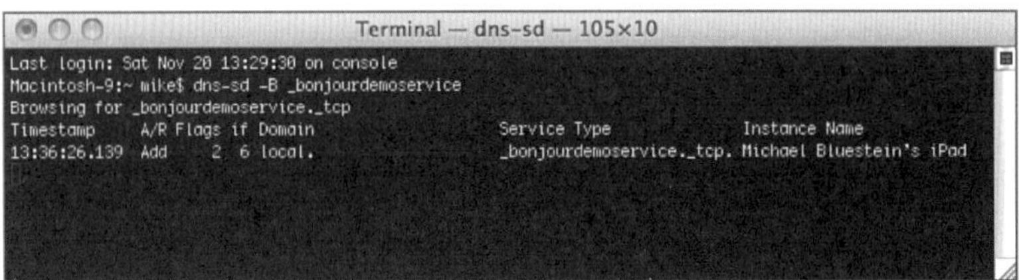

| **그림 10.5** | dns-sd 유틸리티에서 게시된 Bonjour 서비스

서버가 잘 작동하면 이번에는 클라이언트에 주의를 기울여보자. BonjourDemo Client라는 두 번째 애플리케이션을 생성하고 늘 하던 대로 ClientView Controller라는 iPhone View Controller를 추가한 다음 시작 시 뷰를 로드하도록 코드를 작성한다. UI의 경우 메시지 로그를 제공하는 UITextView와 함께 테이블에 사용 가능한 서비스 목록을 표시한다. 이 애플리케이션은 서비스를 탐색하고 서비스가 발견되면 테이블을 채운다. 이 테이블에서 행을 선택하면 연결된 서비스를 확인하고 서버 앱에 텍스트 메시지를 전송한다. 이 메시지는 클라이언트에 다시 돌아온다. 그림 10.6과 같이 IB에서 UI 레이아웃을 만들고 UITableView와 UITextView 각각에 대한 serviceTable과 logView라는 아웃렛을 연결한다.

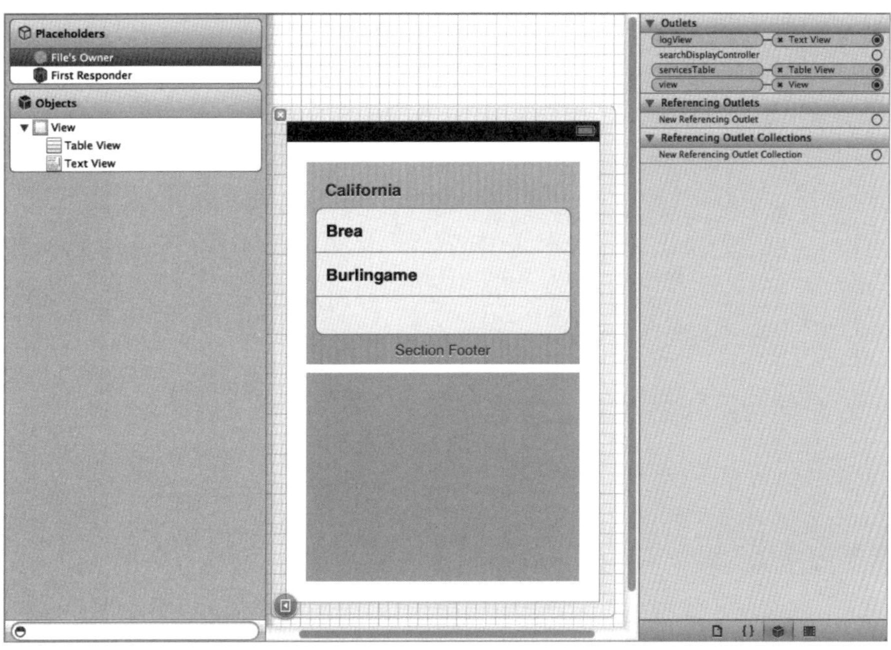

| 그림 10.6 | 인터페이스 빌더에서 `BonjourDemoClient`의 `ClientViewController`

컨트롤러 뷰가 로드될 때 `NSNetServiceBrowser`의 `SearchForServices` 메서드를 사용해 게시된 서비스 인스턴스에 대한 탐색을 시작하고자 한다. 서비스가 발견되고 제거될 때마다 `FoundService`와 `ServiceRemoved` 이벤트를 구독해 UI와 컨트롤러에서 참조하는 `NSNetServices`의 지원 목록을 업데이트한다.

```
public partial class ClientViewController : UIViewController
{
    List<NSNetService> _serviceList;
    NSNetServiceBrowser _netBrowser;
    ServicesTableSource _source;

    // 생성자
    ...

    public override void ViewDidLoad ()
    {
        base.ViewDidLoad ();
        InitNetBrowser ();
```

```csharp
        }

        internal void InitNetBrowser ()
        {
            _serviceList = new List<NSNetService> ();
            _netBrowser = new NSNetServiceBrowser ();
            _source = new ServicesTableSource (this);
            servicesTable.Source = _source;

            _netBrowser.SearchForServices ("_bonjourdemoservice._tcp", "");

            _netBrowser.FoundService += delegate(
                object sender, NSNetServiceEventArgs e) {

                logView.AppendTextLine (String.Format ("{0} added",
                    e.Service.Name));

                _serviceList.Add (e.Service);

                e.Service.AddressResolved += ServiceAddressResolved;

                // 노트: 여기서 보다 세부적인 방식으로 행을 추가하고 제거할 수도 있다

                servicesTable.ReloadData ();
            };

            _netBrowser.ServiceRemoved += delegate(
                object sender, NSNetServiceEventArgs e) {

                logView.AppendTextLine (String.Format ("{0} removed",
                    e.Service.Name));

                var nsService = _serviceList.Single (
                    s => s.Name.Equals (e.Service.Name));

                _serviceList.Remove (nsService);
                servicesTable.ReloadData ();
            };
        }
        ...
    }
```

한 번 탐색을 통해 서비스를 발견하게 되면 연결하고자 할 때 이 서비스를 확인할
수 있다. 테이블에서 사용 가능한 서비스를 표시하기 때문에 간단히 테이블 행이 선

택될 때 해당 서비스의 `resolve`를 호출한다. 서비스가 발견될 때 `AddressResolved` 이벤트에 등록하기 때문에 확인이 완료될 때 이벤트 핸들러가 호출된다. 그런 후 클라이언트 네트워킹 코드(리스트 10.7)를 작성하는 데 사용할 수 있는 호스트와 주소 정보를 포함하는 완전히 변화된 `NSNetService` 인스턴스를 갖게 되고 이로 인해 클라이언트에서 서버의 위치에 관한 사전 구성된 정보를 전혀 필요로 하지 않게 된다.

리스트 10.7 Bonjour 서비스 확인과 네트워크 클라이언트

```
public partial class ClientViewController : UIViewController
{
    ...
    void ServiceAddressResolved (object sender, EventArgs e)
    {
        NSNetService ns = sender as NSNetService;

        if (ns != null)
            CallServer (ns);
    }

    void CallServer (NSNetService ns)
    {
        if (ns != null) {
            string hostName = ns.HostName;
            int port = ns.Port;

            try {

                TcpClient tcpClient = new TcpClient (hostName, port);
                using (NetworkStream netStream =
                    tcpClient.GetStream ()) {

                    string hello = "hello from TcpClient";
                    byte[] sendBuffer =
                        Encoding.ASCII.GetBytes (hello);

                    netStream.Write (sendBuffer, 0, sendBuffer.Length);

                    int maxSize = 1024;
                    byte[] receiveBuffer = new Byte[maxSize];
```

```csharp
                    int length = netStream.Read         (receiveBuffer, 0,
                        receiveBuffer.Length);
                    string response =
                        Encoding.ASCII.GetString (receiveBuffer, 0,
                            length);
                    logView.AppendTextLine (response);
                }
                tcpClient.Close ();
            } catch (Exception ex) {
                logView.AppendTextLine (String.Format (
                    "exception calling server: {0}", ex));
            }
        }
    }

class ServicesTableSource : UITableViewSource
{
    ClientViewController _controller;
    const string SERVICE_CELL_ID = "servicecell";

    public ServicesTableSource (ClientViewController controller)
    {
        _controller = controller;
    }

    public override int RowsInSection (UITableView tableview,
        int section)
    {
        return _controller._serviceList.Count;
    }

    public override UITableViewCell GetCell (UITableView tableView,
        NSIndexPath indexPath)
        {
        var serviceCell =
            tableView.DequeueReusableCell (SERVICE_CELL_ID) ??
                new UITableViewCell (UITableViewCellStyle.Value1,
                SERVICE_CELL_ID);

        NSNetService ns = _controller._serviceList[indexPath.Row];

        serviceCell.TextLabel.Text = ns.Name;

        return serviceCell;
    }
```

```csharp
public override void RowSelected (UITableView tableView,
    NSIndexPath indexPath)
{
    NSNetService ns = _controller._serviceList[indexPath.Row];
    if (String.IsNullOrEmpty (ns.HostName))
        ns.Resolve (60);
    else
        _controller.CallServer (ns);
    tableView.DeselectRow (indexPath, true);
}
    }
}
```

이제 두 번째 디바이스에서 서버를 실행 중인 상태에서 앱을 실행한다. 테이블에 서비스가 나타난다. 테이블 셀을 선택하면 해당 서비스를 확인하고 연결된 서버를 호출한 뒤 서버의 응답을 텍스트 뷰에 표시한다(그림 10.7).

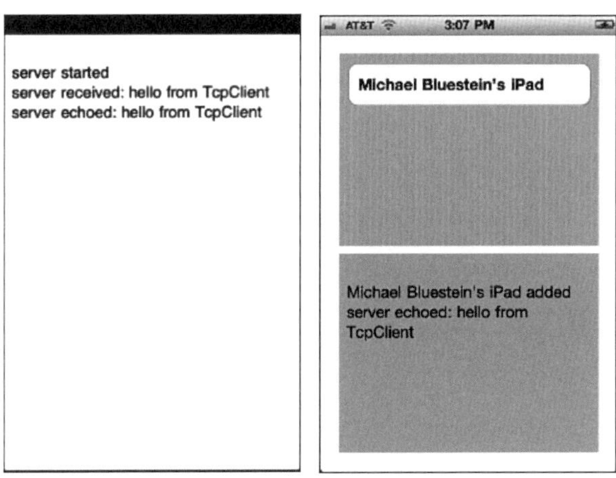

| 그림 10.7 | Bonjour 클라이언트와 서버에서 데이터 교환

☀ 요약

    iOS는 애플리케이션 내부에서 네트워킹을 수행하기 위한 풍부한 기능을 제공한다. 이번 챕터에서는 서비스 검색과 블루투스 네트워킹을 제공하기 위해 GameKit 네트워킹 스택에서 제공하는 기능을 살펴봤다. 게다가 GameKit을 활용해 디바이스 간의 음성 통신을 생성하는 방법도 살펴봤다. 마지막으로 Bonjour를 사용해 직접 서비스를 게시하고 찾는 방법을 살펴봤는데 이후 모노터치를 통해 익숙한 .NET 네트워킹 기술을 사용할 수 있다.

애플리케이션 데이터 저장

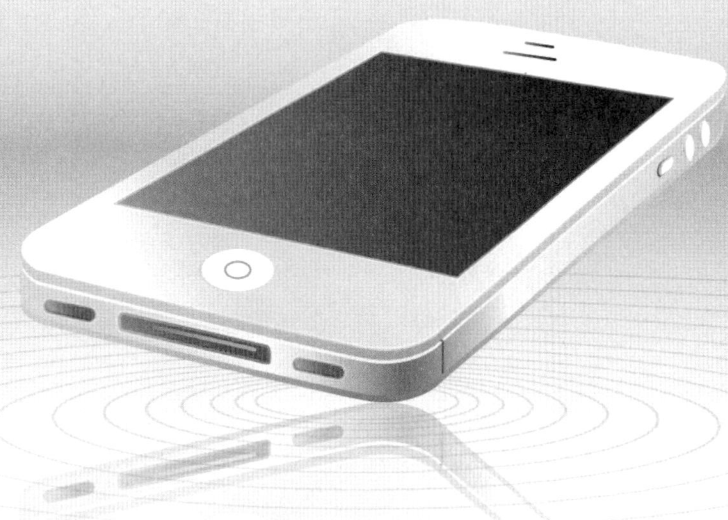

모노터치를 사용할 때 iOS 애플리케이션에서 데이터를 저장하는 몇 가지 방법이 있다. 이들 방법은 SQLite를 사용하는 로컬 데이터베이스 저장소에서 .NET 직렬화까지 다양하다. 이번 챕터에서는 현재 사용할 수 있는 애플리케이션 데이터 저장소 기술 몇 가지를 살펴보면서 샘플 노트 애플리케이션도 만들어본다.

☀ 노트 샘플 애플리케이션

iOS가 .NET과 결합되면서 로컬에 애플리케이션 데이터를 저장하기 위한 다양한 선택지를 제공한다. 이 기능을 원하는 대로 사용하는 방법을 알아보기 위해 일반적인 생성과 읽기, 업데이트, 삭제 작업을 지원하는 노트 작성 애플리케이션을 개발하고 애플리케이션 데이터를 저장하는 다양한 기술의 사용 방법을 살펴본다.

애플리케이션 자체는 전형적인 테이블과 내비게이션 스타일 앱이다(그림 11.1). 왼쪽 화면은 노트의 목록을 나타내고 사용자가 노트를 추가하거나 삭제, 편집할 수 있다. 삭제는 통상 편집으로 발생하고 `UITableViewControllers`로 밀어서 삭제(swipe-to-delete)를 지원하는 반면 노트의 편집과 업데이트는 세부정보 화면을 활용한다. 여기서는 애플리케이션의 전반적인 논의를 다루지 않겠지만 관련된 데이터 저장소를 고민하고 해결하는 시작점으로서 필요한 코드를 보여준다. 테이블과 내비게이션 동작 방법을 다시 살펴보려면 Chapter 5 "테이블과 내비게이션"을 참고하자.

[Universal Empty Project]라는 템플릿을 사용하고 새로운 애플리케이션 이름을 'MTNotes'라고 정한다. 이 예제는 아이패드를 다루는 다음 챕터에서 계속 사용한다. 이번 챕터에서는 애플리케이션의 아이폰 부분만 동작한다. `AppDelegateIPhone` 클래스에서 다음 코드를 추가해 `UINavigationController`와 노트 목록을 위한 `NotesTableController`라는 `UITableViewController` 서브클래스를 로드한다.

| **그림 11.1** | MTNotes 애플리케이션

```
UINavigationController _navController;
NotesTableController _notesController;

public override bool FinishedLaunching (UIApplication app,
    NSDictionary options)
{
    _notesController = new NotesTableController ();
    _navController = new UINavigationController (_notesController);

    window.AddSubview (_navController.View);
    window.MakeKeyAndVisible ();

    return true;
}
```

다음은 NotesTableController라는 새로운 클래스를 추가하고 리스트 11.1의 구
현을 채워 넣는다.

리스트 11.1 NotesTableController

```csharp
public class NotesTableController : UITableViewController
{
    List<Note> _notes;

    UIBarButtonItem _addNoteButtonItem;

    public NotesTableController ()
    {
        _notes = Note.ReadNotes ();
    }

    public override void ViewDidLoad ()
    {
        base.ViewDidLoad ();

        Title = "Notes";

        _addNoteButtonItem =
            new UIBarButtonItem (UIBarButtonSystemItem.Add);

        _addNoteButtonItem.Clicked += delegate {
            var noteDetailVC = new NoteDetailController {
                Notes = _notes };
            NavigationController.PushViewController (noteDetailVC,
                true);
        };

        NavigationItem.RightBarButtonItem = _addNoteButtonItem;
        NavigationItem.LeftBarButtonItem = EditButtonItem;

        TableView.Source = new NotesTableSource (this);
    }

    public override void ViewDidAppear (bool animated)
    {
        base.ViewDidAppear (animated);
        TableView.ReloadData ();
    }

    class NotesTableSource : UITableViewSource
    {
        NotesTableController _controller;

        const string NOTE_CELL = "noteCell";
```

```csharp
public NotesTableSource (NotesTableController controller)
{
    _controller = controller;
}

public override int RowsInSection (UITableView tableview,
    int section)
{
    return _controller._notes.Count;
}

public override UITableViewCell GetCell (UITableView tableView,
    NSIndexPath indexPath)
{
    var noteCell = tableView.DequeueReusableCell (NOTE_CELL);

    if (noteCell == null)
        noteCell = new UITableViewCell
            (UITableViewCellStyle.Default, NOTE_CELL);

    noteCell.TextLabel.Text =
        _controller._notes[indexPath.Row].Title;

    return noteCell;
}

public override void CommitEditingStyle (UITableView tableView,
    UITableViewCellEditingStyle editingStyle,
    NSIndexPath indexPath)
{
    if (editingStyle == UITableViewCellEditingStyle.Delete) {

        // 지원 저장소에서 노트 행 제거
        _controller._notes[indexPath.Row].Delete ();

        // 목록에서 노트 제거
        _controller._notes.RemoveAt (indexPath.Row);

        //tableView에서 연결된 행을 제거
        tableView.DeleteRows (new NSIndexPath[] { indexPath },
            UITableViewRowAnimation.Fade);
    }
}

public override void RowSelected (UITableView tableView,
    NSIndexPath indexPath)
```

```
        {
            var note = _controller._notes[indexPath.Row];
            var noteDetailVC = new NoteDetailController {
                Notes = _controller._notes, Note = note };
            _controller.NavigationController.PushViewController
                (noteDetailVC, true);
        }
    }
}
```

NotesTableController 클래스는 NoteDetailController와 Note 클래스를 이용한다. Note 클래스는 모델이며 표준 C# 클래스인 반면 NoteDetailController는 인터페이스 빌더에서 생성된다. 이 예제에서는 NoteTableController의 뷰에서 노트 선택과 삭제를 지원하며, 노트 추가와 편집은 NoteDetailController 뷰에서 발생한다. 편의상 사용자가 첫 번째 뷰로 다시 돌아갈 때 상세 뷰의 모든 노트 변경을 커밋한다. 실제 노트 텍스트는 제목과 본문의 구조를 갖는다. 제목의 경우 UITextField를 사용하고 본문의 경우는 UITextView를 사용하며 각각 titleTextField와 bodyTextView라는 아웃렛을 갖는다. 리스트 11.2에서 NoteDetailController 클래스의 구현 모습을 확인할 수 있고 이어서 리스트 11.3에서 Note 클래스의 뼈대를 볼 수 있다.

리스트 11.2 NoteDetailController

```
public partial class NoteDetailController : UIViewController
{
    public Note Note {get; set;}
    public List<Note> Notes { get; set; }

    // 간결하게 표시하고자 생성자 생략

    public override void ViewDidLoad ()
    {
        base.ViewDidLoad ();

        if (Note == null) {
            Note = new Note ();
            Notes.Add (Note);
        }
        else {
```

```
            titleTextField.Text = Note.Title;
            bodyTextView.Text = Note.Body;
        }

        titleTextField.BecomeFirstResponder ();
        titleTextField.ShouldReturn += tf =>
        {
            bodyTextView.BecomeFirstResponder ();
            return true;
        };
    }

    public override void ViewWillDisappear (bool animated)
    {
        base.ViewWillDisappear (animated);

        Note.Title = titleTextField.Text;
        Note.Body = bodyTextView.Text;
        Note.Save ();
    }
}
```


리스트 11.3 Note **클래스의 뼈대**

```
public class Note
{
    long _id;

    // 새로운 노트용
    public Note ()
    {
        _id = -1;
    }

    // 기존 노트용
    Note (long id, string title, string body)
    {
        _id = id;
        Title = title;
        Body = body;
    }

    public string Title { get; set; }
    public string Body { get; set; }

    public void Save ()
    {
```

```
        // TODO
    }

    public void Delete ()
    {
        // TODO
    }

    public static List<Note> ReadNotes ()
    {
        // TODO
    }
}
```

⚛ SQLite

SQLite는 iOS를 포함해 많은 플랫폼에서 사용할 수 있는 오픈 소스 기술이다. 이 기술은 하나의 파일로 관계형 데이터베이스를 제공하며 임베디드 디바이스에 최적화되었다. SQLite는 SQLite 데이터베이스와 상호작용하는 터미널도 지원한다. 게다가 Xamarin Studio의 데이터베이스 애드인을 포함해 SQLite 데이터베이스와 동작하는 몇 가지 대화형 도구도 있다. 원하는 어떤 도구든 사용할 수 있지만 필자는 SQLite Manager라는 파이어폭스 애드인을 선호한다. 이 애드인은 http://code.google.com/p/sqlite-manager에서 찾을 수 있다.

iOS에서 SQLite로 작업할 때 런타임에 초기 데이터베이스를 생성하거나 미리 생성하고 애플리케이션에 포함할 수 있다. 여기서는 그다지 문제될 것 없는 간단한 데이터베이스이긴 하지만 일반적으로 보다 신뢰성이 높으면서 보다 나은 성능의 접근 방법이기 때문에 데이터베이스를 미리 생성한다.

SQLite Manager를 사용해 새로운 SQLite 데이터베이스를 생성하려면, [Database]-[New Database]를 선택하고 첫 번째 대화상자에서 데이터베이스 이름을 입력한 다음 두 번째 대화상자에서 해당 데이터베이스 파일에 대한 디렉터리 위치를 선택한다. 데이터베이스를 만들고 나면 [Table]-[Create Table]을 선택해서 열리는 테이블 정의 창(그림 11.2)에서 테이블을 생성할 수 있다.

| 그림 11.2 | SQLite Manager의 테이블 생성

이 예제에서 제목과 노트 본문을 포함한 노트 데이터를 저장해야 한다. 기본 키의
경우 간단히 자동 증가 정수를 사용한다. 따라서 [id]와 [title], [body]라는 세 개의
칼럼을 추가하고 [id]는 정수로, [title]과 [body]는 'VARCHAR'로 설정한다. 기본
키는 id이며 자동 증가를 선택한다. Table Name 필드에서 'Note'라는 이름을 입력
한다. [OK]를 선택하면 Note 테이블이 생성된다.

데이터베이스를 앱에 추가한 후 제대로 동작하는지 여부를 알아보기 위해 두 개의
샘플 행을 포함하자. SQLite Manager의 [Execute SQL] 탭 아래에서 다음의
Insert 문을 실행하자.

```
Insert Into Note (title, body) Values ("Test Note 1", "note 1 body");
Insert Into Note (title, body) Values ("Test Note 2", "note 2 body");
```

Note   SQLite Manager의 [Browse & Search] 탭에서 행의 삽입과 편집, 삭제도 대화식으로 할 수
있다.

초기 데이터베이스를 생성했다면 애플리케이션에 이를 포함해야 한다. 파일을 추
가하고 빌드 동작을 Content로 설정하면 빌드 시에 애플리케이션 번들에 추가된다.
이렇게 하고나면 데이터베이스와 상호작용해 정보를 읽을 수 있다. 하지만 메인 번
들에 포함된 파일은 쓰기가 가능하지 않기 때문에, 데이터베이스에 쓰기를 하고 싶
다면 런타임에 쓰기 위치로 데이터베이스를 복사해야 한다. 다음처럼 처음 애플리케
이션을 시작할 때 표준 I/O 작업을 사용해 이를 처리한다.

```csharp
public override bool FinishedLaunching (UIApplication app,
    NSDictionary options)
{
    CopyDBToDocuments();
    ...
}

void CopyDBToDocuments()
{
    // 앱 번들의 파일은 읽기 전용이므로, db에 작성하기 위해서는
    // 데이터베이스 파일을 문서 디렉터리와 같은 쓰기 가능한 위치로
    // 복사해야 한다.

    string dbPath = NoteDBUtil.GetDBPath();

    if(!File.Exists(dbPath)){
        File.Copy("MTNotesDB.sqlite", dbPath);
    }
}
```

여기서 `NoteDBUtil`이라는 작은 유틸리티 클래스의 `GetDBPath`라는 헬퍼 메서드를 사용해 SQLite 파일을 애플리케이션의 `Documents` 디렉터리로 복사한다. `Documents` 디렉터리에 저장된 해당 파일은 애플리케이션 코드에서 쓰기 가능하고 동기화할 때 아이튠즈에 백업된다.

```csharp
public class NoteDBUtil
{
    ...
    public static string GetDBPath ()
    {
        return Path.Combine (Environment.GetFolderPath
            (Environment.SpecialFolder.Personal), "MTNotesDB.sqlite");
    }
}
```

초기 데이터베이스 셋업 후 애플리케이션에서 첫 번째로 할 작업은 데이터베이스에 포함된 모든 노트를 나타내는 것으로, 처음 데이터베이스를 생성할 때 테스트 노트를 추가했다. 따라서 DB를 쿼리하고 노트 데이터를 읽어 노트 개체의 목록을 채워야 한다. 모노터치에서는 SQLite에 대한 ADO.NET 공급자를 제공하고 있어 익숙

한 프로그래밍 모델을 사용해 SQLite와 상호작용할 수 있다. SQLite 공급자를 사용하면 SQLite와 모노를 사용할 수 있는 새로운 플랫폼에서도 코드를 재사용할 수도 있다.

데이터베이스에 연결하려면 `SQLiteConnection`을 생성하고 데이터베이스 파일에 대한 경로를 전달해야 한다. 이 연결을 몇 군데서 필요로 하기 때문에 `NoteDBUtil` 클래스에서 역시 함수를 추가한다. 이를 사용할 첫 번째 장소는 `ReadNotes`라는 함수(여기서는 `Note` 클래스에서 정적 함수로 보인다)이며, 다음은 그 구현을 나타낸 것이다.

```
public class NoteDBUtil
{
    ...
    public static SqliteConnection CreateConnnection ()
    {
        string dbPath = GetDBPath ();
        var connection = new SqliteConnection ("Data Source=" +
            dbPath);
        return connection;
    }
}

public class Note
{
    ...
    public static List<Note> ReadNotes ()
    {
        var notes = new List<Note> ();
        var connection = CreateConnnection ();

        ...
        return notes;
    }
}
```

`ReadNotes` 구현에서 표준 ADO.NET 데이터 리더를 사용해 데이터베이스를 쿼리하고 `List<Note>`를 반환한다. 앞서 데이터베이스를 생성했을 때 기본 키를 자동 증가 정수로 설정했다는 것을 상기하자. SQLite에는 unique이면서 64비트 부호 있는

정수인 ROWID라는 특수한 칼럼이 있다. 자동 증가 정수 필드를 기본 키로 생성할 때 id 칼럼으로 했던 것처럼 이 필드는 ROWID와 동의어다. 그 외에는 데이터 리더를 사용해 노트 데이터베이스를 쿼리하고 노트를 채우는 데는 표준 ADO.NET 코드를 사용한다.

```csharp
public static List<Note> ReadNotes ()
{
    var notes = new List<Note> ();
    var connection = CreateConnnection ();

    using (var cmd = connection.CreateCommand ()) {
        connection.Open ();

        string sql = "Select * From Note";
        cmd.CommandText = sql;

        using (var reader = cmd.ExecuteReader ()) {
            while (reader.Read ()) {
                long id = (long)reader["id"];
                string title = (string)reader["title"];
                string body = (string)reader["body"];
                notes.Add (new Note (id, title, body));
            }
        }
        connection.Close ();
    }
    return notes;
}
```

이제 애플리케이션을 실행하면 SQLite 데이터베이스에서 해당 데이터가 NotesTableController의 뷰에 나타난다. 하지만 여전히 노트 생성과 업데이트, 삭제에 대한 처리를 계속해야 한다. 다음은 이 부분에 대한 처리를 해보자.

이들 각 작업은 예제에서 하나의 노트에서 발생하므로 나머지 데이터 액세스 코드를 Note 클래스에서 인스턴스 메서드로 캡슐화한다. 리스트 11.4에서 매개변수를 받는 SQL 명령을 사용해 노트 삽입과 업데이트, 삭제를 지원하도록 구현한 Note 클래스를 볼 수 있다. 삽입의 경우 last_insert_rowid()를 사용해 Note 모델 개체로 노트 행을 조정하는 데 사용되는 id를 얻는다. 애플리케이션에서 사용자가 수행하는

모든 후속 업데이트나 삭제는 해당 데이터베이스에서 적합한 행에서 동작하도록 id
를 사용한다. public 메서드는 단순히 Save와 Delete이며(앞서 생성한 정적
ReadNotes 함수와 함께), 데이터베이스의 세부 구현을 캡슐화한다(쓰기 가능한 위
치에 데이터베이스를 복사하는 초기 코드는 제외).

리스트 11.4 생성 및 읽기, 업데이트, 삭제를 수행하는 Note 클래스

```
public class Note
{
    ...

    public void Save ()
    {
        using (var connection = NoteDBUtil.CreateConnnection ()) {

            using (var cmd = connection.CreateCommand ()) {
                connection.Open ();

                if (_id < 0)
                    InsertNote (cmd);
                else
                    UpdateNote (cmd);

                connection.Close ();
            }
        }
    }

    public void Delete ()
    {
        using (var connection = NoteDBUtil.CreateConnnection ()) {
            using (var cmd = connection.CreateCommand ()) {
                connection.Open ();
                string sql = "Delete From Note Where id=@id";
                SqliteParameter idParam =
                    new SqliteParameter ("@id", _id);
                cmd.Parameters.Add (idParam);
                cmd.CommandText = sql;
                cmd.ExecuteNonQuery ();
                connection.Close ();
            }
        }
    }
```

```csharp
void InsertNote (SqliteCommand cmd)
{
    string sql =
        "Insert Into Note (title, body) Values (@title, @body)";
    SqliteParameter titleParam =
        new SqliteParameter ("@title", Title);
    SqliteParameter bodyParam =
        new SqliteParameter ("@body", Body);

    cmd.Parameters.Add (titleParam);
    cmd.Parameters.Add (bodyParam);
    cmd.CommandText = sql;

    cmd.ExecuteNonQuery ();

    sql = "select last_insert_rowid()";
    cmd.CommandText = sql;
    using (var reader = cmd.ExecuteReader ()) {
        reader.Read ();
        _id = (long)reader[0];
    }
}

void UpdateNote (SqliteCommand cmd)
{
    string sql =
        "Update Note Set title=@title, body=@body Where id = @id";

    SqliteParameter titleParam =
        new SqliteParameter ("@title", Title);
    SqliteParameter bodyParam =
        new SqliteParameter ("@body", Body);
    SqliteParameter idParam = new SqliteParameter ("@id", _id);

    cmd.Parameters.Add (titleParam);
    cmd.Parameters.Add (bodyParam);
    cmd.Parameters.Add (idParam);
    cmd.CommandText = sql;

    cmd.ExecuteNonQuery ();
}

public static List<Note> ReadNotes ()
{
    ...
}
}
```

이제 애플리케이션을 실행하면 노트 데이터를 추가 및 삭제, 업데이트할 때 데이
터베이스에 변경이 유지된다. 앱을 종료하는 경우(새로운 디바이스에서 인스턴스를
다중 처리하는 경우 포함)나 앱을 다시 시작할 때 모든 데이터를 계속해서 사용할 수
있다.

> **Tip** 데이터를 대량 로드한다면 SQLite 트랜잭션이 성능에 도움을 준다.

SQLite에서는 모노터치와 결합될 때 익숙한 ADO.NET 기술을 동원하는 강력하
고 사용이 편리한 애플리케이션 데이터 저장의 대안을 제공한다. 게다가 모노터치에
서는 지속성을 위해 .NET 직렬화를 사용한다.

직렬화

모노터치로 만드는 iOS 애플리케이션에서도 개체 모델에서 애플리케이션 데이터
의 보존을 위해 .NET 직렬화를 사용할 수 있다. 예를 들면 노트의 목록을 SQLite로
저장하지 않고 파일로 직렬화하기 위해 이진 포맷터를 사용하도록 애플리케이션을
변경할 수 있다. 바로 그렇게 이 예제를 수정해보자.

이 경우에는 SQLite를 사용하지 않을 것이므로 Note 클래스에 데이터 액세스 코
드도 AppDelegate의 FinishedLaunching 메서드에서 만든 CopyDBToDocuments도
필요하지 않다. Note 클래스 직렬화를 위해 간단히 SerializableAttribute를 사
용한다. 따라서 Note 클래스의 수정 버전은 다음과 같이 될 것이다.

```
[Serializable]
public class Note
{
    public Note (){}
    public string Title { get; set; }
    public string Body { get; set; }
}
```

노트의 직렬화는 여기서 유틸리티 클래스를 통해 일어나는데, 개별 노트보다는 노트의 목록 전체를 다룬다. 노트의 생성과 편집, 삭제를 처리하기 위해 새로운 버전의 직렬화된 노트 파일을 저장한다. 이 파일에서 노트를 읽어 들이는 새로운 구현도 필요하다. 리스트 11.5에서 유틸리티 클래스를 볼 수 있다.

리스트 11.5 노트를 직렬화하는 헬퍼 클래스

```
public static class NoteListSerializationUtil
{
    public static void Save (this List<Note> notes)
    {
        using (Stream s = File.Open (GetPath (), FileMode.Create)) {
            BinaryFormatter bf = new BinaryFormatter ();
            bf.Serialize (s, notes);
        }
    }

    static string GetPath ()
    {
        string documentsDir = Environment.GetFolderPath
            (Environment.SpecialFolder.Personal);
        string notesPath = Path.Combine (documentsDir, "notes.bin");

        return notesPath;
    }

    public static List<Note> ReadNotes ()
    {
        List<Note> notes = new List<Note> ();

        string path = GetPath ();

        if (File.Exists (path)) {
            using (Stream stream = File.Open (path, FileMode.Open)) {
                BinaryFormatter bf = new BinaryFormatter ();
                notes = (List<Note>)bf.Deserialize (stream);
            }
        }
        return notes;
    }
}
```

NoteListSerializationUtil이라는 유틸리티 클래스에서 List<Note>를 위한
확장 메서드 Save를 구현하는데, 여기서 documents 디렉터리에서 노트를 파일에
기록하는 처리를 한다. 게다가 정적 ReadNotes 함수에서 이 파일을 읽어서 해당 노
트를 다시 목록으로 역직렬화한다.

SQLite 버전 대신 이 클래스를 사용하려면 단순히 이전 Note.Save와 Note.
Delete 호출을 List<Note>에 대한 새로운 Save 확장 메서드로 바꾸고 Note.
ReadNotes를 NoteListSerializationUtil.ReadNotes로 변경한다. 이들 변경이
일어나는 세 곳을 다음에서 볼 수 있다. NotesTableController에서 해당 생성자를
다음과 같이 변경한다.

```
public NotesTableController ()
{
    _notes = NoteListSerializationUtil.ReadNotes ();
}
```

NoteTableSource에서 CommitEditStyle을 다음으로 변경한다.

```
public override void CommitEditingStyle (UITableView tableView,
UITableViewCellEditingStyle editingStyle, NSIndexPath indexPath)
{
    if (editingStyle == UITableViewCellEditingStyle.Delete) {
        _controller._notes.Save ();

        // 목록에서 노트 제거
        _controller._notes.RemoveAt (indexPath.Row);

        // tableView에서 연결된 행 제거
        tableView.DeleteRows (new NSIndexPath[] { indexPath },
            UITableViewRowAnimation.Fade);
    }
}
```

그리고 NoteDetailController에서 ViewWillDisappear를 다음으로 변경한다.

```
public override void ViewWillDisappear (bool animated)
{
    base.ViewWillDisappear (animated);
    Note.Title = titleTextField.Text;
    Note.Body = bodyTextView.Text;
    Notes.Save ();
}
```

이제 애플리케이션을 실행하면 SQLite 버전과 동일한 경험을 얻게 된다. SQLite 대비 직렬화 사용의 주요 차이점은 직렬화는 개체의 목록 전체를 처리하는 반면 SQLite는 개별 개체의 데이터를 정의한 스키마에 저장한다는 점이다. 이처럼 SQLite는 항목의 수가 증가함에 따라 더 나은 성능을 제공할 수 있다.

번들과 NSUserDefaults 설정

종종 애플리케이션 설정처럼 몇 가지 값을 저장하고자 할 때가 있다. 그런 경우 SQLite나 직렬화는 약간 오버 액션이다. 다행히도 iOS에는 간단한 애플리케이션 값과 설정을 저장하기 위한 내장 지원과 이들을 시스템의 [설정(Settings)] 애플리케이션에 통합하는 기능을 포함한다.

[설정] 앱에서 애플리케이션의 설정을 포함하려면 Settings.bundle이라는 특수 폴더를 애플리케이션에 추가하고 이 폴더 안에서 빌드 액션을 Content로 설정한 Root.plist라는 속성 목록 파일을 포함한다. Root.plist 파일은 XML 파일로 여기에 다양한 설정을 포함할 수 있다. 이 파일을 편집할 때는 [Property List Editor]를 사용하거나 지금 해보게 될 방식으로 XML 콘텐츠를 직접 편집한다. 그림 11.3에서는 MTNotes 애플리케이션에 추가된 Settings.bundle 디렉터리를 보여준다.

> **Note** ▸ Root.plist 파일의 기본값은 사용자가 설정 앱을 방문할 때 채워진다.

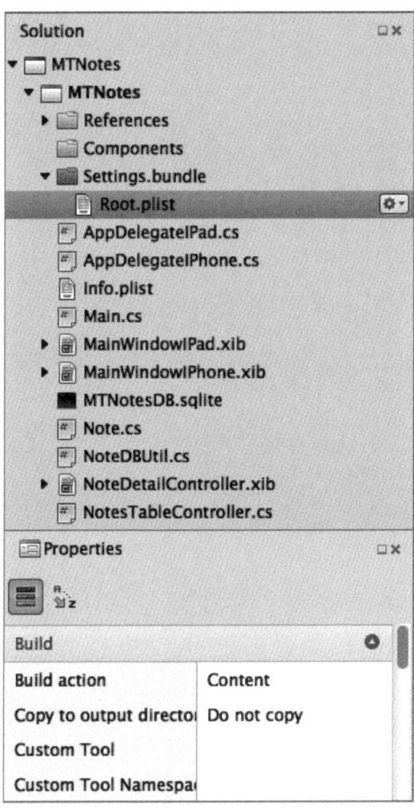

| 그림 11.3 | Settings.bundle과 Root.plist

Root.plist의 스키마는 키와 값이라는 딕셔너리로 각 설정을 저장하는데, 몇 가지 시스템 정의 키는 [설정] 애플리케이션의 각 설정에 대한 사용자 인터페이스를 형성한다. 가장 많이 사용되는 키는 `Type`과 `Title`, `Key`다. `Type`에서는 어떤 유형의 설정이 사용될지를 결정한다. 여기에는 `PSTextFieldSpecifier`나 `PSTitleValueSpecifier`, `PSGroupSpecifier`, `PSSliderSecifier`, `PSToggleSwitchSPecifier`, `PSMultiValueSpecifier`라는 문자열 값이 올 수 있다. 리스트 11.6은 다양한 `Type` 키를 나타내는 샘플 Root.plist 파일을 담고 있는데, 이는 그림 11.4에서 볼 수 있는 [설정] 애플리케이션의 결과다. 독립적인 그룹으로 생성되어 타이틀을 지정하는 슬라이더의 경우를 제외하고, `Title`은 흔히 해당 설정을 식별하는 데 사용되는 텍스트

레이블을 설정한다. Key는 코드에서 해당 설정을 액세스하는 데 사용되는데 이 부분
은 곧 해볼 것이다.

리스트 11.6 샘플 Root.plist

```xml
<?xml version="1.0" encoding="UTF-8"?>
<!DOCTYPE plist PUBLIC "-//Apple//DTD PLIST 1.0//EN"
"http://www.apple.com/DTDs/PropertyList-1.0.dtd">
<plist version="1.0">
<dict>
    <key>PreferenceSpecifiers</key>
    <array>
        <dict>
            <key>Type</key>
            <string>PSTextFieldSpecifier</string>
            <key>Title</key>
            <string>Editable Text</string>
            <key>Key</key>
            <string>Key1</string>
            <key>DefaultValue</key>
            <string>Value1</string>
        </dict>
        <dict>
            <key>Type</key>
            <string>PSTitleValueSpecifier</string>
            <key>Title</key>
            <string>Non-Editable Text</string>
            <key>Key</key>
            <string>Key2</string>
            <key>DefaultValue</key>
            <string>Value2</string>
        </dict>
        <dict>
            <key>Type</key>
            <string>PSGroupSpecifier</string>
            <key>Title</key>
            <string>Slider Group</string>
        </dict>
        <dict>
            <key>Type</key>
            <string>PSSliderSpecifier</string>
            <key>Key</key>
            <string>Key3</string>
            <key>DefaultValue</key>
            <integer>50</integer>
```

```xml
        <key>MinimumValue</key>
        <integer>0</integer>
        <key>MaximumValue</key>
        <integer>100</integer>
    </dict>
    <dict>
        <key>Type</key>
        <string>PSGroupSpecifier</string>
        <key>Title</key>
        <string>Another Group</string>
    </dict>
    <dict>
        <key>Type</key>
        <string>PSToggleSwitchSpecifier</string>
        <key>Title</key>
        <string>Toggle</string>
        <key>Key</key>
        <string>Key4</string>
        <key>TrueValue</key>
        <string>Enabled</string>
        <key>FalseValue</key>
        <string>Disabled</string>
        <key>DefaultValue</key>
        <string>Enabled</string>
    </dict>
    <dict>
        <key>Type</key>
        <string>PSMultiValueSpecifier</string>
        <key>Title</key>
        <string>MultiValue</string>
        <key>Key</key>
        <string>Key5</string>
        <key>Titles</key>
        <array>
            <string>one</string>
            <string>two</string>
            <string>three</string>
            <string>four</string>
        </array>
        <key>Values</key>
        <array>
            <integer>1</integer>
            <integer>2</integer>
            <integer>3</integer>
            <integer>4</integer>
        </array>
```

```
            <key>DefaultValue</key>
            <integer>2</integer>
        </dict>
    </array>
</dict>
</plist>
```

| 그림 11.4 | 다양한 유형을 보여주는 [설정] 애플리케이션

애플리케이션 설정을 설명하기 위해 MTNotes 애플리케이션에서 해당 테이블의 배경색을 제어하는 설정을 추가해보자. PSMultiValueSpecifier를 사용해 흰색과 회색, 빨간색의 세 가지 색 중에서 선택한다. 설정에서 정수 값을 사용해 런타임에 UIColors로 변환한다. 리스트 11.7에서 Root.plist 파일을 볼 수 있다.

 테이블 배경색 설정을 위한 MTNotes Root.plist

```xml
<?xml version="1.0" encoding="UTF-8"?>
<!DOCTYPE plist PUBLIC "-//Apple//DTD PLIST 1.0//EN"
"http://www.apple.com/DTDs/PropertyList-1.0.dtd">
<plist version="1.0">
<dict>
    <key>PreferenceSpecifiers</key>
    <array>
        <dict>
            <key>Type</key>
            Settings Bundle and NSUserDefaults 301
            Figure 11.4 Settings application showing the various types
            <string>PSMultiValueSpecifier</string>
            <key>Title</key>
            <string>Table Color</string>
            <key>Key</key>
            <string>TableColor</string>
            <key>Titles</key>
            <array>
                <string>White</string>
                <string>Gray</string>
                <string>Red</string>
            </array>
            <key>Values</key>
            <array>
                <integer>1</integer>
                <integer>2</integer>
                <integer>3</integer>
            </array>
            <key>DefaultValue</key>
            <integer>1</integer>
        </dict>
    </array>
</dict>
</plist>
```

런타임에 설정값을 읽으려면 NSUserDefaults 클래스를 사용한다. NSUserDefaults
에는 StandardUserDefaults라는 속성이 있어 설정을 읽는 데 사용되는 NSUser
Defaults 인스턴스를 반환한다. 값으로 정수를 사용하기 때문에 IntForKey 메서드를
통해 이 값들을 가져온다. 마찬가지로 문자열을 사용한다면 StringForKey를 호출한
다. 이 경우는 Key는 TableColor로 이름을 붙인다. 따라서 해당 설정을 읽어서 배경색
을 설정하는 코드는 다음과 같다.

```
void SetTableBackgroundColorFromSettings ()
{
    int i = NSUserDefaults.StandardUserDefaults
        .IntForKey ("TableColor");

    switch (i) {
        case 1:
            TableView.BackgroundColor = UIColor.White;
            break;
        case 2:
            TableView.BackgroundColor = UIColor.Gray;
            break;
        case 3:
            TableView.BackgroundColor = UIColor.Red;
            break;
        default:
            TableView.BackgroundColor = UIColor.White;
            break;
    }
}
```

초기에 `NoteTableController`의 뷰가 로드될 때 해당 메서드 호출로 인해 기본 값이 흰색으로 설정된다.

```
public override void ViewDidLoad ()
{
    base.ViewDidLoad ();

    SetTableBackgroundColorFromSettings ();

    ...
}
```

멀티태스킹을 지원하는 디바이스에서 애플리케이션을 실행한다면 사용자가 앱에서 설정으로 가서 새로운 색이 적용되도록 설정 변경을 등록하고 해당 색을 변경한 다음 다시 앱으로 돌아와야 한다. iOS에서는 `NSNotificationCenter`라는 클래스가 있어 애플리케이션에 알림을 브로드캐스트한다. `NSUserDefaults`는 알림 센터를 사용해 설정값 변경이 일어날 때마다 `NSUserDefaultsDidChangeNotification`을 브로드캐스트한다. `NotesTableController`와 같은 `NSObject`를 등록해 이 알림에 대한 관찰자로 동작하도록 Objective-C 선택자를 통해 콜백 메서드를 제공한다. 그렇게 함으로써 사용자가 다시 애플리케이션으로 돌아올 때 설정에서 변경되는 값에 대응할 수 있다. 리스트 11.8에서는 `NotesTableController`를 수정해서 이를 기본 알림 센터의 관찰자로 만들었다.

리스트 11.8 NSUserDefaultsDidChangeNotification에 대한 관찰자

```
public class NotesTableController : UITableViewController
{
    ...
    public NotesTableController ()
    {
        ...

        NSNotificationCenter.DefaultCenter.AddObserver (
            this,
            new Selector ("updateSettings:"),
            new NSString ("NSUserDefaultsDidChangeNotification"),
            null);

        ...
    }

    [Export("updateSettings:")]
    void UpdateSettings ()
    {
        SetTableBackgroundColorFromSettings ();
    }

    void SetTableBackgroundColorFromSettings ()
    {
        ...
    }

    public override void ViewDidLoad ()
    {
        base.ViewDidLoad ();

        SetTableBackgroundColorFromSettings ();

        ...
    }
    ...
}
```

`NSUserDefaults`를 사용해 코드에서 값을 완전히 생성하고 저장할 수도 있다. 예를 들면 해당 애플리케이션에 접근한 마지막 날짜를 표시하려 한다고 하자. 이를 구현하는 한 가지 방법은 사용자가 애플리케이션을 닫을 때 `StandardUserDefaults`에 날짜를 저장한 다음 시작 시에 `StandardUserDefaults`에서 날짜를 가져오는 것이다. 예를 들어 `StandardUserDefaults`에 마지막 액세스 날짜를 저장하려면 다음과 같이 `LastAccessed`와 같은 알맞은 키를 사용해 현재 날짜를 저장한다.

```
NSUserDefaults.StandardUserDefaults["LastAccessed"] = NSDate.Now;
```

일부 오래된 디바이스는 멀티태스킹을 지원하지 않기 때문에 애플리케이션이 백그라운드로 진입할 때(최신 디바이스)와 종료할 때(구형 디바이스) 모두 `AppDelegate`에서 이 날짜를 설정하도록 처리해야 한다.

```
public override void DidEnterBackground (UIApplication application)
{
    NSUserDefaults.StandardUserDefaults["LastAccessed"] = NSDate.Now;
}

public override void WillTerminate (UIApplication application)
{
    if (!UIDevice.CurrentDevice.IsMultitaskingSupported) {
        NSUserDefaults.StandardUserDefaults["LastAccessed"] =
            NSDate.Now;

    }
}
```

값을 가져오려면 간단히 해당 키를 통해 `StandardUserDefaults`의 값을 액세스한다. 여기서는 다음처럼 날짜를 문자열 서식으로 변환하고 애플리케이션이 시작될 때와 포그라운드로 진입할 때(이전에 백그라운드로 진입한 경우) 알림으로 표시한다.

```
public override bool FinishedLaunching (UIApplication app, NSDictionary
options)
{
    ...
```

```
        ShowLastAccessed ();

        return true;
    }

    public override void WillEnterForeground (UIApplication application)
    {
        ShowLastAccessed ();
    }

    void ShowLastAccessed ()
    {
        NSObject lastAccessed =
            NSUserDefaults.StandardUserDefaults["LastAccessed"];

        if(lastAccessed != null)
        {
            NSDateFormatter df = new NSDateFormatter();
            df.DateStyle = NSDateFormatterStyle.Full;

            var alert = new UIAlertView(
                "Last Accessed",
                df.StringFor(lastAccessed),
                null,
                "OK" );
            alert.Show ();
        }
    }
```

이러한 변경을 적용한 후 애플리케이션을 실행하고 애플리케이션을 종료한 후 다시 열면 마지막 액세스한 날짜가 보인다(그림 11.5).

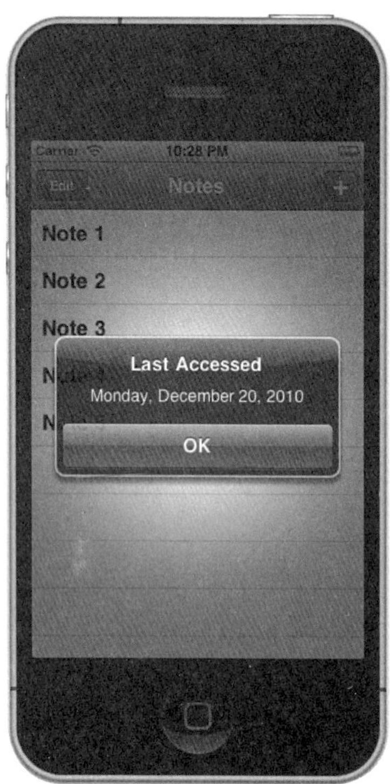

| 그림 11.5 | `StandardUserDefaults`에서 가져온 날짜를 보여주는 알림 뷰

⚡ 요약

모노터치와 결합된 iOS에서는 애플리케이션 데이터 저장을 위한 몇 가지 기술을 제공한다. 이번 챕터에서는 SQLite와 .NET 직렬화, `NSUserDefaults`를 포함해 사용 가능한 몇 가지 대안을 살펴봤다. 이들 기술의 데모를 위해 범용 노트 애플리케이션의 아이폰 버전을 만들었다. Chapter 12에서 이 예제를 확장해서 아이패드 버전을 구현해볼 것이다.

Chapter 12

아이패드 개발

아이패드는 아이팟 터치와 아이폰의 작은 화면과 대조되는 새로운 사용자 인터페이스 패러다임을 나타낸다. 하지만 iOS를 실행하기 때문에 다른 iOS 디바이스와 동일한 클래스와 기술을 아이패드 개발에 적용할 수 있다. 아이패드에 대한 개발은 기존 아이폰 애플리케이션의 수정하지 않고 사용할 수도 있고 전체적으로 아이패드에 맞게 사용자 인터페이스를 명확하게 만들 수도 있다.

아이패드에 이식하기

아이패드에서 기존 아이폰 애플리케이션을 그대로 배포할 수도 있고, 기존 애플리케이션의 클래스를 수정해 아이패드에서 실행할 수도 있는 범용 애플리케이션으로 만들거나 아이패드용으로 명확히 설계된 클래스를 사용해 전체적으로 새로운 사용자 인터페이스를 디자인할 수도 있다. Chapter 11에서 예제로 만든 MTNotes 애플리케이션을 사용해 할 수 있는 모든 옵션을 살펴보자.

아이폰 애플리케이션과 픽셀 더블링

아이폰 애플리케이션을 아이패드에서 실행하면 사용자가 아이폰의 크기에 맞게 실행하거나 화면을 채우기 위해 픽셀을 2배로 하는 옵션을 갖게 되는 일종의 호환 모드에서 앱을 실행한다. 애플리케이션에서 아이패드에 없는 하드웨어를 요구하지 않는 한(그렇다면 어떤 식으로든 처리해야 한다), 통상 아이패드에서 수정 없이 실행이 가능하다. 예를 들면 그림 12.1은 아이패드에서 돌아가는 아이폰 애플리케이션의 스크린샷으로 크기를 수정하지 않은 모습과 픽셀 더블링한 크기를 보여준다.

기존 아이폰 애플리케이션 지원은 아이패드에서 애플리케이션을 쉽게 사용할 수 있도록 해주는 멋진 기능이다. 하지만 디바이스를 제대로 이용하려면 아이패드용으로 애플리케이션을 따로 개발해야 한다. 아이패드와 아이폰 모두에 대한 별도 바이너리를 생성하고 앱 스토어에 별도 애플리케이션으로 제출할 수 있다. 하지만 또 다른 선택지로 범용(Universal) 애플리케이션을 만드는 방법이 있다. 범용 애플리케이션은 하나의 바이너리로 애플리케이션에서 배포되는 디바이스의 표시에 맞춰 동작한다. 여기서 이런 접근 방식을 사용한다.

| 그림 12.1 | 아이패드에서 돌아가는 아이폰 애플리케이션

범용 애플리케이션

Chapter 11 "애플리케이션 데이터 저장"에서 노트 애플리케이션을 개발했다. 이 프로젝트는 아이폰 부분만 구현했지만 범용 애플리케이션으로 만들었다. 여기서 아이패드에 대한 부분도 구현한다.

모노터치 관점에서 범용 애플리케이션을 만드는 일은 아이폰 애플리케이션을 위한 Application Bundle 설정이다. 특히 대상 디바이스는 'Universal(iPhone and iPad)'로 설정해야 한다. xib 파일도 아이폰과 아이패드 모두에 분명하게 할당된다. 이들 설정은 실행하는 디바이스에 적합한 UI가 로드되는 범용 바이너리를 갖도록 지시한다.

Chapter 11에서 `AppDelegateIPhone` 클래스에서 모든 부분이 시작하도록 구현했다. 이 클래스는 아이폰에서 실행할 때 로드되는 `MainWindowIPhone.xib`의

AppDelegate에 연결된다. 아이패드에 사용되는 클래스는 AppDelegateIPad다. 지금 빌드해서 아이패드에 배포하면 AppDelegateIPad에 아무것도 구현하지 않았기 때문에 빈 흰색 화면이 나타난다. 하지만 흰색 화면이 나타난다는 사실은 해당 부분의 코드가 전혀 없이도 MainWinIPad.xib와 AppDelegateIPad가 사용되고 있음을 보여주는 것이다.

아이패드에서 애플리케이션이 동작하게 하려면 약간의 리팩터링을 해야 한다. 아이패드는 특정한 몇 가지 컨트롤을 사용하지만 첫 번째 단계로 아이패드에서 기존 UI를 범용 앱으로 실행해보자. 이렇게 하는 방법 중 하나는 공통 AppDelegate 코드를 위해 기본 클래스를 도입하는 것이다. AppDelegateIPhone에서 이전에 사용한 코드의 대다수를 포함하는 AppDelegateBase라는 클래스를 추가한다.

리스트 12.1 AppDelegateBase에 대한 리팩터링

```
public class AppDelegateBase : UIApplicationDelegate
{
    public AppDelegateBase ()
    {
    }

    public override bool FinishedLaunching (UIApplication app,
        NSDictionary options)
    {
        CopyDBToDocuments ();
        ShowLastAccessed ();
        return true;
    }

    void CopyDBToDocuments ()
    {
        // 앱 번들 파일은 읽기 전용이므로, documents 디렉터리처럼
        // 데이터베이스 파일을 쓰기 가능한 위치로 복사해야
        // db에 기록할 수 있다.

        string dbPath = NoteDBUtil.GetDBPath ();

        if (!File.Exists (dbPath)) {
            File.Copy ("MTNotesDB.sqlite", dbPath);
        }
    }
```

```csharp
public override void WillEnterForeground (
    UIApplication application)
{
    ShowLastAccessed ();
}

void ShowLastAccessed ()
{
    NSObject lastAccessed =
        NSUserDefaults.StandardUserDefaults["LastAccessed"];

    if(lastAccessed != null)
    {
        NSDateFormatter df = new NSDateFormatter();
        df.DateStyle = NSDateFormatterStyle.Full;
        var alert = new UIAlertView("Last Accessed",
            df.StringFor(lastAccessed), null, "OK");
        alert.Show ();
    }
}

public override void DidEnterBackground (UIApplication application)
{
    NSUserDefaults.StandardUserDefaults["LastAccessed"] =
        NSDate.Now;
}

public override void WillTerminate (UIApplication application)
{
    if (!UIDevice.CurrentDevice.IsMultitaskingSupported) {
        NSUserDefaults.StandardUserDefaults["LastAccessed"] =
            NSDate.Now;
    }
}
}
```


AppDelegateIPhone과 AppDelegateIPad 클래스에는 루트 컨트롤러의 뷰를 추가
한 구현 부분이 있는데 조금 뒤 여기서 아이패드에 대한 구현을 할 때 수정할 것이
다. 하지만 우선은 두 곳에 아이폰 구현 코드를 임시로 사용해 시작해보자(리스트
12.2).

리스트 12.2 초기 `AppDelegateIPad` **구현**

```
public partial class AppDelegateIPad : AppDelegateBase
{
    UINavigationController _navController;
    NotesTableController _notesController;

    public override bool FinishedLaunching (UIApplication app,
        NSDictionary options)
    {
        base.FinishedLaunching(app, options);

        _notesController = new NotesTableController ();
        _navController = new UINavigationController (_notesController);

        window.AddSubview (_navController.View);

        window.MakeKeyAndVisible ();

        return true;
    }
}
```

아이폰 예제에서 레이아웃을 하드코딩하지 않았기 때문에 이 UI는 아이패드에서 화면을 적절하게 채운다(그림 12.2). 아직 아이패드용으로 UI를 디자인하지 않았지만 아이폰 전용이었다면 보게 될 픽셀 더블링 솔루션보다는 훨씬 보기 좋다. 이 앱은 범용 애플리케이션이기 때문에 앱 스토어의 아이폰과 아이패드 섹션에 나열된다. 이제 아이패드용 애플리케이션으로 조정하기 위해 아이패드에 맞게 설계된 몇 가지 클래스를 이용한다.

| 그림 12.2 | MTNotes 범용 애플리케이션

☀ 아이패드를 위한 설계

애플리케이션이 아이패드에 더 적합하도록 만들려면 UISplitViewController와 UIPopoverController같은 아이패드 전용 클래스뿐만 아니라 모달 뷰 컨트롤러 표시를 위한 향상된 지원을 이용할 수 있다.

UISplitViewController

MTNotes 애플리케이션의 아이패드 버전은 UISplitViewController를 활용해 마스터/세부 시나리오에 따라 구현할 수 있다. UISplitViewController는 두 개의 별도 컨트롤러를 관리한다. 첫 번째 컨트롤러의 뷰는 가로 방향일 때 왼쪽에 자리를 잡고 세로 방향에서는 팝오버를 통해 나타난다. 이 뷰 컨트롤러는 마스터/세부 시나리오에서 마스터 뷰 컨트롤러 역할에 적합하다. 이 경우는 노트의 테이블을 나타낸

다. UISplitViewController가 관리하는 두 번째 컨트롤러 뷰는 가로 방향으로 표
시되는 오른편에 나타나고 세로 방향에서는 화면을 채운다. 이 뷰는 세로 방향일 때
왼쪽 컨트롤러를 보여주는 버튼이 들어간 툴바도 포함한다.

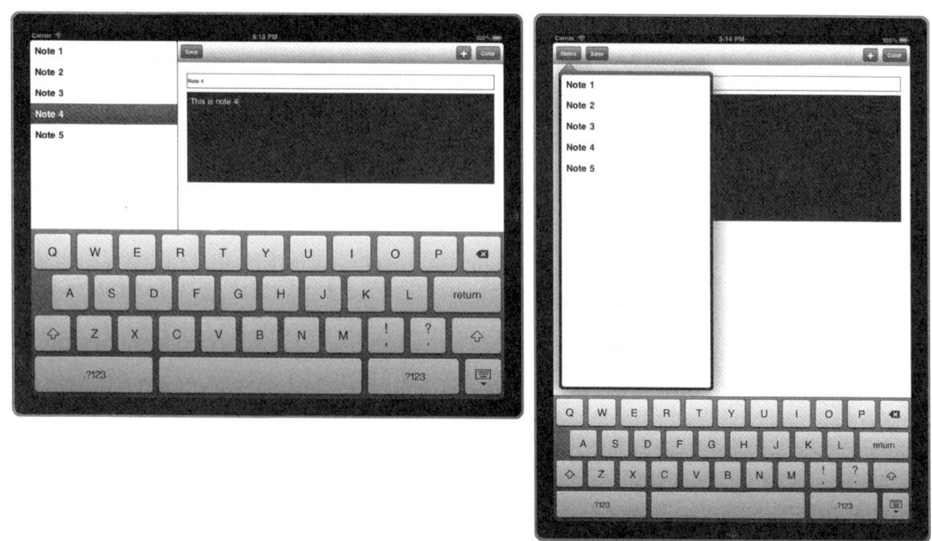

| **그림 12.3** | UISplitViewController를 사용하는 아이패드 버전

    UISplitViewController는 방향이 변할 때 왼쪽 컨트롤러의 표시를 관리한다. 해
야 할 일이라면 왼쪽 및 오른쪽 컨트롤러 모두 방향 변경을 지원하는지 확인하고 세
로 방향 모드일 때 팝오버를 보였다가 숨기는 동작을 제어하는 툴바 버튼을 추가하
는 것이 전부다.

    데모를 위해 아이패드 구현에 대한 새로운 클래스를 추가해보자. 새로운 클래스의
이름은 NoteTableControllerIPad이며 새로운 iPad View Controller의 이름은
NoteDetailControllerIPad로 해서 각각 마스터와 세부 컨트롤러로 사용한다.
AppDelegateIPad 클래스에서 UISplitViewController를 생성하고 여기에 두 개의
새로운 컨트롤러의 인스턴스를 추가하는 부분을 다음과 구현한다(리스트 12.3).

```
public partial class AppDelegateIPad : AppDelegateBase
{
    UISplitViewController _splitController;
    NoteDetailControllerIPad _noteDetailController;
    NotesTableControllerIPad _notesController;
    NoteDetailControllerIPad.SplitDelegate _splitDelegate;

    public override bool FinishedLaunching (UIApplication app,
        NSDictionary options)
    {
        base.FinishedLaunching (app, options);

        _splitController = new UISplitViewController ();
        _notesController = new NotesTableControllerIPad ();
        _noteDetailController = new NoteDetailControllerIPad ();

        _splitDelegate = new NoteDetailControllerIPad.SplitDelegate
            (_noteDetailController);
        _splitController.Delegate = _splitDelegate;

        _splitController.ViewControllers = new UIViewController[] {
            _notesController, _noteDetailController };

        window.AddSubview (_splitController.View);

        window.MakeKeyAndVisible ();

        return true;
    }
}
```

루트 컨트롤러는 UISplitView 컨트롤러여야 하므로 해당 윈도우의 하위 뷰로 바로 추가한다. 리스트 12.3에서는 UISplitViewController에 대한 델리게이트를 할당하는데 이는 NoteDetailControllerIPad에서 중첩 클래스로 구현된다. 이 부분이 팝오버를 제어하는 앞서 언급한 툴바 버튼을 만드는 위치지만 먼저 NotesTableControllerIPad 클래스의 구현을 처리해보자.

NotesTableController의 구현은 Chapter 11에서 만든 아이폰 버전에서 사용된 테이블 컨트롤러와 유사하다. 이 경우 주요 차이점은 내비게이션 컨트롤러에서 중첩되지 않고(원한다면 중첩할 수는 있다) 노트의 목록은 NotesCoordinator라는 추가적인 클래스를 통해 관리된다는 것이다. 마스터와 세부 뷰 컨트롤러에서 각각의 뷰가 동일한 시간에 보이고 모두 노트 개체를 기준으로 변경이 일어나야하기 때문에 `NotesCoordinator` 클래스가 적합하다. 공통 클래스를 통해 이러한 변경을 지시함으로써 마스터와 세부 컨트롤러 간의 참조를 전달할 필요 없이 관계가 있는 다른 클래스에 노트 변경을 알려주고 그에 따라 화면을 업데이트한다. `NotesCoordinator`는 리스트 12.4에서 볼 수 있다.

리스트 12.4 NotesCoordinator 클래스

```
public sealed class NotesCoordinator
{
    public event EventHandler NoteSaved;
    public event EventHandler NoteDeleted;

    List<Note> _notes;

    static NotesCoordinator _coordinator = new NotesCoordinator ();

    public static NotesCoordinator Coordinator {
        get { return _coordinator; }
    }

    public List<Note> Notes {
        get { return _notes; }
        set { _notes = value; }
    }

    public void AddNote (Note note)
    {
        if (_notes != null) {
            _notes.Add (note);
            note.Save ();
            RaiseNoteSaved ();
        }
    }

    public void UpdateNote (Note note)
    {
        note.Save ();
        RaiseNoteSaved ();
    }
```

```csharp
public void DeleteNote (int index)
{
    if (_notes != null) {
        _notes[index].Delete ();
        _notes.RemoveAt (index);
        RaiseNoteDeleted ();
    }
}

void RaiseNoteSaved ()
{
    if (NoteSaved != null)
        NoteSaved (this, new EventArgs ());
}

void RaiseNoteDeleted ()
{
    if(NoteDeleted != null)
        NoteDeleted (this, new EventArgs ());
}
}
```


리스트 12.5의 `NotesTableControllerIPad` 구현에서는 `NotesTableSource`의 `CommitEditStyle` 메서드에서 노트를 삭제하거나 `NoteDetailControllerIPad` 인스턴스의 `Note`를 `RowSelected`에서 선택된 노트로 설정하는 작업처럼 노트와 상호작용하는 데 필요한 어느 곳이나 `NotesCoordinator`를 사용한다. 노트를 `NotesCoordinator`에서 저장하거나 업데이트할 때마다 `NotesTableController`는 `NoteSaved` 이벤트를 처리해 노트 테이블을 업데이트한다. 행 선택에 따라 `NotesTableSource`도 세로 방향에서 나타나는 팝오버를 해제한다.

방향 변경이 일어날 때 컨트롤러의 뷰가 적절하게 토글 되는 경우 `UISplitViewController`에서 사용된 컨트롤러 모두는 `ShouldAutorotateToInterfaceOrientation`을 구현해야 한다. 여기서는 모든 방향을 지원하기 위해 간단히 true를 반환하는데, 이 부분은 나중에 `NoteDetailControllerIPad` 클래스에서 다뤄볼 것이다.

리스트 12.5 NotesTableControllerIPad 구현

```csharp
public class NotesTableControllerIPad : UITableViewController
{
    public List<Note> Notes {
        get { return NotesCoordinator.Coordinator.Notes; }
        set { NotesCoordinator.Coordinator.Notes = value; }
    }

    public NotesTableControllerIPad ()
    {
        Notes = Note.ReadNotes ();

        NotesCoordinator.Coordinator.NoteSaved += delegate {
            TableView.ReloadData ();
        };

        NSNotificationCenter.DefaultCenter.AddObserver (this,
            new Selector ("updateSettings:"),
            new NSString ("NSUserDefaultsDidChangeNotification"),
            null);
    }

    [Export("updateSettings:" )]
    void UpdateSettings ()
    {
        SetTableBackgroundColorFromSettings ();
    }

    void SetTableBackgroundColorFromSettings ()
    {
        ...
    }

    public override void ViewDidLoad ()
    {
        base.ViewDidLoad ();

        SetTableBackgroundColorFromSettings ();

        Title = "Notes";

        TableView.Source = new NotesTableSource (this);
    }

    public override bool ShouldAutorotate()
    {
```

```csharp
        return true;
}

class NotesTableSource : UITableViewSource
{
    NotesTableControllerIPad _controller;

    const string NOTE_CELL = "noteCell";

    public NotesTableSource (NotesTableControllerIPad controller)
    {
        _controller = controller;
    }

    public override int RowsInSection (UITableView tableview,
        int section)
    {
        return _controller.Notes.Count;
    }

    public override UITableViewCell GetCell (UITableView tableView,
        NSIndexPath indexPath)
    {
        var noteCell = tableView.DequeueReusableCell (NOTE_CELL);

        if (noteCell == null)
            noteCell = new UITableViewCell
                (UITableViewCellStyle.Default, NOTE_CELL);

        noteCell.TextLabel.Text =
            _controller.Notes[indexPath.Row].Title;

        return noteCell;
    }

    public override void CommitEditingStyle (UITableView tableView,
        UITableViewCellEditingStyle editingStyle,
        NSIndexPath indexPath)
    {
        if (editingStyle == UITableViewCellEditingStyle.Delete) {

            NotesCoordinator.Coordinator.DeleteNote
                (indexPath.Row);

            tableView.DeleteRows (new NSIndexPath[] { indexPath },
                UITableViewRowAnimation.Fade);
```

```
            }
        }

        public override void RowSelected (UITableView tableView,
            NSIndexPath indexPath)
        {
            var note = _controller.Notes[indexPath.Row];
            var detail = _controller.SplitViewController
                .ViewControllers[1] as NoteDetailControllerIPad;

            detail.Note = note;

            if (detail.Popover != null)
                detail.Popover.Dismiss (true);
        }
    }
}
```

NotesTableControllerIPad를 준비했다면 이제 NoteDetailControllerIPad에 집중해보자. 이 클래스는 마스터 테이블에서 노트가 선택될 때 노트를 보여주고 기존 노트에 대한 노트 데이터의 편집, 새로운 노트의 저장을 처리한다. 새로운 노트의 경우 툴바에 [Save] 버튼이 존재하는 경우만 아이패드에서 모달 화면을 나타내도록 컨트롤러 뷰의 또 다른 인스턴스를 모달로 연다. 그러므로 인터페이스 빌더의 컨트롤러 설정에는 노트 제목용으로 UITextField, 노트 본문용으로 UITextView, UIToolbar에서는 [Save]와 [Add], [Color]에 대한 버튼을 포함한다(그림 12.4). [Color] 버튼은 나중에 팝오버를 통한 색상 설정 변경을 지원하는 데 사용된다. 새로운 노트 추가 화면이 모달로 나타날 때 툴바에는 [Save] 버튼만 존재한다.

| 그림 12.4 | `NoteDetailControllerIPad.xib`

`NoteDetailControllerIPad`를 구현하려면 `NoteSavedMode`라는 열거형을 사용해 기존 노트를 업데이트하는지 새로운 노트를 추가하는지 결정하고 `NotesCoordinator`를 통해 실제 저장 동작을 다시 호출한다. 이 클래스에는 현재 추가 또는 편집이 일어나는 노트에 대한 `Note` 속성 뿐만 아니라 노트가 세로 방향에서 선택될 때 팝오버를 해제하는 `NotedTableControllerIPad`에서 사용하는 `Popover` 속성이 있다. 앞서 `Notes TableControllerIPad`에서 했던 것처럼 `ShouldAutorotateToInterfaceOrientation`도 구현한다. 다음은 `NotedTableControllerIPad` 구현의 시작 부분이다.

```
public enum NoteSaveMode
{
    Insert,
    Update
}

public partial class NoteDetailControllerIPad : UIViewController
{
    Note _note;

    public NoteSaveMode SaveMode { get; set; }

    public Note Note {
```

```csharp
        get { return _note; }

        set {
            _note = value;
            if (_note != null) {
                InitTextControls (_note.Title, _note.Body);
            } else {
                InitTextControls ("", "");
            }
        }
    }

    void InitTextControls (string title, string body)
    {
        if (titleTextField != null && bodyTextView != null) {
            titleTextField.Text = title;
            bodyTextView.Text = body;
        }
    }

    public UIPopoverController Popover { get; set; }

    // 생성자 생략 ...

    void Initialize ()
    {
        SaveMode = NoteSaveMode.Update;
    }

    public override void ViewDidLoad ()
    {
        ...
    }

    public override bool ShouldAutorotate()
    {
        return true;
    }
    ...
```

컨트롤러에서 기존 노트를 편집하는 경우 [Save] 버튼을 선택하면 Notes
Coordinator를 호출해 해당 노트를 업데이트하고 업데이트가 완료된 후 세부 화면
에서 이 노트를 제거한다. 마찬가지로 새로운 노트가 추가될 때 NotesCoordinator

를 호출해 노트를 저장하고 컨트롤러는 해당 모달 뷰에서 해제된다. 다음의
ViewDidLoad 메서드에서 이들 버튼 이벤트를 처리한다.

```
public override void ViewDidLoad ()
{
    base.ViewDidLoad ();

    // 새로운 노트를 추가할 때 툴바에서 저장 버튼만 표시한다.
    if (SaveMode == NoteSaveMode.Insert) {
        var items = new UIBarButtonItem[] { toolbar.Items[0] };
        toolbar.SetItems (items, false);
    }

    saveButton.Clicked += delegate {
        if (Note != null) {

            Note.Title = titleTextField.Text;
            Note.Body = bodyTextView.Text;

            if (SaveMode == NoteSaveMode.Insert) {
                NotesCoordinator.Coordinator.AddNote (Note);
                this.DismissViewController (true,null);
            } else {
                NotesCoordinator.Coordinator.UpdateNote (Note);
            }
        } else {
            var alert = new UIAlertView ("",
                "Please select a note", null, "OK");
            alert.Show ();
        }
    };

    addButton.Clicked += delegate {

        var addNoteController = new NoteDetailControllerIPad {
            Note = new Note (),
            SaveMode = NoteSaveMode.Insert,
            ModalPresentationStyle =
            UIModalPresentationStyle.FormSheet};

        this.PresentViewController (addNoteController, true, null);
    };

    NotesCoordinator.Coordinator.NoteSaved += delegate {
        Note = null; };
```

```
NotesCoordinator.Coordinator.NoteDeleted += delegate {
    Note = null; };
}
```

추가 버튼이 선택되면 `NoteDetailControllerIPad`의 새로운 인스턴스를 모달로 나
타낸다. 이 경우 [Save] 버튼만 필요하기 때문에 역시 `NoteSaveMode`가 `Insert`인 경우
처럼 처리한다. 다양한 모달 표시와 전환 스타일은 아이패드에서 모달 컨트롤러를 나
타낼 때 사용 가능한데 각각은 `ModalPresentationStyle`과 `ModalTransitionStyle`을
통해 사용 가능하다. 여기서는 `ModalPresentationStyle`을 `FormSheet`로 설정하고 결
과는 배경이 회색이 되면서 화면의 중심에 모달 뷰가 나온다(그림 12.5).

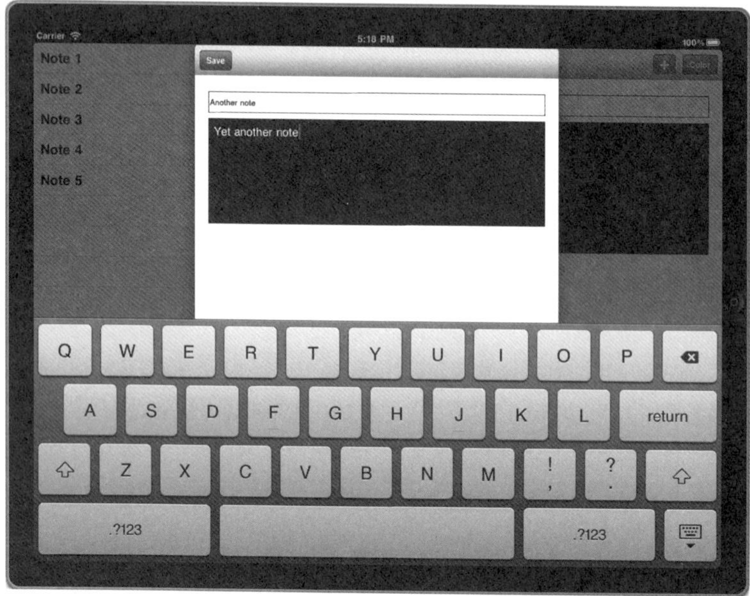

| 그림 12.5 | 뷰 컨트롤러와 `ModalPresentationStyle` 폼 시트

`NoteDetailControllerIPad`의 나머지 구현에 해당하는 마지막 조각은 중첩
`UISplitViewControllerDelegate`이다. 앞서 `UISplitViewController`의 델리게
이트를 `NoteDetailControllerIPad`에서 중첩 클래스로 설정했음을 상기하자. 이

클래스에서 이미 추가한 다른 툴바 버튼은 유지·관리하면서 왼쪽 컨트롤러 뷰의 표시(NotesTableControllerIPad, 세로일 때)를 제어하는 버튼을 툴바에 추가하고 제거하는 처리를 한다. NoteDetailControllerIPad 클래스에서 툴바를 포함하기 때문에 이 클래스에서 중첩한다. SplitDelegate에서 가로 방향일 때 팝오버에 대한 참조도 무효화한다.

```
public class SplitDelegate : UISplitViewControllerDelegate
{
    NoteDetailControllerIPad _controller;

    public SplitDelegate (NoteDetailControllerIPad controller)
    {
        _controller = controller;
    }

    public override void WillHideViewController (
        UISplitViewController svc, UIViewController aViewController,
        UIBarButtonItem barButtonItem, UIPopoverController pc)
    {
        var items = _controller.toolbar.Items.ToList ();
        items.Insert (0, barButtonItem);

        _controller.toolbar.SetItems (items.ToArray (), true);
        _controller.Popover = pc;
    }

    public override void WillShowViewController (
        UISplitViewController svc, UIViewController aViewController,
        UIBarButtonItem button)
    {
        var items = _controller.toolbar.Items.ToList ();
        items.RemoveAt (0);

        _controller.toolbar.SetItems (items.ToArray (), false);
        _controller.Popover = null;
    }
}
```

이제 애플리케이션을 실행하면 나타나는 모달 뷰에서 노트를 추가하고 노트를 선택해 상세 뷰에서 업데이트할 수 있으며 왼쪽 테이블의 노트 목록을 밀면 노트의 삭제도 가능하다. 세로와 가로 방향 간의 회전을 통해 노트가 표시되고 숨겨지고, 팝오버에서 노트를 나타내는 버튼은 세로일 때 표시된다.

UIPopoverController

지금까지 `UISplitViewController`에서 우리가 살펴본 팝오버를 생성했다. `UIPopoverController` 클래스를 사용해 자체 팝오버를 직접 생성할 수도 있다. 여기서는 테이블 배경색을 설정하는 팝오버를 나타내는데 이 클래스를 사용해본다.

이 팝오버는 툴바에서 [Color] 버튼이 선택되면 열리므로 아웃렛을 `setColor Button`에 추가해 `Clicked` 이벤트에 걸 수 있다. `UIPopoverController`를 생성하려면 팝오버의 콘텐트로 사용하고자 하는 것을 `UIViewController`에 전달하고 툴바 버튼에서 팝오버를 표시하도록 `PresentFromBarButtonItem`이나 `PresentFromRect`를 호출해 뷰의 특정 위치에 나타낸다. 여기서는 `PresentFromBar ButtonItem`을 사용해 [Color] 버튼이 선택될 때 팝오버가 일종의 드롭다운처럼 보이도록 만든다.

이 팝오버의 경우 IB를 사용해 `ColorSelectionController`라는 새로운 View with Controller를 생성하고 [White]와 [Gray], [Red]라는 레이블을 가진 세 개의 버튼(이들은 이전 아이폰 버전의 노트 테이블에서 지원한 배경색이다)을 뷰에 추가하고 각 버튼에 대한 아웃렛을 연결한다. [Color] 버튼이 선택되면 `ColorSelection Controller`의 뷰에서 팝오버를 열고자 한다. 이렇게 하려면 `UIPopoverController`와 `ColorSelectionController`의 인스턴스가 필요하고, 이는 다음과 같이 `NoteDetailControllerIPad`에 추가한다.

```
public partial class NoteDetailControllerIPad : UIViewController
{
    UIPopoverController _colorSelectionPopover;
    ColorSelectionController _colorSelectionController;
    ...
}
```

`setColorButton`의 `Clicked` 핸들러에서 각 컨트롤러의 인스턴스를 만들고 `ColorSelectionController`를 `UIPopoverController`에 추가한다. 또한

ColorSelectionController의 Popover 속성을 설정해서 색 선택 버튼이 선택된 후 팝오버를 해제할 수 있다. UIPopoverController를 한번만 생성하고 동일한 인스턴스를 재사용해서 전달하고 있음을 주목하자.

```
public override void ViewDidLoad ()
{
    ...
    setColorButton.Clicked += delegate {
        if(_colorSelectionController == null)
            _colorSelectionController =
                new ColorSelectionController ();

        if(_colorSelectionPopover == null)
        {
            _colorSelectionPopover =
                new UIPopoverController (_colorSelectionController);
            _colorSelectionController.Popover = _colorSelectionPopover;

        }

        _colorSelectionPopover.PresentFromBarButtonItem
            (setColorButton, UIPopoverArrowDirection.Any, true);
    };
    ...
}
```


ColorSelectionController는 각 버튼에 대해 TouchUpInside 이벤트를 처리하고 StandardUserDefaults에서 적절한 값을 설정하는데, 이는 앞서 NoteTableControllerIPad에서 구현한 설정 코드에서 테이블의 배경색을 변경하는 데 사용하는 것이다. 앞서 언급한 것처럼 해당 색상 버튼 중 어느 하나를 선택한 경우 팝오버를 프로그래밍 방식으로도 해제할 수 있다.

```
public partial class ColorSelectionController : UIViewController
{
    ...

    public UIPopoverController Popover { get; set; }

    public override void ViewDidLoad ()
```

```
        {
            base.ViewDidLoad ();

            whiteButton.TouchUpInside += delegate {
                NSUserDefaults.StandardUserDefaults["TableColor" ] =
                    NSNumber.FromInt32 (1);
                Popover.Dismiss (true);
            };

            grayButton.TouchUpInside += delegate {
                NSUserDefaults.StandardUserDefaults["TableColor" ] =
                    NSNumber.FromInt32 (2);
                Popover.Dismiss (true);
            };

            redButton.TouchUpInside += delegate {
                NSUserDefaults.StandardUserDefaults["TableColor" ] =
                    NSNumber.FromInt32 (3);
                Popover.Dismiss (true);
            };
        }
    }
```

이제 애플리케이션을 실행하면 `ColorSelectionController`로 팝오버를 표시하고 `NoteTableControllerIPad`의 테이블에서 배경색을 설정할 수 있다. 하지만 이 팝오버 자체는 버튼 세 개뿐인데 해당 콘텐츠보다 더 크다(그림 12.6).

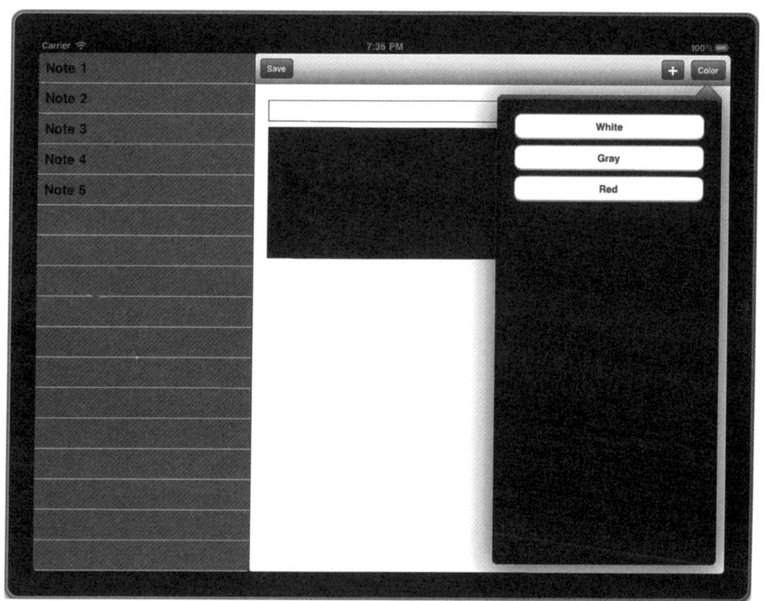

| 그림 12.6 | ContentSizeForViewInPopover 설정이 없는 UIPopoverController

팝오버의 크기를 적절하게 조절하려면 팝오버에 콘텐츠가 포함될 때 주어진 뷰에
맞춰 합리적인 크기로 나타나도록 ContentSizeForViewInPopover를 설정한다(그
림 12.7).

```
public partial class ColorSelectionController : UIViewController
{
    ...

    public override void ViewDidLoad ()
    {
        ...
        ContentSizeForViewInPopover =
            new System.Drawing.SizeF (320, 180);
    }
}
```

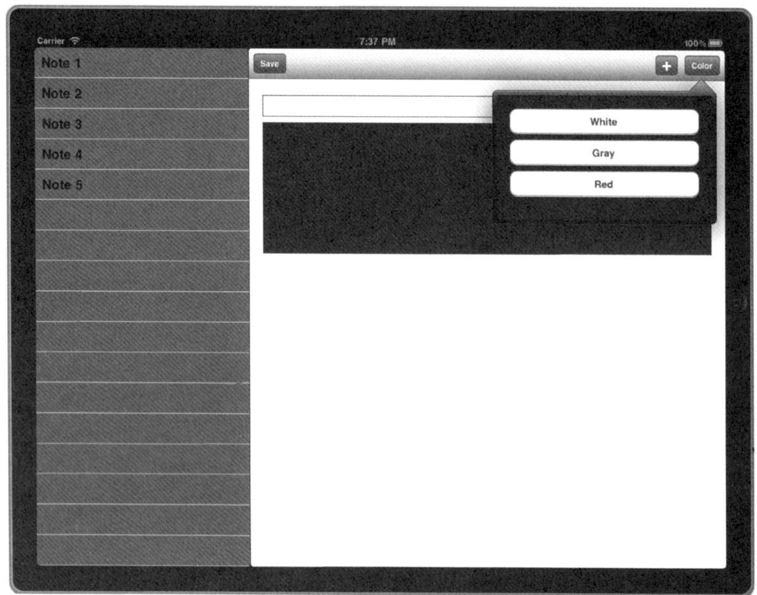

| 그림 12.7 | `UIIPopoverController`와 `ContentSizeForViewInPopover` 설정

☼ 요약

아이패드는 여러 가지 방식의 개발을 지원한다. 이번 챕터에서는 기존 아이폰 애플리케이션을 아이패드에서 배포하는 방법과 기존 아이폰 애플리케이션의 수정 버전을 사용해 범용 애플리케이션을 생성하는 방법, 아이패드에 맞도록 완전히 새롭게 사용자 인터페이스를 디자인하고 만드는 방법을 살펴봤다. 아이패드에서 새로운 사용자 인터페이스 시나리오를 제공하지만, 개발에 사용하는 대부분의 클래스(그리고 기술 집합)는 iOS를 실행하는 모든 디바이스 간에 이식 가능하다.

찾아보기

A

AccessoryView	167
Action 식별자	145
activity indicator	129
ADBannerView	138
ADBannerViewDelegate	139
AddAnnotation	285
Add Row	185, 188
AdLoaded 이벤트	140
ADO.NET 공급자	362
ADO.NET 데이터 리더	363
AnnotatedText	226
AOT(ahead-of-time)	82
AOT 컴파일 버전	84
AppDelegate	43, 70, 72, 91, 92
AppDelegate.h	65, 72
Application Bundle	383
Application Output	71
ARM 바이너리	82
Assistant Editor	40
Attributes Inspector	94, 145
AVAudioSession	337

B

BasicHttpBinding	315
BeginAnimation	231

C (right column continues)

bezeled 스타일	120
Bezier	204
BingServiceGateway	308
Bonjour	322, 341
BundleSeedID.BundleID	50

C

CA3DAffineTransform	241
CAAnimationGroup	243
CALayer	235
CALayer.Contents	244
callout	282
CATransaction	239
Cell	248
CGGradient	210
CGImage 속성	214
CGPath	207
CGPathDrawingMode	207
CGPDFDocument	224, 226
CLError 열거형	259
CLLocationManager	250, 251, 257
CLLocationManagerDelegate	257
CodeDom	82
CommitAnimation	231
CommitEditingStyle	182
ConnectionRequest	333
Connections inspector	35, 64, 68

ContainsPoint 115
ContentMode 속성 134
ContentView 167, 191
ContentView.Bounds 191
Copy Items into Destination Group's Folder 77
Core Graphics 112
CSR(Certificate Signing Request) 47, 49
Current ContentSizeIdentifier 140
CustomImageView 214
CustomImageViewController 214
C# 이벤트 105
C# 이벤트 모델 58

D

delegation 101
DequeueReuseableCell 166
DesiredAccuracy 252, 261
DialogViewController 200
DidAccelerate 103
DistanceFilter 253
DLR(Dynamic Language Runtime) 83
dns-sd 346
DrawMapRect 298
DrawRect 110

E

EditButtonItem 181
Editing 속성 180
Empty 62
EndpointAddress 315
ExportAttribute 71, 289

F

FailedToReceiveAd 140
Failed 메서드 259
File's Owner 32, 63, 98
FillStroke 207
FinishedLaunching 74

G

GameKit 322
GetCell 구현 165
GetViewForOverlay 295
GKPeerConnectionState 326
GKPeerPickerController 332, 333
GKSendDataMode.Reliable 330
GKSession 322, 323
GKSessionDelegate 326
GKSessionMode 323
GKVoiceChatClient 337

H

HIG 45
HttpWebRequest 304, 305

I

iAds 프로그램 138
IBAction 68
IBOutlet 66, 70
identity inspector 32, 62, 94
Info.plis 270
Info.plist 35, 84
IntPtr 196

iOS Developer Center 20, 47
iOS SDK 21, 58
iPad View Controller 93
iPhone View Controller 93
iPhone View with Controller 254

J

JIT 컴파일 코드 82
JSON.NET 311
JSON 형식 311

K

keypath 240

L

LaunchOptionsLocationKey 266
LayoutSubviews 191
Linq 311
Linq to XML 310
LoadRequest 137
LocationFilter 261
LocationServicesEnabled 260

M

magnetic north 262
MapKit 276
MediaItemsPicked 145
MFComposeResultEventArgs 143
MFMailComposeController 222
MFMailComposeViewController 142, 143
Miguel de Icaza 199

MIME 타입 222
MKAnnotation 281, 284
MKAnnotationView 280
MKMapPoint 297
MKMapType 296
MKMapView 276
MKOverlay 294
MKOverlayView 295, 299
MKPinAnnotationView 286
MKShape 297
MonoDevelop 27
MonoTouch.CoreLocation 248
MonoTouch.Dialog 200, 201
MonoTouch.Foundation 317
MonoTouch GC 86
MonoTouch.MessageUI 142
MonoTouch Rosetta Stone 74
MonoTouch.UIKit 110
MoveRow 183
MPMediaItemCollection 145
MPMediaPickerController 144
MPMusicPlayerController 144, 145
MVC 90, 91
MVC 디자인 패턴 90

N

nib 파일 38
NSAutoreleasePool 85
NSIndexPath 164
NSNetService 341
NSNetServiceBrowser 341
NSNotificationCenter 376
NSObject 41, 43
NSUrl 151

NSUrlConnection	304, 317
NSUrlConnectionDelegate	317
NSUserDefaults	375
NSUserDefaultsDidChangeNotification	376
NSXmlParser	318

O

Objective-C 셀렉터	233
Objective-C 프로토콜	105
Object Library	32, 63, 64
OpenUrl	151

P

path	115
PDF	221
PDF 그래픽스 컨텍스트	219
PeerChanged	328
Popover 속성	395
PopViewControllerAnimated	179
Progress 속성	131
Project Navigator	24

Q

Quartz2D	204
QuartzCore 프레임워크	204

R

Reflection-Emit	82
Region Monitoring	267
RegionMonitoringAvailable	267
RegionMonitoringFailure	269

REST	304
RESTful 서비스	312
RestoreState	226
Root.plist	370, 371
RotateCTM	215

S

ScaleAspectFit	134
ScaleCTM	215
selector	60
SendPDFController	219
SetAnimationCurve	232
SetNeedsDisplay	112, 244
SetState 메서드	125
Settings	370
Settings.bundle	370
ShouldAutorotateToInterfaceOrientation	395
ShouldReturn	136
ShouldRotateToInterfaceOrientation	140
significant-change location service	264
significant-location change	250
SOAP 기반 웹 서비스	313
Solution Explorer	42
SQLite	360
SQLiteConnection	363
SQLite Manager	360, 361
SQLite 트랜잭션	367
StandardUserDefaults	378
StartAnimating	129
StartMonitoringSignificantLocationChange	265
StopMonitoring	268
StopUpdatingLocation	260
swipe-to-delete	354
SynchronizerDelegate	309, 314

syntactic sugar	66

T

TableView.Source 속성	161
Target-Action	60, 68
Target Output	69
TouchUpInside 이벤트	44, 68
TranslateCTM	215
true heading	263
true north	262
Trygve Reenskaug	90
turn-by-turn navigation	270

U

UDID	50
UIAccelerometer	102
UIAccelerometerDelegate	103, 104
UIActionSheet	75
UIActivityIndicatorView	129
UIApplicationDelegate	72, 76
UIControl	60, 118
UIGraphics.BeginPDFContext	221
UIImage	213
UIImagePickerController	151, 156
UIImagePickerControllerDelegate	151
UIImageView	133, 213
UIKit	58, 59, 118
UILabel	113
UINavigationBar	177
UINavigationController	170, 173
UIPageControl	126, 128
UIPopoverController	400, 401
UIProgressView	131

UIResponder	114
UIScrollView	126
UISegementedControl	118, 121
UISegmentedControlStyle	120
UISlider 컨트롤	122
UISplitViewController	387, 388
UISwitch 컨트롤	125
UITabBarController	107
UITableView	158, 165
UITableViewCell	162, 167
UITableViewCellStyleSubtitle	168
UITableViewController	159, 195
UITableViewDataSource	158, 162
UITableViewEditingStyle	184
UIToolbar	136
UITouch	115
UIView	110
UIView.BeginAnimation	230
UIView.CommitAnimation	230
UIViewController	90, 101, 161
UIWebView	135, 137
Universal Empty Project	354
Universal(iPhone and iPad)	383
Universal Window-based Project	139

V

ValueChanged 이벤트	121
View Controller	107
ViewDidDisappear 메서드	108
ViewDidLoad 메서드	98, 108
Visual Studio	38

W

WCF 315
WebKit 래퍼 135
Wi-Fi 포지셔닝 249
Wi-Fi 핫스팟 249
WSDL 313

X

Xamarin 26
Xamarin Studio 27
Xcode 21, 65
Xcode IDE 23
Xcode Organizer 49, 51
Xerox PARC 90
xib 38
Xpath 307

ㄱ

가비지 수집기 99
개발 프로비저닝 프로필 47
계층의 변환 241
계층 트리 237
그래픽스 경로 115
그래픽스 컨텍스트 207
기본 핀 어노테이션 288

ㄴ

내비게이션 컨트롤러 176

ㄷ

다중 뷰 컨트롤러 106
단일 뷰 애플리케이 106
대상-작업 68, 69
대상 작업 패턴 60
델리게이션 101
델리게이션 디자인 패턴 77
델리게이션 패턴 60
델리게이트 102, 159
델리게이트 클래스 105
디버거 55
디버깅 세션 54

ㅁ

메모리 관리 85
모노터치 26
모노터치 SDK 26
모노터치 스토어 27
모델 뷰 컨트롤러 90
모델 뷰 컨트롤러 패턴 90
미겔 데 이카사 199
미디어 타입 152
밀어서 삭제 354

ㅂ

방위 262
번들 시드 id 50
베지어 곡선 204
보조 편집기 40
부분 클래스 39, 70, 71, 74
뷰 계층구조 237
블루투스 336

비결정적 제네릭   83

ㅅ

선택기   60
선택적 매개변수   66
설정   370
셀렉터   288, 289
셀 포지셔닝   248
소프트 디버거   55
스윕 제스처   182
스톡 오버레이 클래스   293
스톡 테이블 스타일   189
스톡 핀 뷰   291
스트로크 컬러   111

ㅇ

애니메이션   230
액션 시트   155
어노테이션   280, 283
어노테이션 뷰   284
영역 모니터링   267
오버레이   293, 297
온전성 검사   28
원본 타입   151
유료 개발자 계정   47
유지 카운트   85
인터페이스   105

ㅈ

자동 해제 풀   85
자북   262
제네릭 메서드   83

제록스 파크   90
주소록   148
중요 위치 변경 서비스   264
중요 위치 변화   250
지오메트리   111
직렬화   367
진방위   263
진북   262

ㅊ

추상화   90

ㅋ

캔버스   111
코어 그래픽스   112
코어 그래픽스 드로잉 루틴   244
코어 애니메이션   235
코코아 터치 델리게이트 모델   58
콜아웃   282
키체인 접근   47

ㅌ

턴바이턴 내비게이션   270
텀블링 효과   242
트리브 리인스카그   90

ㅍ

파이어폭스 애드인   360
팝오버   403
표준 위치 서비스   265
프로토콜   105

피어 투 피어 음성 통신 336
픽셀 더블링 382

ㅎ

해제 메시지 85
허구 문법 66
휴먼 인터페이스 가이드라인 45

기호

@interface 40
.NET 직렬화 367
@property 66
@synthesize 66
로마자